westermann

Markus Bauder, Volker Holzer, Thomas Paaß, Christian Seifritz

Holzer Stofftelegramme Wirtschaftsgymnasium

W0252892

Volks- und Betriebswirtschaftslehre
mit wirtschaftlichem Rechnungswesen

Baden-Württemberg

Lösungen

9. Auflage

Bestellnummer 14917

Die in diesem Produkt gemachten Angaben zu Unternehmen (Namen, Internet- und E-Mail-Adressen, Handelsregistereintragungen, Bankverbindungen, Steuer-, Telefon- und Faxnummern und alle weiteren Angaben) sind i. d. R. fiktiv, d. h., sie stehen in keinem Zusammenhang mit einem real existierenden Unternehmen in der dargestellten oder einer ähnlichen Form. Dies gilt auch für alle Kunden, Lieferanten und sonstigen Geschäftspartner der Unternehmen wie z. B. Kreditinstitute, Versicherungsunternehmen und andere Dienstleistungsunternehmen. Ausschließlich zum Zwecke der Authentizität werden die Namen real existierender Unternehmen und z. B. im Fall von Kreditinstituten auch deren IBANs und BICs verwendet.

westermann GRUPPE

© 2021 Bildungsverlag EINS GmbH, Ettore-Bugatti-Straße 6-14, 51149 Köln
www.westermann.de

Das Werk und seine Teile sind urheberrechtlich geschützt. Jede Nutzung in anderen als den gesetzlich zugelassenen bzw. vertraglich zugestandenen Fällen bedarf der vorherigen schriftlichen Einwilligung des Verlages. Nähere Informationen zur vertraglich gestatteten Anzahl von Kopien finden Sie auf www.schulbuchkopie.de.

Für Verweise (Links) auf Internet-Adressen gilt folgender Haftungshinweis: Trotz sorgfältiger inhaltlicher Kontrolle wird die Haftung für die Inhalte der externen Seiten ausgeschlossen. Für den Inhalt dieser externen Seiten sind ausschließlich deren Betreiber verantwortlich. Sollten Sie daher auf kostenpflichtige, illegale oder anstößige Inhalte treffen, so bedauern wir dies ausdrücklich und bitten Sie, uns umgehend per E-Mail davon in Kenntnis zu setzen, damit beim Nachdruck der Verweis gelöscht wird.

Druck und Bindung: Westermann Druck GmbH, Georg-Westermann-Allee 66, 38104 Braunschweig

ISBN 978-3-427-**14917**-0

Inhaltsverzeichnis

Betriebswirtschaftslehre

Volkswirtschaftslehre

Abituraufgaben

1 Kosten- und Leistungsrechnung I: Grundlagen – Abgrenzungsrechnung

1.1 Grundbegriffe und Aufgaben

1. Vgl. Stofftelegramm.

2. a) Aufwendungen b) Ausgaben + Aufwendungen c) Ausgaben d), e) Aufwendungen

3. betriebsfremde, periodenfremde, außerord. Aufwendungen, Verluste aus AV-Abgängen

4. a) Neutrale Aufwendungen: Aufwendungen, die nicht als Kosten erfasst werden (vgl. 3.).

   b) Zweckaufwand: kostengleicher Aufwand

   c) Grundkosten: aufwandsgleiche Kosten

   d) Zusatzkosten: Kosten, die in der GuV nicht als Aufwand erfasst werden.

   e) Anderskosten: Kosten, die in der GuV in anderer Höhe als in der KLR erfasst werden.

5. Vgl. Stofftelegramm.

6. a) Kosten b) periodenfremd c) Verluste aus AV-Abgang d) Kosten
   e) betriebsfremd f) Kosten g) außerordentlich h) Kosten

7. Abgrenzung der Kosten und Leistungen (= Größen der KLR) von den Aufwendungen und Erträgen (= Größen der GuV-Rechnung). Neutrale Aufwendungen und Erträge werden herausgefiltert, um die für die KLR notwendigen reinen Kosten und Leistungen zu erhalten.

8. Vgl. Stofftelegramm.

1.2 Kalkulatorische Kosten

1. Vgl. Stofftelegramm.

2. Unterscheidungsmerkmale: Vgl. auch Stofftelegramm.

   Begründungen für den unterschiedlichen Ansatz kalkulatorischer Abschreibungen:

   - **Abschreibung des betriebsnotwendigen Vermögens:** Nur dieses dient dem ordnungsgemäßen Betriebsablauf. Darüber hinausgehendes Vermögen darf kalkulatorisch nicht berücksichtigt werden, weil z. B. Konkurrenten dieses auch nicht kalkulieren.
   - **Lineare Abschreibung:** Im Unterschied zur degressiven Abschreibung führt die lineare Abschreibung zu einer kostenrechnerisch erwünschten gleichmäßigen Kostenbelastung der einzelnen Perioden.

- **Abschreibungsgrundlage = Wiederbeschaffungskosten:** Bei Preissteigerungen kann die neue Maschine aus den Abschreibungsrückflüssen beschafft werden. Hierdurch wird eine substanzielle Kapitalerhaltung erreicht.

3. Vgl. Stofftelegramm

4. a) Zweckaufwand = Grundkosten: 100.000,00 EUR

   Neutrale Aufwendungen: 20.000,00 EUR

   Zusatzkosten 0,00 EUR

   b) Zweckaufwand = Grundkosten: 70.000,00 EUR

   Zusatzkosten: 20.000,00 EUR

   Neutrale Aufwendungen: 0,00 EUR

5. - Wiederbeschaffungskosten sind gesunken:

     Die kalkulatorische Abschreibung ist kleiner als die bilanzielle Abschreibung.

   - Bilanzielle degressive Abschreibung, die in den Anfangsjahren größer als die lineare Abschreibung ist.

6. a) Gesamtergebnis = E – A = **–40.000,00 EUR**

   b) Betriebsergebnis = **+10.000,00 EUR**

   c) neutrales Ergebnis = **–50.000,00 EUR**

   d) Kosten = **50.000,00 EUR**

   Nebenrechnungen:

   neutrale Erträge = *Erträge – Leistungen = 70.000,00 – 60.000,00*
   = +10.000,00 EUR

   neutrales Ergebnis = *neutrale Erträge – neutr. Aufw. = 10.000,00 – 60.000,00*
   = **–50.000,00 EUR**

   Betriebsergebnis = *Ges.erg. – neutr. Erg. = –40.000,00 – (–50.000,00)*
   = **+10.000,00 EUR**

   Betriebsergebnis = *Leistungen – Kosten* → **Kosten** = *60.000,00 – 10.000,00*
   = **+50.000,00 EUR**

1.3 Ergebnistabelle

1. z. B. hohe neutrale Erträge aus Wertpapierspekulationen und/oder hohe Zusatzkosten (kalk. Unternehmerlohn)

2. z. B. hohe neutrale Aufwendungen

1.4 Abituraufgaben

Abituraufgaben 2016 (Aufgabe 1, teilweise)

5.1 Unternehmensergebnis: –40.000,00 + 350.000,00 = 310.000,00 EUR (Gewinn). Der Hagelschaden verursacht außerordentliche Aufwendungen in Höhe von 350.000,00 EUR, die sich gewinnmindernd im Geschäftsjahr 2015 auswirken.

Betriebsergebnis: keine Berücksichtigung
Die durch den Hagelschaden verursachten Aufwendungen sind als neutral zu erfassen. Daher fließen sie nicht in die Kosten- und Leistungsrechnung ein.

5.2 Die kalkulatorischen Abschreibungen sind höher als die bilanziellen Abschreibungen, wenn bei der Berechnung der jährlichen Abschreibungsbeträge in der Kosten- und Leistungsrechnung von

- höheren Wiederbeschaffungskosten und/oder
- einer kürzeren Nutzungsdauer

ausgegangen wird.

5.3 In der OHG wird für die erbrachte Arbeitsleistung der Gesellschafter kein Gehalt gezahlt, somit entstehen keine Personalaufwendungen. Vielmehr erfolgt die entsprechende Vergütung über die Gewinnanteile der einzelnen Gesellschafter. In der Kosten- und Leistungsrechnung wird die Tätigkeit der Gesellschafter mit einem kalkulatorischen Unternehmerlohn in der Kalkulation der Verkaufspreise berücksichtigt.

2 Kosten- und Leistungsrechnung II: Kostenstellenrechnung – Kostenträgerstückrechnung

2.4 Aufgaben zu den Kapiteln 2.1–2.3

1. • Verursachungsgerechte Zuordnung (Verteilung) der Gemeinkosten nach Belegen oder Verteilungsschlüsseln auf die einzelnen Kostenstellen. Die Verteilung erfolgt im BAB.
   • Ermittlung von Zuschlagsätzen für die Kostenträgerstück- und Kostenträgerzeitrechnung
   • Ermöglichung der Kostenkontrolle in einzelnen Kostenstellen (Wirtschaftlichkeitskontrolle)
2. Vgl. Stofftelegramm Kapitel 2.1.
3. **Kostenstellen:** Diejenigen Orte im Unternehmen, an denen die Gemeinkosten entstehen – zumeist Betriebsabteilungen. Die Kostenstelle muss ein selbstständiger Verantwortungsbereich sein, damit eine wirksame Kostenkontrolle möglich ist.
4. verursachungsgerechte Verteilung der Gemeinkosten auf die Kostenstellen, in denen sie entstanden sind
5. Sozialkosten: 1 : 3 : 7 : 2 — 2.600,00 : 13 = 200,00
   Instandhaltung lt. Arbeitsstunden: 25 : 79 : 2 : 9 — 23.000,00 : 115 = 200,00
   Kalk. Abschreibung lt. gebundenem Kapital: 1 : 5 : 2 : 2 — 24.000,00 : 10 = 2.400,00
   Energiekosten lt. kW/h: 1.000 : 36.000 : 9.000 : 4.000 — 6.000,00 : 50.000 = 0,12 je kW/h
   Sonstige Kosten lt. Belegen: 1 : 5 : 3 : 1

Gemeinkosten (in Euro)	Gesamt	Material	Fertigung	Verwaltung	Vertrieb
Hilfs- und Betriebsstoffe	12.000,00	2.700,00	7.300,00	300,00	1.700,00
Gehälter	19.000,00	2.400,00	5.000,00	9.400,00	2.200,00
Sozialkosten	2.600,00	200,00	600,00	1.400,00	400,00
Instandhaltung	23.000,00	5.000,00	15.800,00	400,00	1.800,00
kalkulatorische Abschreibung	24.000,00	2.400,00	12.000,00	4.800,00	4.800,00
Energiekosten	6.000,00	120,00	4.320,00	1.080,00	480,00
sonstige Kosten	9.600,00	960,00	4.800,00	2.880,00	960,00
Summe Gemeinkosten	96.200,00	13.780,00	49.820,00	20.260,00	12.340,00

6. a) MEK 100.000,00 EUR = 100 % — FEK 70.000,00 EUR = 100 %
   MGK 65.000,00 EUR = **65 % MGKZ** — FGK 105.000,00 EUR = **150 % FGKZ**

MEK		100.000,00
MGK	65 %	65.000,00
FEK		70.000,00
FGK	150 %	105.000,00
HK		340.000,00
VwGK	14,56 %	49.500,00
VtGK	4,85 %	16.500,00
SK		406.000,00

b)

MEK		200,00
MGK	65 %	130,00
FEK	(3 · 14,00 EUR)	42,00
FGK	150 %	63,00
HK		435,00
VwGK	14,56 %	63,34
VtGK	4,85 %	21,10
SK		519,44

7. a) Aufw. f. Hilfs- und Betr.stoffe: Materialentnahmescheine, sofern nicht unwirtschaftlich
Freiw. soz. Aufwand: Zahl der Belegschaft in den Kostenstellen
Fuhrparkkosten: Fahrtenbücher, gefahrene Kilometer ...

b)

Zuschlagsgrundlage Vertrieb:	288.000,00 EUR	
Ist-Zuschlag Vertrieb:	7,99 %	(siehe unten 3.)
Zuschlagsgrundl. Verwaltung (Normal):	287.600,00 EUR	(siehe unten 2.)
Normalgemeinkosten Material:	9.600,00 EUR	(siehe unten 1.)
Normalgemeinkosten Verwaltung:	37.388,00 EUR	(siehe unten 2.)
Unterdeckung Fertigung:	−2.000,00 EUR	
Unterdeckung Verwaltung:	−25.612,00 EUR	

Nebenrechnungen:

HK-Berechnung ***(Ist)***		***(Normal)***
MEK	*160.000,00*	*160.000,00*
MGK	*8.000,00*	*9.600,00*
FEK	*50.000,00*	*50.000,00*
FGK	*70.000,00*	*68.000,00*
HK	*288.000,00*	*287.600,00*

1. 6 % von 160.000,00 = ***9.600,00 EUR***

2. Vgl. HK-Berechnung!
13 % von 287.600,00 = ***37.388,00 EUR***

3. 288.000,00 = 100 %
23.000,00 = ***7,99 %***

8.

MEK		2.650,00
MGK	12 %	318,00
FEK		3.400,00
FGK	120 %	4.080,00
SEKF		352,00
HK		10.800,00
VwtGK	15 %	1.620,00
SK		12.420,00
Gewinn	10 %	1.242,00
BVP		13.662,00
KSK	2%	278,82
ZVP = NVP		**13.940,82**

9.

MEK		207,27
MGK	10 %	20,73
FEK		40,00
FGK	120 %	48,00
SEKF		4,00
HK		320,00
VwtGk	25 %	80,00
SK		400,00
Gewinn	8 %	32,00
BVP		432,00
KSK	3 %	13,36
ZVP		445,36
KR	20 %	111,34
NVP		556,70

10.

	Material	Fertigung	Verwaltung	Vertrieb
Ist-Gemeinkosten	50.000,00	300.000,00	66.000,00	33.000,00
Zuschlagsgrundlage (Ist)	100.000,00	200.000,00	660.000,00	660.000,00
Sondereinzelkosten		10.000,00		
Ist-Zuschlagsatz	50 %	150 %	10 %	5 %
Normalzuschlagsatz	60 %	140 %	8 %	2 %
Normalgemeinkosten	60.000,00	280.000,00	52.000,00	13.000,00
Kostenüberdeckung	10.000,00			
Kostenunterdeckung		20.000,00	14.000,00	20.000,00

	Ist-Kostenkalkulation		Normalkostenkalkulation	
MEK		100.000,00		100.000,00
+ MGK	50 %	50.000,00	60 %	60.000,00
+ FEK		200.000,00		200.000,00
+ FGK	150 %	300.000,00	140 %	280.000,00
+ SEKF		10.000,00		10.000,00
= HK		660.000,00		650.000,00
+ VerwGK	10 %	66.000,00	8 %	52.000,00
+ VertrGK	5 %	33.000,00	2 %	13.000,00
= SK		759.000,00		715.000,00

11. a)

Fertigungsmaterial		200,00 EUR
+ Materialgemeinkosten	15 %	30,00 EUR
= Materialkosten		230,00 EUR
+ Fertigungskosten		587,00 EUR
= Herstellkosten		817,00 EUR
+ Verwaltungsgemeinkosten	5 %	40,85 EUR
+ Vertriebsgemeinkosten	2 %	16,34 EUR
+ Sondereinzelkosten d. Vertriebs		16,81 EUR
= Selbstkosten		891,00 EUR
+ Gewinnzuschlag	20 %	178,20 EUR
= Barverkaufspreis		1.069,20 EUR
+ Kundenskonto	3 %	33,07 EUR
= Zielverkaufspreis		1.102,27 EUR
+ Kundenrabatt	18,3503 %	247,73 EUR
= Listenverkaufspreis		1.350,00 EUR

Fertigungsmaterial bisher	220,00 EUR
Fertigungsmaterial neu	200,00 EUR
Kostendifferenz	20,00 EUR
Preisreduzierung	**9,1 %**

b) Da die Ist-Gemeinkosten des ersten Quartals höher sind als die den Kunden durch die Angebotskalkulation in Rechnung gestellten Normalgemeinkosten, führt dies zu Kostenunterdeckungen in den Kostenstellen Material, Fertigung und Verwaltung.

c) Ursachen:

- unterdurchschnittliche Beschäftigung
- Preiserhöhung für die zur Leistungserstellung erforderlichen Güter
- erhöhter Verbrauch von Gütern und Diensten
  (zwei Ursachen erforderlich)

d) Das tatsächlich erzielte Betriebsergebnis des ersten Quartals wird geringer ausfallen als das geplante Betriebsergebnis (Umsatzergebnis).

e) Die in Teilaufgabe a) berechnete Preisreduktion des Fertigungsmaterials reicht nicht aus, um den gewünschten Gewinn zu realisieren. Die höheren Ist-Gemeinkosten werden durch die verrechneten Normalgemeinkosten nicht abgedeckt. Um eine Verringerung des angestrebten Gewinns zu vermeiden, müsste das Fertigungsmaterial noch günstiger eingekauft werden.

2.5 Abituraufgaben

Abituraufgaben 2012 (Aufgabe 2, teilweise)

6.1 Vorwärtskalkulation

	Fertigungsmaterial	140,00 EUR
+	Materialgemeinkosten 10 %	14,00 EUR
=	Materialkosten	154,00 EUR
+	Fertigungslöhne	80,00 EUR
	Fertigungsgemeinkosten 110 %	88,00 EUR
=	Fertigungskosten	168,00 EUR
	Herstellkosten	322,00 EUR
+	Verwaltungsgemeinkosten 12 %	38,64 EUR
+	Vertriebsgemeinkosten 5 %	16,10 EUR
+	Sondereinzelkosten des Vertriebs	1,26 EUR
=	Selbstkosten	378,00 EUR
+	Gewinnzuschlag 8 %	30,24 EUR
=	Barverkaufspreis	408,24 EUR
+	Kundenskonto 3 %	12,63 EUR
=	Zielverkaufspreis	420,87 EUR
	Kundenrabatt 15 %	74,27 EUR
=	Listenverkaufspreis	495,14 EUR

6.2 Rückwärtskalkulation

	Selbstkosten	378,00 EUR
+	Gewinnzuschlag	1,27 EUR
=	Barverkaufspreis	379,27 EUR
+	Kundenskonto 3 %	11,73 EUR
=	Zielverkaufspreis	391,00 EUR
+	Kundenrabatt 15 %	69,00 EUR
=	Listenverkaufspreis	460,00 EUR

Gewinnzuschlag in Prozent: 1,27 · 100 : 378,00 = 0,34 %

6.3 Die Auffassung von Koch ist dann vertretbar, wenn der Preis über den variablen Stückkosten liegt und somit positive Deckungsbeiträge erwirtschaftet werden. Bei Unterbeschäftigung führt diese Vorgehensweise zu einer Verbesserung des Betriebsergebnisses insgesamt.

Um jedoch dauerhaft am Markt existieren zu können (u. a. hinsichtlich zukünftiger Investitionen), muss das Unternehmen einen angemessenen Gewinn erzielen. Deshalb ist die Auffassung von Arnold nachzuvollziehen, vor allem falls das Unternehmen nahezu voll ausgelastet ist.

Abituraufgaben 2014 (Aufgabe 1, teilweise)

1.

		Kostenstellen			
Gemeinkostenarten	Betrag	Material	Fertigung	Verwaltung	Vertrieb
Gehälter	120.000,00 EUR	15.000,00 EUR	45.000,00 EUR	45.000,00 EUR	15.000,00 EUR
Raumkosten	45.000,00 EUR	15.000,00 EUR	19.500,00 EUR	7.500,00 EUR	3.000,00 EUR
sonstige Gemeinkosten	416.850,00 EUR	63.000,00 EUR	271.500,00 EUR	49.400,00 EUR	32.950,00 EUR
Summe der Gemeinkosten	581.850,00 EUR	93.000,00 EUR	336.000,00 EUR	101.900,00 EUR	50.950,00 EUR

2.

	%	Ist-Kosten (in Euro)	%	Normalkosten (in Euro)	Kostenüber-/-unterdeckung (in Euro)
FM		310.000,00		310.000,00	
MGK	30 %	93.000,00	25 %	77.500,00	–15.500,00
Materialkosten		403.000,00		387.500,00	
FL		280.000,00	140 %	280.000,00	
FGK	120 %	336.000,00		392.000,00	56.000,00
Fertigungskosten		616.000,00		672.000,00	
Herstellkosten		1.019.000,00		1.059.500,00	
VwGK	10 %	101.900,00	10 %	105.950,00	4.050,00
VtGK	5 %	50.950,00	7 %	74.165,00	23.215,00
Selbstkosten		1.171.850,00		1.239.615,00	

3.1 Wenn in der Ist-Kalkulation die Material- und/oder Fertigungsgemeinkosten von der Normalkalkulation abweichen, ergeben sich Ist-Herstellkosten, die von den Normalherstellkosten abweichen.
Da die Zuschlagsgrundlage für die Verwaltungsgemeinkosten die Normalherstellkosten sind, kann es daher trotz gleichen Verwaltungsgemeinkostenzuschlagsatzes zu Kostenabweichungen im Verwaltungsbereich kommen. Dies kann nicht vom Leiter der Kostenstelle Verwaltung beeinflusst werden.

3.2 Im Monat März liegt in der Kostenstelle Material eine Kostenunterdeckung vor. Vom Kostenstellenleiter Material nicht zu vertretende Ursachen hierfür könnten sein:

- Beschäftigungsabweichungen: hier ein Rückgang der Auslastung. Dies führt gegenüber dem Vormonat zu einem geringeren Verbrauch an Fertigungsmaterial. Wegen der prozentualen Gemeinkostenzuschläge führen solche Differenzen bei den Einzelkosten zu Abweichungen bei den Gemeinkosten. Bei konstanten Normalzuschlagsätzen bewirkt dies einen Rückgang der den Kunden weiterverrechneten Materialgemeinkosten. Da sich die Ist-Gemeinkosten zum großen Teil fix verhalten, gehen die Ist-Gemeinkosten nicht im gleichen Ausmaß zurück wie die verrechneten Normalgemeinkosten. Nur wenn die Einzelkosten in der Vor- und Nachkalkulation konstant gehalten werden, sind die Ursachen von Gemeinkostenabweichungen den Gemeinkostenbereichen eindeutig zuzuordnen.

- Preisabweichungen: Hier liegen gestiegene Preise für Materialgemeinkostenarten vor, z. B. Preise für Hilfs- und Betriebsstoffe, Gehälter für Lagerarbeiter, Energiekosten.

4.1

Fertigungsmaterial		135,00 EUR
+ Materialgemeinkosten	20 %	27,00 EUR
= Materialkosten		162,00 EUR
Fertigungslöhne		90,00 EUR
+ Fertigungsgemeinkosten	105 %	94,50 EUR
= Fertigungskosten		184,50 EUR
= Herstellkosten		346,50 EUR
+ Verwaltungsgemeinkosten	8 %	27,72 EUR
+ Vertriebsgemeinkosten	5 %	17,33 EUR
= Selbstkosten		391,55 EUR
+ Gewinnzuschlag	20 %	78,31 EUR
= Barverkaufspreis		469,86 EUR
+ Kundenskonto	3 %	14,53 EUR
= Zielverkaufspreis		484,39 EUR
+ Kundenrabatt	20 %	121,10 EUR
= Listenverkaufspreis		605,49 EUR

4.2

Selbstkosten		391,55 EUR
+ Gewinnzuschlag	**14,95 %**	**58,53 EUR**
= Barverkaufspreis		450,08 EUR
+ Kundenskonto	3 %	13,92 EUR
= Zielverkaufspreis		464,00 EUR
+ Kundenrabatt	20 %	116,00 EUR
= Listenverkaufspreis		580,00 EUR

Abituraufgaben 2015 (Aufgabe 3, teilweise)

1.1

		Zuschlagsätze
FM	2.160.000,00 EUR	**10 %**
MGK	216.000,00 EUR	
MK	2.376.000,00 EUR	
FL	700.000,00 EUR	**250 %**
FGK	1.750.000,00 EUR	
FK	2.450.000,00 EUR	
HK	4.826.000,00 EUR	**7 %**
VwGK	337.820,00 EUR	**13 %**
VtGK	627.380,00 EUR	
Selbstkosten	**5.791.200,00 EUR**	

1.2

FM	90,00 EUR
MGK (10 %)	9,00 EUR
MK	99,00 EUR
FL	86,00 EUR
FGK (250 %)	215,00 EUR
FK	301,00 EUR
HK	400,00 EUR
VwGK (7 %)	28,00 EUR
VtGK (13 %)	52,00 EUR
SK	480,00 EUR
Gewinn (20 %)	96,00 EUR
BVP	576,00 EUR
Skonto (4 %)	24,00 EUR
ZVP	600,00 EUR
Rabatt (25 %)	200,00 EUR
Angebotspreis	**800,00 EUR**

1.3 Bei sinkendem Beschäftigungsgrad gehen die Einzelkosten zurück, die Gemeinkosten bleiben aufgrund des hohen Fixkostenanteils nahezu unverändert. Die kalkulierten Normalgemeinkosten sind kleiner als die Ist-Gemeinkosten, was zu einer Kostenunterdeckung führt.
Die Ist-Gemeinkostenzuschlagsätze steigen, weshalb für die Zukunft die Normalgemeinkostenzuschlagsätze nach oben angepasst werden sollten; dies hat zur Folge, dass die kalkulierten Verkaufspreise steigen.
Diese Preiserhöhungen können in der Folge zu einem weiteren Absatzrückgang führen.

Abituraufgaben 2016 (Aufgabe 1, teilweise, verändert)

6. Aufwendungen für Fertigungsmaterial: 1.560.000,00 EUR
Aufwendungen für Fertigungslöhne: 500.000,00 EUR

		Zuschlagsätze
FM	1.560.000,00 EUR	
MGK	390.000,00 EUR	**25 %**
MK	1.950.000,00 EUR	
FL	500.000,00 EUR	
FGK	1.140.000,00 EUR	**228 %**
FK	1.640.000,00 EUR	
HK	3.590.000,00 EUR	
VwGK	143.600,00 EUR	**4 %**
VtGK	251.300,00 EUR	**7 %**
SEKVt	15.100,00 EUR	
Selbstkosten	**4.000.000,00 EUR**	

7. Kalkulation des Angebotspreises für 400 Stück:

FM	48.000,00 EUR
MGK (25 %)	12.000,00 EUR
MK	60.000,00 EUR
FL	20.000,00 EUR
FGK (228 %)	45.600,00 EUR
FK	65.600,00 EUR
HK	125.600,00 EUR
VwGK (4 %)	5.024,00 EUR
VtGK (7 %)	8.792,00 EUR
SEKVt	1.704,00 EUR
SK	141.120,00 EUR
Gewinn (10 %)	14.112,00 EUR
BVP	155.232,00 EUR
Skonto (2 %)	3.168,00 EUR
ZVP	158.400,00 EUR
Rabatt (12 %)	21.600,00 EUR
Angebotspreis	**180.000,00 EUR**

Hinweis: Bei der Kalkulation mit den Ersatzzuschlagsätzen ergibt sich derselbe Wert als Angebotspreis.

8. Die Prozesskosten je Stück nehmen bei zunehmender Produktionsmenge ab (Degressionseffekt).
Bei dem hier vorliegenden Angebot liegt ein großes Auftragsvolumen vor, für das die Kosten des Prozesses „Materialbeschaffung“ unterproportional anfallen. Daher ergibt sich hier durch die Prozesskostenrechnung ein niedrigerer Angebotspreis.

3 Kosten- und Leistungsrechnung III: Kostenanalyse

3.1 Grundlagen

1. 60.000 Stück = 100,00 %
   50.000 Stück = **83,33 % Beschäftigungsgrad**

2./3. Vgl. Stofftelegramm.

4. a)

Prod.-menge in Stück	Fix-kosten in Euro	Variable Kosten in Euro	Gesamt-kosten in Euro	Stück-kosten in Euro	Umsatz-erlöse in Euro	Gewinn (Verlust) in Euro
5	20.000,00	5.000,00	25.000,00	5.000,00	10.000,00	–15.000,00
10	20.000,00	10.000,00	30.000,00	3.000,00	20.000,00	–10.000,00
15	20.000,00	15.000,00	35.000,00	2.333,00	30.000,00	–5.000,00
20	20.000,00	20.000,00	40.000,00	2.000,00	40.000,00	0,00
25	20.000,00	25.000,00	45.000,00	1.800,00	50.000,00	+5.000,00
30	20.000,00	30.000,00	50.000,00	1.667,00	60.000,00	+10.000,00
35	20.000,00	35.000,00	55.000,00	1.571,00	70.000,00	+15.000,00
40	20.000,00	40.000,00	60.000,00	1.500,00	80.000,00	+20.000,00
45	20.000,00	45.000,00	65.000,00	1.444,00	90.000,00	+25.000,00
50	20.000,00	50.000,00	70.000,00	1.400,00	100.000,00	+30.000,00

b) $p \cdot x = k_v \cdot x + K_f$ → 2.000,00 · x = 1.000,00 · x + 20.000,00 → **x = 20 Stück**

c) 50 Stück (Kapazitätsgrenze)

d) Stückkosten

e) Vgl. analog Stofftelegramm.

5. a) 12.000 Stück = 100 %
   7.200 Stück = **60 %**

b) Gesamtgewinn = U – K = 6,20 EUR · 12.000 St. – 60.000,00 EUR = **14.400,00 EUR**
Stückgewinn = 14.400,00 EUR : 12.000 St. = **1,20 EUR;** Fixkosten = 60.000,00 EUR : 5
= **12.000,00 EUR (1,00 EUR/St.)**
var. Kosten = 60.000,00 EUR – 12.000,00 EUR = 48.000,00 EUR; var. Stückkost.
= 48.000,00 EUR : 12.000 St. = **4,00 EUR**

c) Gesamtgewinn = U – K = 6,20 EUR · 9.000 – (12.000,00 EUR + 4,00 EUR · 9.000)
= **7.800,00 EUR**
Stückgewinn = 7.800,00 EUR : 9.000 = **0,87 EUR**

d) U = K 6,20 EUR · x = 12.000,00 EUR + 4,00 EUR · x → x = **5.455 Stück** (ca.)

e) 6,20 EUR · x = 24.000,00 EUR + 3,00 EUR · x → x = **7.500 Stück**

6.

80 % von 800 Stück =	640 Stück	=	88.000,00 EUR	640 St. · 100,00 EUR =
90 % von 800 Stück =	720 Stück	=	96.000,00 EUR	64.000,00 EUR variable Kosten
Differenz	80 Stück	=	8.000,00 EUR	88.000,00 EUR Ges.kost. (640 St.)
variable Stückkosten	1 Stück	=	**100,00 EUR**	**24.000,00 EUR Fixkosten**

7. a) Gesamtkosten bei 500 Stück = 14.000,00 EUR
Gesamtkosten bei 600 Stück = 16.000,00 EUR
variable Kosten 100 Stück = 2.000,00 EUR
→ variable Stückkosten = 20,00 EUR
Fixkosten = 14.000,00 EUR – (20,00 EUR · 500 St.) = 4.000,00 EUR
30,00 EUR · x = 4.000,00 + 20,00 EUR · x → x = **400 St. NS**

b) 30,00 EUR · x = 4.000,00 EUR + 20,00 EUR · x + 2.500,00 EUR → x = **650 Stück**

c) 60 % von 800 Stück = 480 Stück

Preis	30,00 EUR
– variable Stückkosten	20,00 EUR
– fixe Stückkosten (4.000,00 EUR : 480 St.)	8,33 EUR
Stückgewinn	**1,67 EUR**

d) An der Kapazitätsgrenze von 800 St.: Hier sind die Stückkosten am geringsten; der Anstieg der Kostengeraden ist stets kleiner als der Anstieg der Erlösgeraden.

e)

Preis	30,00 EUR
– Preissenkung	10,00 EUR
neuer Preis	20,00 EUR

Der Preis deckt gerade die variablen Stückkosten (somit kein Deckungsbeitrag – vgl. Deckungsbeitragsrechnung). Rechnerisch daher nicht sinnvoll, den Auftrag anzunehmen (z. B. aus Arbeitsplatzsicherungsgründen kurzfristig evtl. dennoch sinnvoll).

f) Kosten der Überbeanspruchung (erhöhter Verschleiß, Ausschuss, unwirtschaftlicher Energieeinsatz); evtl. bereits Anstieg der Fixkosten.

8. a)

Gesamtkosten bei Ausbringung von 1.000 Stück	= 15 Mio. EUR
– variable Gesamtkosten bei 1.000 Stück	= 10 Mio. EUR
fixe Kosten **vor** Belastung	= 5 Mio. EUR

NS (VOR): 25.000,00 EUR · x = 5.000.000,00 EUR + 10.000,00 EUR · x → x = 333,333 = **334 Stück**

NS (NACH): 25.000,00 EUR · x = 6.000.000,00 EUR + 10.000,00 EUR · x → x = **400 Stück**

b) E – K = Gewinn → 25.000,00 EUR · x – (6.000.000,00 EUR + 10.000,00 EUR · x) = 2.000.000,00 EUR → x = **534 Stück**

c) **Gewinnmaximum:**
- praktisch bei 100 %; bei konstanten Erlösen und Grenzkosten und hier minimierter Fixkostenlast pro Stück
- im Unendlichen; Fixkostenlast pro Stück als Grenzwert = 0; Grenzkosten und Stückerlöse sind konstant.

9. a) Gewinnmaximum an der Kapazitätsgrenze = 5.000 Stück
variable Kosten bei 5.000 Stück: 1.250.000,00 + 210.000,00 = 1.460.000,00 EUR
Gewinn = E – K = 340,00 · 5.000 St. – 1.460.000,00 – 55.800,00 = **184.200,00 EUR**

b) Nutzenschwelle: 340,00 · x = 55.800,00 + (180,00 + 70,00 + 22,00 + 20,00) · x
x = 1.162,5 = **1.163 Stück**

ca) Die kurzfristige Preisuntergrenze liegt dort, wo die Erlöse gerade noch die variablen Stückkosten decken, also bei **292,00 EUR/Stück.**

cb) Langfristige Preisuntergrenze bei den Stückkosten:
$k = k_f : x + k_v$ = 55.800,00 : 5.000 St. + 292,00 = **303,16 EUR**

da) 5.000 Stück + 20 % = 6.000 Stück; $K_f \cdot 2$ = 111.600,00 EUR; k_v – 25 % = 219,00 EUR
Stückkosten bei 6.000 Stück: (111.600,00 + (219,00 · 6.000 St.) : 6.000 St. = **237,60 EUR**

db) Stückgewinn = Preis – Stückkosten = 340,00 – 237,60 = **102,40 EUR**

dc) technischer Fortschritt, z. B. Fotosatzverfahren, NC-Drehbänke ...

dd) K = U → 111.600,00 + 219,00 · x = 238,00 · x → x = **5.873,68 Stück**

3.2 Abituraufgaben

Abituraufgaben 2006 (Aufgabe 1, Teil 2)

2.1.1 $k_v = \frac{972.000,00 - 804.000,00}{66.000 \text{ St.} - 52.000 \text{ St.}} = 12,00$ EUR/Stück

fixe Kosten = 972.000,00 – 66.000 St. · 12,00 = 180.000,00 EUR

2.1.2 max. Produktion nach der Kapazitätserhöhung $= \frac{70.000 \text{ St.} \cdot 40}{35} = 80.000$ Stück

2.1.3 30 % von 12,00 EUR = 3,60 EUR/Stück

$\text{Lohnkosten}_{neu} = \frac{3,60 \cdot 35}{40} = 3,15$ EUR/Stück

$k_{vneu} = 12,00 - 3,60 + 3,15 = 11,55$ EUR/Stück

2.1.4 Erlös je Stück = 790.400,00 : 52.000 St. = 15,20 EUR

Vorher: 15,20 x = 180.000,00 + 12,00 · x nachher: 15,20 x = 180.000,00 + 11,55 · x
x = 56.250 Stück x = 49.315,07 → 49.316 Stück
Produktionsdifferenz = 56.250 St. – 49.316 St. = 6.934 Stück weniger

2.2.1 Ohne Zuschlag: 70.000 St. – 66.000 St. = 4.000 St. · 12,00 EUR = 48.000,00 EUR
Mit Zuschlag: (25 % von 3,60 = 0,90 EUR) = 10.000 St. · 12,90 = 129.000,00 EUR
gesamter Kostenzuwachs = 177.000,00 EUR

variable Stückkosten für Zusatzproduktion = 12,00 + 3,60 · 0,25 = 12,90 EUR

2.2.2 Kostenrückgang für 66.000 Teile = 66.000 St. · 0,45 = 29.700,00 EUR
Kosten für zusätzliche 14.000 Teile = 14.000 St. · 11,55 = 161.700,00 EUR
Kostenzuwachs = 161.700,00 – 29.700,00 = 132.000,00 EUR
Preis je Stück = 132.000,00 : 14.000 St. = 9,429 EUR, gerundet 9,43 EUR

Abituraufgaben 2013 (Aufgabe 1, teilweise)

5.1 $k_v = \frac{132.000 - 124.000}{1.600 - 1.200} = 20,00$ EUR je Stück

$132.000 = K_f + 1.600 \cdot 20$
$K_f = 100.000,00$ EUR

$x = \frac{100.000}{120 - 20} = 1.000$ Stück, folglich liegt der Beschäftigungsgrad bei 50 %.

5.2 Der maximale Stückgewinn liegt bei linearem Kosten- und Erlösverlauf an der Kapazitätsgrenze.

$g = 120 - (20 + \frac{100.000}{2.000}) = 50,00$ EUR je Stück

5.3

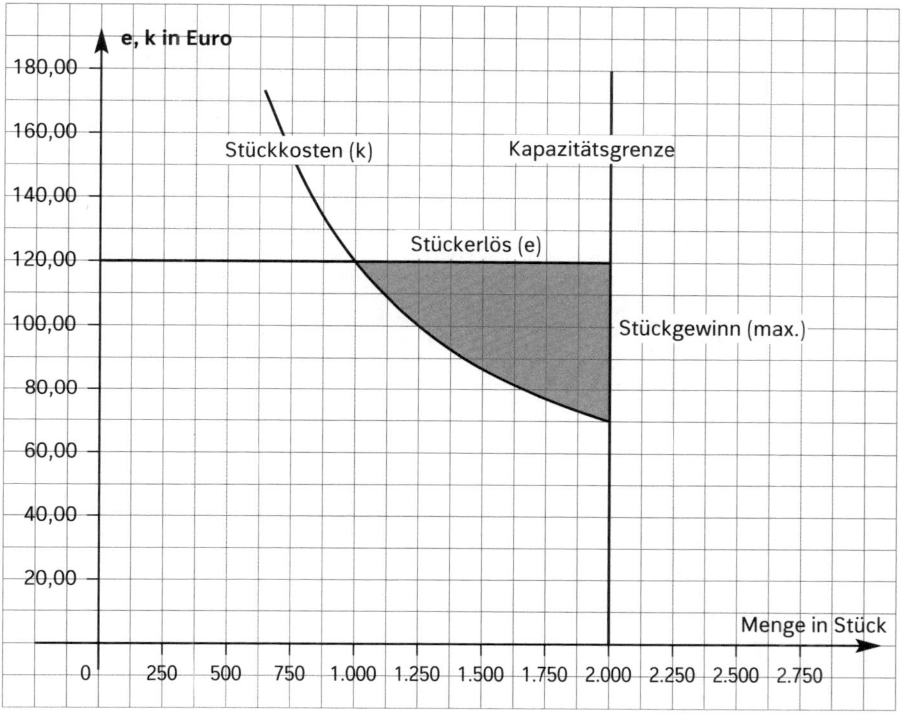
e, k in Euro
180,00
160,00
140,00
120,00
100,00
80,00
60,00
40,00
20,00
Stückkosten (k)
Kapazitätsgrenze
Stückerlös (e)
Stückgewinn (max.)
Menge in Stück
0
250
500
750
1.000
1.250
1.500
1.750
2.000
2.250
2.500
2.750

4 Kosten- und Leistungsrechnung IV: Deckungsbeitragsrechnung (Teilkostenrechnung)

4.1 Grundlagen

1. a)

	A	B	C	Insgesamt
Erlöse (in Euro)	900.000,00	1.700.000,00	1.250.000,00	3.850.000,00
Gesamtkosten (in Euro)	850.000,00	1.350.000,00	1.360.000,00	3.560.000,00
Betriebsergebnis (in Euro)	50.000,00	350.000,00	–110.000,00	290.000,00

ba)

	A	B	C	Insgesamt
Erlöse (in Euro)	900.000,00	1.700.000,00	1.250.000,00	3.850.000,00
variable Kosten (in Euro)	650.000,00	1.200.000,00	860.000,00	2.710.000,00
Deckungsbeitrag (in Euro)	250.000,00	500.000,00	390.000,00	1.140.000,00
Fixkosten				850.000,00
Betriebsergebnis insgesamt (vgl. a)				**290.000,00**

bb)

	A	B		Insgesamt
Erlöse (in Euro)	900.000,00	1.700.000,00		2.600.000,00
variable Kosten (in Euro)	650.000,00	1.200.000,00		1.850.000,00
Deckungsbeitrag (in Euro)	250.000,00	500.000,00		750.000,00
Fixkosten				850.000,00
Betriebsergebnis insgesamt				**–100.000,00**

Fehlender Deckungsbeitrag C (390.000,00 EUR) vermindert Betriebsergebnis in dieser Höhe.

bc) Arbeitsplatzerhaltung, „Vorzeigeartikel“, Sortimentsvielfalt, negativer DB evtl. nur vorübergehend, Komplementärartikel ...

bd) Preisuntergrenze = variable Stückkosten:
A: 650.000,00 : 30.000 St. = **21,67 EUR** B: **40,00 EUR** C: **24,58 EUR**

2. Vgl. Stofftelegramm.

3. Vgl. Stofftelegramm.

4. a)

	Min.wasser	Bier	Insgesamt
Erlöse (in Euro)	420.000,00	180.000,00	600.000,00
variable Kosten (in Euro)	217.200,00	90.000,00	307.200,00
Deckungsbeitrag (in Euro)	202.800,00	90.000,00	292.800,00
Fixkosten			185.000,00
Betriebsergebnis			**107.800,00**

ba) Deckungsbeitrag ohne zusätzlichen Absatz von 30.000 Kästen Bier:

Verkaufserlös	180.000,00 EUR
– Einstandspreis (15.000 St. · 7,50)	112.500,00 EUR
Deckungsbeitrag	67.500,00 EUR

Deckungsbeitrag mit zusätzlichem Absatz von 30.000 Kästen Bier:

Verkaufserlös (15.000 St. · 12,00 + 30.000 St. · 8,00)	420.000,00 EUR
– Einstandspreis (45.000 St. · 7,50)	337.500,00 EUR
Deckungsbeitrag	82.500,00 EUR

bb) Der zusätzliche Deckungsbeitrag trägt zur Erhöhung des Betriebsergebnisses bei.

bc) Bei einer Bierumsatzerhöhung um 200 % steigen neben den Fixkosten evtl. auch die variablen Kosten.

5. a)

	A	B	C	D
Erlöse in Euro/100 l	200,00	100,00	270,00	285,00
variable Kosten in Euro/100 l	100,00	100,00	100,00	100,00
Deckungsbeitrag (in Euro)	100,00	70,00	170,00	185,00

Rangfolge: D – C – A – B

DB in Euro: 200.000,00 (A), 35.000,00 (B), 374.000,00 (C), 185.000,00 (D). Rangfolge: C-A-D-B

b) Erhaltung der Arbeitsplätze, „Vorzeigeartikel", Sortimentsvielfalt, evtl. Komplementärartikel, Preisausgleich mit anderen Produkten ...

c) Ohne Teilkostenrechnung würde man diejenigen Aufträge ablehnen, deren Erlöse die Vollkosten nicht decken. Jeder Auftrag trägt jedoch zur Gewinnsteigerung bei, bei dem die Erlöse die variablen Kosten übersteigen (positiver Deckungsbeitrag).

6. a)

Preis je St.	Erlöse je Sorte	Selbstkosten je Sorte	Menge	Gewinn/Verlust j. Sorte
A 340,00	1.700.000,00	1.515.800,00	5.000	+ 184.200,00
B 395,00	2.765.000,00	2.658.000,00	7.000	+ 107.000,00
C 445,00	1.780.000,00	1.773.000,00	4.000	+ 7.000,00
		Betriebsgewinn:		+ 298.200,00

ba)

Preis je St.	Erlöse je Sorte	Selbstkosten je Sorte	Menge	Gewinn/Verlust j. Sorte
A 340,00	1.530.000,00	1.369.800,00	4.500	+ 160.200,00
B 395,00	2.488.500,00	2.399.000,00	6.300	+ 89.500,00
C 445,00	1.602.000,00	1.621.000,00	3.600	– 19.000,00
		Betriebsgewinn:		+ 230.700,00

bb) Der Fixkostenanteil an den Gesamtkosten wird bei sinkender Absatzmenge größer.

ca)

Menge C	Gesamtkosten	Differenzkosten	kv	Fixkosten
4.000	1.773.000,00	152.000,00	380,00	253.000,00
3.600	1.621.000,00			

Wenn die fixen Kosten von 253.000,00 EUR kurzfristig nicht abgebaut werden können, müssen die Produkte A und B diese Fixkosten tragen.

Gewinn A	160.200,00 EUR
Gewinn B	89.500,00 EUR
	249.700,00 EUR
– Fixkosten C	253.000,00 EUR
Verlust	3.300,00 EUR

Es ist ungünstig, das Produkt C aus der Produktion zu nehmen, da sich sonst ein Verlust von 3.300,00 EUR ergibt.

cb)

Preis je St.	kv	db	Menge	DB
A 340,00	292,00	48,00	4.500	216.000,00
B 395,00	370,00	25,00	6.300	157.500,00
C 445,00	380,00	65,00	3.600	234.000,00

cc) Solange ein Deckungsbeitrag für C vorhanden ist, soll C produziert werden, da der Deckungsbeitrag zur Fixkostendeckung beiträgt.

d)

Preis je St.	kv	db	Menge	Fixkosten	DB	Nettogewinn
A 340,00	292,00	48,00	4.500	55.800,00	216.000,00	160.200,00
B 395,00	370,00	25,00	6.300	68.000,00	157.500,00	89.500,00
C 445,00	443,00	2,00	3.600	253.000,00	7.200,00	– 245.800,00

Betriebsgewinn: 3.900,00

Bezug von außen: Gewinnminderung 230.700,00 – 3 900,00 = 226.800,00 EUR → nicht sinnvoll!

4.2 Abituraufgaben

Abituraufgaben 2012 (Aufgabe 2, teilweise)

7.1

	AXXON	DELTA	XYLON
Erlöse	236,00 EUR	148,00 EUR	132,00 EUR
Fertigungslöhne	80,00 EUR	80,00 EUR	40,00 EUR
sonstige variable Kosten	72,00 EUR	16,00 EUR	34,00 EUR
Stückdeckungsbeitrag	84,00 EUR	52,00 EUR	58,00 EUR
Produktbeitrag (gesamt)	20.160,00 EUR	15.600,00 EUR	23.200,00 EUR
Gesamtdeckungsbeitrag		58.960,00 EUR	

7.2 Benötigte Fertigungszeit ohne Kapazitätsbeschränkung:

AXXON	240 St. · 4 =	960 Stunden
DELTA	300 St. · 4 =	1.200 Stunden
XYLON	400 St. · 2 =	800 Stunden
Summe		2.960 Stunden

Es liegt eine Engpasssituation vor. Deshalb richtet sich die Rangfolge nach dem relativen Deckungsbetrag.

	AXXON	DELTA	XYLON
Stückdeckungsbeitrag	84,00 EUR	52,00 EUR	58,00 EUR
Engpassfaktor Zeit	4 Stunden	4 Stunden	2 Stunden
relativer Deckungsbeitrag	21,00 EUR/Std.	13,00 EUR/Std.	29,00 EUR/Std.
Rangfolge	2	3	1
optimales Produktionsprogramm	**240 Stück**	**200 Stück**	**400 Stück**
Fertigungszeit	960 Stunden	800 Stunden	800 Stunden

Abituraufgaben 2013 (Aufgabe 1, teilweise)

6.1

Typ	**A**	**B**	**C**
Verkaufspreis in Euro	15,00	21,00	12,50
Fertigungszeit in Min.	5	10	8
Fertigungslohn pro Stück	3,00	6,00	4,80
Sonstige variable Stückkosten in Euro	7,00	12,00	5,00
Summe variable Stückkosten in Euro	10,00	18,00	9,80
Stückdeckungsbeitrag in Euro	5,00	3,00	2,70
Produktrangfolge	1	2	3

Es ergibt sich folgende Zusammensetzung der Lieferung:

- 600 Stück von **A**
- 200 Stück von **B**
- 200 Stück von **C**

6.2

Typ	A	B	C	Summe
Fertigungszeit in Min.	5	10	8	
Maximale Absatzmenge in Stück	10.000	10.000	10.000	
Fertigungsminuten insges.	50.000	100.000	80.000	230.000
Kapazität in Min.				180.000

Vorliegen einer Engpasssituation: Engpass „Fertigungszeit“

Typ	A	B	C
Stückdeckungsbeitrag in Euro	5,00	3,00	2,70
Relativer Deckungsbeitrag pro Min.	1,00	0,30	0,3375
Rangfolge	1	3	2
Optimales Produktionsprogramm in Stück	**10.000**	**5.000**	**10.000**
Fertigungszeit in Min.	50.000	50.000	80.000

7.
- Die kurzfristige Preisuntergrenze liegt bei 10,00 EUR/Stück.
- Weil in einem Mehrproduktunternehmen eine Zuordnung der Fixkosten auf die einzelnen Produkte nicht möglich/sinnvoll ist.

Abituraufgaben 2015 (Aufgabe 3, teilweise)

2.1 $k_v = \frac{98.000 - 77.000}{900 - 600} = 70{,}00$ EUR pro Stück

$K(900) = 98.000$

$98.000 = K_f + 70 \cdot 900$

$K_f = 35.000{,}00$ EUR pro Monat

$E = K$

$120x = 70x + 35.000$

x = **700 Stück**

2.2 langfristige Preisuntergrenze = Stückkosten

k = 70,00 EUR + (35.000,00 EUR : 1.250 Stück) = **98,00 EUR**

2.3

	Erlös	Kosten	Betriebsergebnis
Januar	72.000,00 EUR	77.000,00 EUR	–5.000,00 EUR
Februar	108.000,00 EUR	98.000,00 EUR	10.000,00 EUR
März	126.000,00 EUR	108.500,00 EUR	17.500,00 EUR
Summe	306.000,00 EUR	283.500,00 EUR	**22.500,00 EUR**

2.4 e = 120,00 EUR

e_{Zusatz} = 120,00 EUR · 0,7 = 84,00 EUR

k_v = 70,00 EUR

$k_{v/Überstundenzuschlag}$ = 28,00 EUR · 0,25 = 7,00 EUR

$k_{v/neu}$ = 70,00 EUR + 7,00 EUR = 77,00 EUR

Betriebsergebniserhöhung = (84,00 EUR – 11,00 EUR) · 200 Stück = **1.400,00 EUR**

2.5 Für die Annahme des Auftrags:
Erschließung eines neuen Absatzgebietes

Gegen die Annahme des Auftrags:
Überlastung der Mitarbeiter durch Überstunden

3.1 Die Prüfzeiten betragen pro Monat 236 Stunden.
Prüfzeit in Minuten: 236 · 60 = 14.160 Min.

Modell	Modell 1	Modell 2	Modell 3
e	2.780,00 EUR	2.145,00 EUR	1.660,00 EUR
k_v	2.060,00 EUR	1.200,00 EUR	1.300,00 EUR
db	720,00 EUR	945,00 EUR	360,00 EUR
Relativer db (je Minute)	9,00 EUR	13,50 EUR	12,00 EUR
Rangfolge	3	1	2
Benötigte Zeit	8.000 Min.	8.400 Min.	4.800 Min.
Zugeteilte Zeit	960 Min.	8.400 Min.	4.800 Min.
Optimales Produktionsprogramm	**12 Stück**	**120 Stück**	**160 Stück**

3.2 Betriebsergebnis = (945,00 EUR · 120 + 360,00 EUR · 160 + 720,00 EUR · 12) – 120.000,00 EUR = **59.640,00 EUR**

Abituraufgaben 2017 (Aufgabe 1, teilweise)

5.1 100 % Kapazitätsauslastung = 875 : 70 · 100 = 1.250 Stück
80 % Kapazitätsauslastung = 1.250 · 0,8 = 1.000 Stück (Februar)

$$k_v = \frac{750.000,00 - 673.750,00}{1.000 - 875} = 610,00 \text{ EUR je Stück}$$

K_f = 673.750,00 EUR – 610,00 EUR/Stück · 875 Stück = 140.000,00 EUR

Gewinnschwelle:
810x = 140.000 + 610x
x = 700 Stück

Mindestumsatz:
810,00 EUR/Stück · 700 Stück = 567.000,00 EUR

5.2 Stückgewinn Januar:

$$g = 810 - \left(610 + \frac{140.000}{875}\right) = 40,00 \text{ EUR je Stück}$$

Stückgewinn Februar:

$$g = 810 - \left(610 + \frac{140.000}{1.000}\right) = 60,00 \text{ EUR je Stück}$$

Ersatzlösung:
Januar: 42,00 EUR je Stück; Februar: 63,00 EUR je Stück

Mit zunehmender Produktionsmenge sinken die Fixkosten pro Stück und damit auch die gesamten Stückkosten, da sich die Fixkosten auf eine größere Stückzahl verteilen (Fixkostendegression). Bei gleichem Stückpreis steigt somit der Stückgewinn.

5.3 $$x = \frac{\text{Werbekosten} + \text{Betriebsergebniserhöhung}}{\text{Stückdeckungsbeitrag}} = \frac{8.000 + 13.000}{200} = 105 \text{ Stück}$$

Ersatzlösung: 100 Stück

5.4
- Langfristige Preisuntergrenze an der Kapazitätsgrenze:

  $K = 610{,}00 \cdot 1.250 + 140.000{,}00 + 8.000{,}00 = 910.500{,}00$ EUR
  $k = 910.500{,}00 : 1.250 = 728{,}40$ EUR je Stück

  Ersatzlösung: 724,00 EUR je Stück

- Obwohl der gezahlte Preis der Klinik unter der langfristigen Preisuntergrenze liegt, sollte der Auftrag angenommen werden, da in diesem Fall ein positiver Stückdeckungsbeitrag in Höhe von 70,00 EUR (680,00 – 610,00) erzielt werden kann (Ersatzlösung: 80,00 EUR).

6.

Variante	A	B	C
e	160,00 EUR	230,00 EUR	366,00 EUR
$-k_v$	80,00 EUR	95,00 EUR	150,00 EUR
= db	80,00 EUR	135,00 EUR	216,00 EUR
Titaneinsatz je Stück	40 g	90 g	120,00 g
relativer db	2,00 EUR/g	1,50 EUR/g	1,80 EUR/g
Rangfolge	1	3	2
gewinnmaximaler Titaneinsatz	24.000 g	9.000 g	30.000 g
gewinnmaximales Produktionsprogramm	600 Stück	100 Stück	250 Stück

Betriebsergebnis:
$80 \cdot 600 + 135 \cdot 100 + 216 \cdot 250 - 110.000 = 5.500{,}00$ EUR

7.1 Kosten der Eigenfertigung für 500 Stück:
$K_{EF} = 500 \cdot (24 + 55x) + 33.000$

Kosten des Fremdbezugs für 500 Stück:
$K_{FB} = 500{,}00 \cdot 200{,}00 = 100.000{,}00$ EUR

$K_{EF} = K_{FB}$
$500 \cdot (24 + 55x) + 33.000 = 100.000$
$x = 2$ Stunden je Mikro-Nadelhalter (maximale Fertigungszeit)

7.2 Risiko der Eigenfertigung:
Der Absatz geht zurück, d. h., die Stückkosten steigen.

Risiko des Fremdbezugs:
Es entsteht eine Abhängigkeit vom Lieferanten.

5 Kosten- und Leistungsrechnung V: Prozesskostenrechnung

5.1 Probleme der traditionellen Kostenrechnung

Gemeinkostenproblematik der traditionellen Kostenrechnung:

- Die Verrechnung der Gemeinkosten mithilfe von Zuschlagsätzen entspricht nicht der tatsächlichen **Kostenverursachung**, weil zwischen Einzel- und Gemeinkosten kein **proportionales Verhältnis** existiert.
- Die Gemeinkosten wurden im Laufe der Zeit im Verhältnis zu den Einzelkosten immer höher (veränderte Kostenstrukturen). Folge: **stark steigende Gemeinkostenzuschlagsätze** (oft über 1.000 %). Beispiel: Mechanisierung und Automatisierung führen zu sinkenden Anteilen der Fertigungseinzelkosten (FEK) und steigenden Fertigungsgemeinkosten (FGK). → steigende FGK-Zuschlagsätze → ungenaue Kalkulation

5.2 Allgemeines zur Prozesskostenrechnung (PKR)

1. Hauptziel der Prozesskostenrechnung: verursachungsgerechte Kostenverrechnung
2. Gemeinkostenproblematik
3. Die PKR als eigenständiges Kostenrechnungssystem hat sich noch nicht in größerem Umfang durchgesetzt. Meist erfolgt ihre Anwendung als Ergänzung, nicht als Ersatz der traditionellen Vollkostenrechnung.

5.3.8 Prozesskostenkalkulation

1. a)

Kostenstelle Material							
Teilprozesse	**Teilprozesskosten**	**Kostentreiber (Maßgrößen)**	**lmi/lmn**	**Teilprozessmengen**	**Teilprozesskostensatz vor Umlage**	**Umlagesatz**	**Gesamtprozesskostensatz**
Material annehmen	50.000,00	Anzahl Anlieferungen	*lmi*	4.000	*12,50*	*2,08*	*14,58*
Material einlagern	70.000,00	Anzahl Einlagerungen	*lmi*	3.000	*23,33*	*3,89*	*27,22*
Material ausgeben	120.000,00	Anzahl Ausgaben	*lmi*	6.000	*20,00*	*3,33*	*23,33*
Materialstelle leiten	40.000,00	–	*lmn*	–	–	–	–
Summe MGK	**280.000,00**						

$$\text{Teilprozesskostensätze (vor Umlage)} = \frac{\text{Teilprozesskosten}}{\text{Teilprozessmenge}}$$

50.000,00 : 4.000 = **12,50**
70.000,00 : 3.000 = **23,33**
120.000,00 : 6.000 = **20,00**

$$\text{Umlagesätze} = \frac{\text{lmn-Prozesskosten}}{\text{Summe lmi-Prozesskosten}} \cdot \text{Teilprozesskostensatz (vor Umlage)}$$

$$\frac{40.000,00}{240.000,00} \cdot 12,50 = \mathbf{2,08} \quad \frac{40.000,00}{240.000,00} \cdot 23,33 = \mathbf{3,89} \quad \frac{40.000,00}{240.000,00} \cdot 20,00 = \mathbf{3,33}$$

b)

Beispiel: Hauptprozess „Kundenauftrag bearbeiten“			
Teilprozesse	**Beteiligte prozessorientierte Kostenstelle**	**Prozesskostensatz je Kundenauftrag**	**Prozesskostensatz je Stück**
Bestellung bearbeiten	Verwaltung	10,00 EUR	
Material annehmen	Material		~~14,58 EUR~~
Material einlagern	Material		*27,22 EUR*
Material ausgeben	Material		*23,33 EUR*
Fertigstellung melden	Vertrieb	9,00 EUR	
Fertigerzeugnis lagern	Vertrieb		4,00 EUR
Lieferschein erstellen	Verwaltung	1,00 EUR	
Fertigerzeugnis versandfertig machen	Vertrieb		8,00 EUR
Spediteur regeln	Vertrieb	2,00 EUR	
Fertigerzeugnis verladen	Vertrieb		7,87 EUR
		22,00 EUR	**85,00 EUR**

c)

Kalkulationsschema	**1 Stück**		**1.000 Stück**	
Materialeinzelkosten MEK		20,00 EUR		20.000,00 EUR
Fertigungseinzelkosten FEK	8,00 EUR		8.000,00 EUR	
Fertigungsgemeinkosten FGK 200 %	16,00 EUR		16.000,00 EUR	
Fertigungskosten	→	24,00 EUR	→	24.000,00 EUR
Hauptprozesskostensatz je Kundenauftrag		22,00 EUR		22,00 EUR
Hauptprozesskostensatz je Stück		85,00 EUR		85.000,00 EUR
Selbstkosten		**151,00 EUR**		**129.022,00 EUR**
Selbstkosten je Stück bei 1.000-Stück-Auftrag	→			**129,03 EUR**

2. a)

Kostenstelle Vertrieb (FE = Fertigerzeugnisse; LS = Lieferscheine)							
Teilprozesse	**Teilprozesskosten**	**Kostentreiber (Maßgrößen)**	**lmi/ lmn**	**Teilprozessmengen**	**Teilprozesskostensatz vor Umlage**	**Umlagesatz**	**Gesamtprozesskostensatz**
FE lagern	120.000,00	Anzahl Anlieferungen	lmi	750	160,00	36,92	196,92
LS erstellen	30.000,00	Anzahl Aktivitäten	lmi	400	75,00	17,31	92,31
FE versandfertig machen	90.000,00	Anzahl Paletten	lmi	3.000	30,00	6,92	36,92
Spediteur regeln	20.000,00	Anzahl Aktivitäten	lmi	300	66,67	15,39	82,06
Abteilung leiten	60.000,00	–	lmn	–	–	–	–
Summe MGK	**320.000,00**						

b) Beispiel: Hauptprozess „Kundenauftrag bearbeiten“			
Teilprozesse	**Beteiligte prozessorientierte Kostenstelle**	**Prozesskostensatz je Kundenauftrag**	**Prozesskostensatz je Stück**
Bestellung bearbeiten	Verwaltung	189,00 EUR	
Material annehmen	Material		74,50 EUR
Material einlagern	Material		61,00 EUR
Material ausgeben	Material		48,50 EUR
Fertigerzeugnis lagern	Vertrieb		196,92 EUR
Lieferschein erstellen	Vertrieb	92,31 EUR	
Fertigerzeugnis versandfertig machen	Vertrieb		36,92 EUR
Spediteur regeln	Vertrieb	82,06 EUR	
		363,37 EUR	417,84 EUR

c) Kalkulationsschema	1 Stück		100 Stück	
Materialeinzelkosten MEK		300,00 EUR		30.000,00 EUR
Fertigungseinzelkosten FEK	120,00 EUR		12.000,00 EUR	
Fertigungsgemeinkosten FGK 120 %	144,00 EUR		14.400,00 EUR	
Fertigungskosten		264,00 EUR		26.400,00 EUR
Hauptprozesskostensatz je Kundenauftrag		363,37 EUR		363,37 EUR
Hauptprozesskostensatz je Stück		417,84 EUR		41.784,00 EUR
Selbstkosten (vor sonst. VwGk)		**1.345,21 EUR**		**98.547,37 EUR**
Verwaltungsgemeinkosten VwGk 15 %		201,78 EUR		14.782,11 EUR
Selbstkosten (nach sonst. VwGk)		**1.546,99 EUR**		**113.329,48 EUR**
Selbstkosten je St. bei 100-Stück-Auftrag	→	→	→	**1.133,29 EUR**

5.5 Abituraufgaben

Abituraufgaben 2009 (Aufgabe 2, Teil 3, verändert)

3.1 Vgl. **Anlage.**

3.2

Materialeinzelkosten	1.200,00
+ 30 % Materialgemeinkosten	360,00
Fertigungslöhne	1.500,00
+ Prozesskosten Neukonstruktion	600,00
+ Prozesskosten Arbeitsplanänderung	300,00
+ Prozesskosten Materialdisposition	60,00
+ Prozesskosten Terminplanung	30,00
= Herstellkosten	4.050,00

Anlage: Prozesskostenrechnung

Teilprozess	Typ	Kostentreiber	Arbeitszeitbeanspruchung (in Mannmonaten)	Prozessmenge	Gesamtkosten je Teilprozess (in Euro)	Teilprozesskosten lmi (in Euro)	Teilprozesskosten lmn (in Euro)	Prozesskostensatz (in Euro)
Neukonstruktion	lmi	Anzahl Neukonstruktionen	4	40	19.200,00	480,00	120,00	600,00
Arbeitsplanänderung	lmi	Anzahl Arbeitsplanänderungen	2	40	9.600,00	240,00	60,00	300,00
Materialdisposition	lmi	Anzahl Aufträge	1	100	4.800,00	48,00	12,00	60,00
Terminplanung	lmi	Anzahl Saunen	1	200	4.800,00	24,00	6,00	30,00
(Summe lmi)	–		(8)		38.400,00			
Abteilung leiten	lmn		2		9.600,00	Umlagesatz lmn = 25 %		
(Summe lmi + lmn)	–		(10)		48.000,00			

Abituraufgaben 2014 (Aufgabe 1, teilweise)

5.1 Der Beschaffungsvorgang für die Granit-Tischplatten ist vergleichsweise aufwendiger und verursacht daher höhere Materialgemeinkosten als der für die Holz-Tischplatten. Bei Verwendung eines einheitlichen Zuschlagsatzes werden deshalb den Tischen mit Granitplatten zu wenig Gemeinkosten zugerechnet. Das führt zu einer Quersubventionierung der Tische mit Granitplatten durch die Tische mit Holzplatten. Letztere werden dadurch zu teuer.
Im Rahmen der Prozesskostenrechnung erfolgt eine verursachungsgerechtere Zurechnung der Gemeinkosten. Dies führt auf der Basis veränderter Selbstkosten zu marktgerechteren Angebotspreisen.

5.2 **Traditionelle Zuschlagskalkulation**

	Gesamtkalkulation		Stückkalkulation	
FM	500.000,00 EUR		1.000,00 EUR	
MGK	200.000,00 EUR	40 %	400,00 EUR	40 %
Materialkosten	700.000,00 EUR		**1.400,00 EUR**	

Prozessorientierte Kalkulation

	Gesamtkalkulation		Stückkalkulation	
FM	500.000,00 EUR		1.000,00 EUR	
Rest-MGK	54.000,00 EUR	10,8 %	108,00 EUR	10,8 %
Angebote einholen }	146.000,00 EUR		300,00 EUR	
Material bestellen }			225,00 EUR	
Materialkosten	700.000,00 EUR		**1.633,00 EUR**	

(s. **Anlage zu Teilaufgaben 5.2 und 5.3**)

5.3 lmn-Umlagesatz $= \frac{29.200 \cdot 100}{(52.800 + 64.000)} = 25\ \%$

oder

$\frac{(225 - 180) \cdot 100}{180} = 25\ \%$

5.4 Der absolute Allokationseffekt beträgt: 633,00 EUR – 400,00 EUR = + 233,00 EUR

Der relative Allokationseffekt beträgt: $\frac{233 \cdot 100}{400} = +\,58{,}25\ \%$

Der Allokationseffekt ist positiv. Das bedeutet, dass den Granit-Tischen im Rahmen der Prozesskostenrechnung mehr Gemeinkosten als bei der Zuschlagskalkulation zugerechnet werden. Damit wird eine verursachungsgerechtere Kostenzurechnung für das komplexere Produkt erreicht.

Anlage zu Teilaufgaben 5.2 und 5.3

Teilprozess	Typ	Kostentreiber	Holzplatten		Granitplatten		Prozesskosten insgesamt
			Prozessmenge	Kosten pro Prozess	Prozessmenge	Kosten pro Prozess	
Angebote einholen	lmi	Anzahl der Angebote	60	80,00 EUR	400	120,00 EUR	**52.800,00 EUR**
Material bestellen	lmi	Anzahl der Bestellungen	100	100,00 EUR	300	180,00 EUR	**64.000,00 EUR**
Materialbeschaffung organisieren	lmn	–					29.200,00 EUR
							146.000,00 EUR

6 Rechtsformen I: Grundlagen – Personengesellschaften

6.1 Kaufmann – Handelsregister – Firma

Kaufmann im Sinne des HGB

1. für Kaufleute nach HGB

2. Gewerbetr. mit kfm. Geschäftsbetrieb:
   - Kaufleute nach HGB, Eintragungspflicht
   - HR-Eintrag ist deklaratorisch

   Gewerbetr. ohne kfm. Geschäftsbetrieb:
   - Kannkaufleute, Eintragungswahlrecht
   - Falls HR-Eintrag: Eintrag ist konstitutiv, sie werden Kaufleute nach HGB
   - Falls kein HR-Eintrag: Nichtkaufleute

3. - kein HR-Eintrag
   - keine Firma (bei Tod des Inhabers bzw. Verpachtung darf Name nicht weitergeführt werden)
   - vereinfachte Aufzeichnungspflichten (keine Inventar-, Bilanzerstellung, keine Handelsbücher)
   - Prokura-Erteilung nicht möglich
   - OHG, KG nicht möglich (lediglich BGB-Gesellschaft erlaubt)
   - Bürgschaftserklärungen nur schriftlich
   - Prüfungs- und Rügefrist bei Lieferungen: innerhalb sechs Monaten nach Lieferung

4. - alle Kapitalgesellschaften
   - alle Gewerbetreibende mit kaufmännischem Geschäftsbetrieb

5. - Formkaufl.: Eintrag konstitutiv
   - Sonstige Gewerbetreibende mit kaufmännischem Geschäftsbetrieb: Eintrag deklaratorisch

6. - Mitarbeiterzahl
   - Umsatz
   - Größe der Räume
   - Zahl Zweigniederlassungen
   - Höhe der Forderungen
   - Art der Geschäftsabwicklung
   - Teilnahme Kreditverkehr
   - Vermögen

7. Kannkaufmann:
   - kann sich ins HR eintragen lassen
   - Beispiel: Gewerbetreibende ohne kaufmännischen Geschäftsbetrieb, Land- und Forstwirte

   Formkaufmann:
   - muss sich ins Handelsregister eintragen lassen
   - alle Kapitalgesellschaften (GmbH, AG)

8. Nein. Kaufmann im Sinne des HGB ist hier die GmbH (Formkaufmann).

9. Gew.treibende ohne kfm. Gesch.betrieb, die nicht im HR eingetragen sind (Nichtkaufleute)

10. - volle Buchführungspflichten → höhere Kosten
    - unverzügl. Prüfungs- und Rügepflichten

11. a) Kaufmann nach HGB
    b) Kaufmann nach HGB
    c) kein Kaufmann im Sinne des HGB (kein Gewerbebetrieb, sondern freier Beruf)
    d) Kannkaufmann; bei HR-Eintrag: Kaufmann nach HGB; kein HR-Eintrag: Nichtkaufmann
    e) Formkaufmann, Kaufmann nach HGB
    f) Kannkaufmann, bei HR-Eintrag: Kaufmann nach HGB; kein HR-Eintrag: Nichtkaufmann

g) Kaufmann nach HGB („e. K."!)

h) Kaufmann nach HGB („e. K."!)

i) Formkaufmann, Kaufmann nach HGB

j) kein Kaufmann im Sinne des HGB

Handelsregister – Firma

1. öffentliches Verzeichnis aller Kaufleute nach HGB des Amtsgerichtsbezirks

2. Amtsgericht (speziell: Registergericht)

3. Firma, Inhaber, Kapital, Geschäftssitz, Gegenstand des Unternehmens, Geschäftsführer, Vorstände, Prokura

4. jeder

5. durch rotes Unterstreichen

6. Veröffentlichung im Bundesanzeiger und in einer örtlichen Tageszeitung

7.
- Informationsquelle für jeden über wichtige Tatsachen (Gesellschafter, Kapitalverhältnisse ...) von Kaufleuten nach HGB
- Schaffung klarer Rechtsgrundlagen

8.
- Banken (Klärung der Rechtsverhältnisse vor Kreditvergabe)
- Lieferanten (Klärung der Vertretungsbefugnisse)
- Rechtsanwälte (Klärung der Vertretungsbefugnisse)
- Krankenkassen, Detekteien, Notariate

9. **Abteilung A:** Einzelunternehmen und Personengesellschaften
Abteilung B: Kapitalgesellschaften

10. Eingetragene und bekanntgemachte Tatsachen muss jeder gegen sich gelten lassen (§ 15 Abs. 2 HGB).

11. **Deklaratorisch (rechtsbezeugend):**
Die Tatsachen waren schon vor ihrer Eintragung rechtswirksam (z. B. Prokura, Beginn der Einzelunternehmung, OHG, KG).

Konstitutiv (rechtserzeugend):
Die Tatsache wird erst durch die Eintragung rechtswirksam (z. B. Gründung Kapitalgesellschaft, Kannkaufleute).

12. Richtig sind: b, e, g, j

13./14. Vgl. Stofftelegramm.

15. a) Sachfirma b) Mischfirma c) Personenfirma
d) Fantasiefirma e) Personenfirma f) Mischfirma

16.
- Einwilligung der bisherigen Inhaberin
- Die Firma muss weiterhin als Modegeschäft betrieben werden.

17. Nein. Verstoß gegen den Grundsatz der Firmenunterscheidbarkeit (Verwechslungsgefahr). Es muss eine andere Firma gewählt werden, die sich zumindest durch einen Zusatz von der bereits bestehenden Firma unterscheidet.

18. Nein, da Verstoß gegen Irreführungsverbot. Die Firma muss geändert werden.

6.4 Einzel- oder Gesellschaftsunternehmung

1. Knut Säusel e. K., Säusel e. K. ...

2. unbeschränkt (Privat- und Geschäftsvermögen haften) 3. + 4. + 5. Vgl. Stofftelegramm.

6.5 Offene Handelsgesellschaft (OHG)

1. formfrei möglich, meist aus Beweisgründen jedoch schriftlich

2. e, f. Begründung: Zusatz „OHG“ zwingend

3. a) Nein. Der Zusatz muss „OHG“ lauten. Der Firmenkern kann beibehalten werden.

   b) Nein. Dies wäre eine Täuschung Dritter. Die Haftungsverschlechterung muss ersichtlich werden. Firmenwahrheit! Zusatz also z. B. „e. K.“, „e. Kfm.“ ...

   c) Nein (vgl. b). Nur erlaubt, wenn nach Ausscheiden von Schnuff noch mindestens drei Gesellschafter da wären und Schnuff der Beibehaltung seines Namens zustimmt (§ 24 Abs. 2 HGB).

   d) Ja, wenn Schnorr einwilligt (§ 24 Abs. 2 HGB).

4. a) **Unbeschränkt:** Haftung mit Kapitalanteil und Privatvermögen

   Unmittelbar (direkt): Jeder Gläubiger kann sich direkt an einen Gesellschafter halten. Der Gesellschafter hat keine „Einrede der Vorausklage“ gegen die Gesellschaft, jedoch einen Ausgleichsanspruch gegenüber den anderen Gesellschaftern.

   Gesamtschuldnerisch (solidarisch): Alle Gesellschafter haften für die gesamten Schulden der Gesellschaft.

   b) **Haftung:** betrifft Außenverhältnis (Haftung gegenüber Dritten)

   Verlustbeteiligung: betrifft Innenverhältnis (Verringerung des Kapitalanteils)

5. **Gewinnverteilung:** 4 % des Kapitals, Rest nach Köpfen

   Verlustverteilung: nach Köpfen

6. **Gesetzliches Wettbewerbsverbot:** ohne Zustimmung der anderen Gesellschafter keine eigenen Geschäfte im Handelsgewerbebereich der OHG sowie keine Beteiligung an einem gleichartigen Unternehmen als persönlich haftender Gesellschafter

   Beispiele:
   - Der OHG-Gesellschafter einer Maschinenfabrik darf nicht auf eigene Rechnung Maschinen verkaufen.
   - Keine Beteiligung als OHG-Gesellschafter oder Komplementär an einer anderen gleichartigen Gesellschaft.

7. **Innenverhältnis (Geschäftsführung):**

   Einzelgeschäftsführungsbefugnis nur für gewöhnliche Geschäfte. Bei außergewöhnlichen Geschäften müssen alle Gesellschafter zustimmen (Gesamtgeschäftsführungsbefugnis). Da hier ein außergewöhnliches Geschäft vorliegt, hat B seine Kompetenzen überschritten und ist ggf. den anderen Gesellschaftern gegenüber schadenersatzpflichtig.

Außenverhältnis (Vertretung):

Einzelvertretungsbefugnis für alle gewöhnlichen und außergewöhnlichen Geschäfte. Der Kaufvertrag ist also gültig.

8. Ja, der Kaufvertrag ist gültig. Der Umfang der Vertretungsmacht ist unbeschränkbar. Dies gilt auch, wenn ein Dritter von der Beschränkung wusste (§ 126 Abs. 2 HGB).
Im Innenverhältnis können jedoch B und C von A ggf. Schadenersatz verlangen.

9. a) Anmeldung dieses Ausschlusses von sämtlichen Gesellschaftern zur Eintragung ins Handelsregister (§ 125 Abs. 4 HGB)

   b) Vereinbarung einer Gesamtvertretung (§ 125 Abs. 2 HGB) oder Vertretung zusammen mit einem Prokuristen (§ 125 Abs. 3 HGB)

   c) Beschränkung des Umfangs der Vertretungsmacht (§ 126 Abs. 2 HGB)

10. a) Ja. Eintritt in bisherige Einzelunternehmung (§ 28 HGB)

    b) Gemäß § 28 HGB kann Neu die Haftung für alte Schulden ausschließen durch
       - Handelsregistereintrag nebst Bekanntmachung oder
       - Mitteilung an Dritte durch einen Gesellschafter.

    c) Ein Haftungsausschluss für alte Schulden ist im Außenverhältnis bei Eintritt in eine bereits bestehende OHG nicht möglich. Lediglich im Innenverhältnis Vereinbarung möglich.

11. a) sechs Monate auf Geschäftsjahresende (§ 132 HGB)

    b) Haftung weitere fünf Jahre für die beim Austritt existierenden Verbindlichkeiten (§ 159 HGB)

12. a) 31.12.02. Kündigungsfrist sechs Monate auf Geschäftsjahresende.

    b) Ja. Haftung weitere fünf Jahre für die bei seinem Austritt bestehenden Verbindlichkeiten. Unmittelbare Haftung.

13. Nein. Wegen Haftungsverschlechterung wäre Dritter getäuscht. Zusatz also z. B.: „e. K."

14. Vorschlag A: Rechtsgültig. Gesamtvertretung. Voraussetzung: Von allen Gesellschaftern zur Eintragung ins HR anzumelden.

    Vorschlag B: Im Außenverhältnis nicht gültig, da eine Beschränkung des Umfangs der Vertretungsmacht nicht erlaubt ist.

15. Nein. Mögliche Privatentnahme: 4 % von 300.000,00 EUR (Anfangskapital) = 12.000,00 EUR

16. a) Notarielle Beurkundung, da Gebäude eingebracht werden.

    b) Nein. Zusatz „OHG" erforderlich. Firmenkern kann beibehalten werden.

    c) Ja, da im HGB keine bestimmte Kapitaleinlage gefordert wird.

    d) Innenverhältnis: 01.01.02; Außenverhältnis: 10.01.02 bzw. bei erstem Geschäft

    e) Eifer muss zahlen (unmittelbare Haftung). Im Innenverhältnis hat er Ausgleichsanspruch.

17. - Rechte: Geschäftsführung, Vertretung, Gewinnanteil, Privatentnahmen, Kündigung, Kontrolle bei Geschäftsführungsausschluss ...
    - Pflichten: Leistung Kapitaleinlage, Geschäftsführung, Wettbewerbsenthaltung, Verlustbeteiligung ...

18. • Einlagepflicht: Laut HGB ist keine bestimmte Höhe der Einlage vorgeschrieben. Somit ist diese Vereinbarung möglich (weitgehende Vertragsfreiheit im Innenverhältnis).

• Bilanztechnisch: Der Name des Gesellschafters erscheint auf der Passivseite. Sein Kapitalanteil in der Gründungsbilanz beträgt 0,00 EUR.

• Mitgesellschafter: Entscheidend bei der OHG ist das Vertrauen der Gesellschafter untereinander und nicht die Höhe ihrer Kapitalanteile.

• Gläubigersicht: Jeder Gesellschafter haftet unbeschränkt mit seinem ganzen Vermögen; die Höhe der Kapitaleinlage des einzelnen Gesellschafters spielt daher eine untergeordnete Rolle.

19. grundsätzlich kein Entnahmerecht bei einem negativen Kapitalanteil (§ 122 HGB)

6.6 Kommanditgesellschaft (KG)

1. Innenverhältnis: Außergewöhnliches Geschäft. Stoll muss folglich zustimmen (§ 116 Abs. 2 HGB). Filz und Milz können widersprechen (§ 164 HGB).

   Außenverhältnis: Kaufvertrag rechtsgültig, da Komplementär auch bei außergewöhnlichen Rechtsgeschäften Einzelvertretungsmacht hat (§ 126 HGB).

2. Kommanditist haftet wie Vollhafter bis HR-Eintrag (§ 176 Abs. 2 HGB).

3. Bei Neubeginn der KG, solange der HR-Eintrag noch nicht erfolgt ist (§ 176 Abs. 1 HGB).

4. Nein. Kommanditisten haben kein Vertretungsrecht (§ 170 HGB).

5. Innenverhältnis: Frei gestaltbar. Somit kann ein Kommanditist durch vertragliche Vereinbarung Geschäftsführungsrechte erhalten.

   Außenverhältnis: Vertretungsrecht für den Kommanditisten nicht möglich (§ 170 HGB). Er könnte jedoch im Rahmen eines Angestelltenverhältnisses zum Prokuristen oder Handlungsbevollmächtigten ernannt werden, wodurch er mehr oder weniger weitgehende Vertretungsmacht erhält.

6. Der Kommanditist haftet in Höhe seiner noch nicht eingezahlten Einlage unmittelbar. K. muss daher 30.000,00 EUR an G. zahlen.

7. Bei voll eingezahlter Kommanditeinlage: Gewinnanteil wird bis zur Auszahlung als sonstige Verbindlichkeit behandelt. Der Kapitalanteil bleibt somit unverändert.

   Bei noch nicht voll eingezahlter Kommanditeinlage: Gewinnanteil erhöht den Kapitalanteil insofern, als die Position „Nicht eingezahltes Kommanditkapital" allmählich aufgelöst wird.

8. Ja. Unmittelbare Haftung in Höhe der noch nicht eingezahlten Einlage auch für alte Schulden der KG.

9. • Rechte Komplementäre: Geschäftsführung, Vertretung, Gewinnanteil, Privatentnahmen ...

   • Pflichten Komplementäre: Leistung, Kapitaleinlage, Geschäftsführung, Wettbewerbsenthaltung, Verlustbeteiligung ...

   • Rechte Kommanditisten: Widerspruchsrecht bei außergew. Geschäften, Kündigung

   • Pflichten Kommanditisten: Kapitaleinlage, Haftung bis Höhe der Einlage, Verlustbeteilig.

10. **Bedeutung OHG:**
- typische Personengesellschaft
- Alle Gesellschafter tragen volles Risiko (Vollhafter), daher haben sie ein hohes Interesse am Wohlergehen der Gesellschaft.
- voller persönlicher Einsatz aller Gesellschafter
- enges Vertrauensverhältnis zwischen Gesellschaftern notwendig
- meist Familienunternehmen (klein bis mittelgroß)

Bedeutung KG:
- leichte Kapitalbeschaffung durch Aufnahme neuer Kommanditisten
- Kommanditisten beschränken Geschäftsführungs- und Vertretungsbefugnisse der Komplementäre nur unwesentlich.
- Kommanditisten ohne Mitarbeitspflicht und ohne persönliche Haftung
- meist kleine bis mittelgroße Unternehmen

11. a)
- Kommanditisten ohne wesentlichen Einfluss auf Geschäftsführung
- weniger Kontrollrechte der Kommanditisten – weniger Gewinnanteil für Kommanditisten
- jederzeitige Kapitalbeschaffung durch Aufnahme weiterer Kommanditisten möglich

b) Hans Motte KG; Motte & Co. KG

c) Innenverhältnis: 31.01. (Unterzeichnung des Gesellschaftsvertrags)
Außenverhältnis: mit Aufnahme des Geschäftsbetriebs; HR-Eintrag deklaratorisch

d) Vor HR-Eintrag: Rist haftet unbeschränkt.
Nach HR-Eintrag: unmittelbare Haftung bis 50.000,00 EUR (nicht eingezahlte Kapitaleinlage)

e)
1. Rist im Recht (Widerspruchsrecht der Kommanditisten bei außergewöhnl. Geschäften)
2. Rist darf gleichzeitig Vollhafter bei anderer Unternehmung sein. Gesetzliches Wettbewerbsverbot gilt für Kommanditisten nicht.
3. Kündigung unwirksam (Kündigungsfrist sechs Monate auf Geschäftsjahresende)

12. a) OHG: zwei Vollhafter, also geringeres Risiko für Kreditgeber

b)
- Ein Gesellschafter möchte nicht voll haften.
- Ein Gesellschafter möchte nicht mitarbeiten.

c)
- Die Gesellschafter verlangen vom Partner ebenfalls volle Haftung.
- Die Banken verlangen volle Haftung beider Partner.
- Beide Gesellschafter wollen volle Geschäftsführungs- und Vertretungsbefugnis.
- Für beide Gesellschafter soll das Wettbewerbsverbot gelten. ...

d) Unterschiedlich zu beantworten.
Fremdfinanzierung wäre bei der OHG wegen höherer Kreditwürdigkeit evtl. leichter. Die KG wiederum ermöglicht die (relativ einfache) Aufnahme weiterer Kommanditisten, was erhebliche Eigenfinanzierungsmöglichkeiten verspricht.

13.
- Die weiteren Gesellschafter wollen die Erben nicht als gleichberechtigte Vollhafter mit vollen Geschäftsführungs- und Vertretungsbefugnissen.
- Die Erben sind fachlich nicht in der Lage, die Pflichten der Vollhafter zu übernehmen.
- Die Erben wollen nicht voll haften.

14. **Haftsumme:** Haftung des Kommanditisten laut Handelsregistereintrag

Bedungene Einlage: Pflichteinlage laut Gesellschaftsvertrag = Basis für Gewinnverteilung

15. § 167 Abs. 3 HGB: bis zum Betrag seines Kapitalanteils und seiner noch rückständigen Einlage

16. • Kommanditist kann nur bestimmten Betrag einzahlen, ist aber bereit, höher zu haften.
    • Banken bestehen auf höherer Haftung der Kommanditisten.
    • Kommanditisten erhalten evtl. höheren Gewinnanteil bei höherer Haftung.
    • Hohe im Handelsregister eingetragene Haftsummen erhöhen evtl. die Kreditwürdigkeit.

17. a)
    • Erhaltung seiner Macht
    • größere Sachkenntnis Amanns
    • keine Meinungsverschiedenheiten in Geschäftsführung
    • rasche Entscheidungen

    b) **Innenverhältnis:** Kauf ist außergewöhnliches Geschäft. Somit ist Folgendes notwendig:

    • Komplementär Berger muss zustimmen.
    • Kommanditisten Kramer und Dreher dürfen nicht widersprechen.

    Außenverhältnis: Kaufvertrag gültig (Vertretungsmacht auch für außergewöhnliche Geschäfte).

    c) Die Verbindlichkeit ist vor Eintritt des Kommanditisten Dreher in die KG entstanden. Dreher haftet für Verbindlichkeiten unmittelbar nur bis zur Höhe der noch nicht geleisteten Einlage. Deshalb ist Dreher zur Zahlung von 10.000,00 EUR verpflichtet.

    d) • Berger ist zur Entnahme von 4 % von 200.000,00 EUR = 8.000,00 EUR berechtigt (§ 122 HGB).
    • Berger würde außerdem das gesetzliche Wettbewerbsverbot verletzen (§ 112 Abs. 1 HGB).

18. a) Es gelten die gleichen Bestimmungen wie für OHG-Gesellschafter:

    Geschäftsführung:
    • Einzelgeschäftsführungsbefugnis bei gewöhnlichen Geschäften
    • Gesamtgeschäftsführung bei außergewöhnlichen Geschäften

    Vertretung:
    • Einzelvertretung bei gewöhnlichen + außergewöhnl. Geschäften
    • Eine Beschränkung des Umfangs der Vertretungsmacht ist Dritten gegenüber unwirksam.

    b) Solange die Einlage nicht vollständig geleistet ist, haftet der Kommanditist Berner den Gläubigern bis zur Höhe seiner Einlage unmittelbar.

Kommanditeinlage	100.000,00 EUR	
davon eingezahlt:	60.000,00 EUR	
ausstehende Einlage	40.000,00 EUR	↗ Diesen Betrag kann das Finanzamt maximal von Berger verlangen.

    ca) Ein Investitionskredit in Höhe von 250.000,00 EUR stellt für die Schober und Schwarz KG ein gewöhnliches Geschäft dar (vgl. Umsatzerlöse in Höhe von 12,3 Mio. EUR). Kommanditist Renner besitzt demnach kein Widerspruchsrecht (§ 164 HGB).

    Hinweis: Die Abgrenzung zwischen gewöhnlichen und außergewöhnlichen Geschäften ist in der Praxis kompliziert. Somit könnte auch alternativ argumentiert werden.

    cb) Es liegt ein außergewöhnliches Geschäft vor, da die Übernahme eines Betriebes weit über den normalen Geschäftsverkehr einer KG hinausgeht.
    Kommanditist Renner besitzt demnach ein Widerspruchsrecht (§ 164 HGB).

    cc) Der Kreditvertrag ist für die Schober und Schwarz KG nicht bindend, da Renner als Kommanditist von der Geschäftsführung und Vertretung ausgeschlossen ist (§ 164 HGB).

6.7 Abituraufgaben

Abituraufgaben 2009 (Aufgabe 3, Teil 1–7.1)

1.
   - Aufteilung des unternehmerischen Risikos auf mehrere Teilhaber
   - zusätzliche Eigenkapitalbeschaffung durch Aufnahme weiterer Gesellschafter
   - evtl. größere Kreditwürdigkeit durch breitere Haftungsbasis
   - Aufteilung der Leitungsfunktion auf mehrere Vollhafter

2. Innenverhältnis: nachgiebiges Recht

   - Die Verhältnisse zwischen den Gesellschaftern können sehr verschiedenartig sein, daher sollen die Beteiligten ihre Beziehungen zueinander frei regeln können (Vertragsfreiheit).

   - Außenstehende können durch interne Vereinbarungen (z. B. Gewinnverteilung, Mitarbeit) nicht geschädigt werden.

   Außenverhältnis: zwingendes Recht

   - Ein Vertragspartner muss sich darauf verlassen können, dass ein vertretungsberechtigter Gesellschafter die Vertretungsmacht in vollem Umfang besitzt. Intern geregelte Abweichungen sind Außenstehenden i. d. R. nicht bekannt. Zulässige Abweichungen vom Regelfall (z. B. Gesamtvertretung) müssen ins Handelsregister eingetragen und bekannt gemacht werden (Rechtssicherheit).

   - Die Haftung der Gesellschafter ist streng geregelt und kann nur in gesetzlich genau geregelten Ausnahmefällen (z. B. § 28 HGB) eingeschränkt werden.

3. Da Beate Weiß ihre vereinbarte Kapitaleinlage noch nicht voll geleistet hat, haftet sie gemäß § 171 Abs. 1 HGB den Gesellschaftsgläubigern mit dem noch ausstehenden Betrag unmittelbar, d. h., der Gläubiger kann von ihr 80.000,00 EUR verlangen. Die restlichen 15.000,00 EUR muss er gegenüber der KG bzw. den Komplementären geltend machen.

4. Laut Gesellschaftsvertrag gelten die gesetzlichen Geschäftsführungs- und Vertretungsregelungen, d. h., Komplementär Braun hat Einzelgeschäftsführungs- und Einzelvertretungsmacht (§§ 115 Abs. 1 und 125 Abs. 1 HGB).

   Wegen der unbeschränkten Einzelvertretungsmacht von Braun ist der Kaufvertrag für die KG rechtlich bindend (Außenverhältnis; § 125 f. HGB).

   Obwohl es sich um ein gewöhnliches Rechtsgeschäft handelt, durfte er den Kaufvertrag wegen des Einspruchs des geschäftsführenden Vollhafters Müller nicht abschließen (Innenverhältnis; § 115 Abs. 1 HGB). Den übrigen Gesellschaftern stehen im Schadensfall Ersatzansprüche gegen Braun wegen Pflichtverletzung zu.

5.1
- Durch die gleichmäßige Verzinsung (4 %) wird die Höhe des zum Geschäftsbeginn eingesetzten Kapitals der einzelnen Gesellschafter berücksichtigt. Gesellschafter, die ihre Leistungen möglichst frühzeitig erbringen, sollen begünstigt werden.

- Das HGB verlangt die Verteilung des Restgewinns in einem „angemessenen Verhältnis“. Diese Vorgabe wird hier präzisiert durch das Verhältnis 3 : 3 : 1, welches die unterschiedliche Arbeitsleistung (Geschäftsführung und Vertretung durch Komplementäre, neben der Tätigkeitsvergütung) und Risikoübernahme (unbeschränkte Haftung der Komplementäre) der Gesellschafter berücksichtigt.

5.2 Beitrag zur offenen Selbstfinanzierung:

- Braun: gesamter Gewinnanteil – Tätigkeitsvergütung (Privatentnahme) = 121.000,00 EUR – 48.000,00 EUR = 73.000,00 EUR

- Müller: gesamter Gewinnanteil – Tätigkeitsvergütung (Privatentnahme) = 113.800,00 EUR – 48.000,00 EUR = 65.800,00 EUR

- Weiß: Wegen der fälligen ausstehenden Einlage von 80.000,00 EUR hat die KG einen Aufrechnungsanspruch gegenüber der Kommanditistin. Sie trägt deshalb mit ihrem gesamten Gewinnanteil von 21.800,00 EUR zur Eigenfinanzierung bei (§ 167 Abs. 2 HGB).

5.3 Erwirtschaftete Gewinne werden nicht ausgeschüttet, sondern erhöhen das Eigenkapital der Gesellschaft. Das Kapital steht dem Unternehmen langfristig und zinslos zur Verfügung; durch die breitere Eigenkapitalbasis ergibt sich außerdem eine höhere Kreditwürdigkeit. Der Verzicht auf Gewinnauszahlung schont zudem die Liquidität des Unternehmens.

6.1 Das eingebrachte Grundstück wurde zum gemeinschaftlichen Vermögen (Gesamthandsvermögen) aller Gesellschafter (§ 105 Abs. 3 HGB i. V. m. § 718 f. BGB), d. h., nur mit Zustimmung der Mitgesellschafter kann er das Grundstück zurückerhalten.

6.2 Eine Beteiligung als Teilhafter ist grundsätzlich zulässig, da er nicht dem gesetzlichen Wettbewerbsverbot unterliegt (§ 165 HGB i. V. m. § 112 HGB).

7.1
- Eventuell ergeben sich für die KG Liquiditätsprobleme durch die Auszahlung der Einlage.
- Beim Austritt des einzigen Teilhafters ist kein Fortbestand der Gesellschaftsform KG möglich, sofern kein Nachfolger gefunden wird.
- Die Forderung von Frau Weiß orientiert sich am eingebrachten Kapitalanteil und einem Anteil an den inzwischen erwirtschafteten stillen Reserven einschließlich eines Firmenwerts.

Abituraufgaben 2010 (Aufgabe 2, Teil 1–3)

1. Der OHG-Gesellschaftsvertrag ist grundsätzlich formfrei. Durch die Sacheinlage in Form eines Grundstücks ist eine notarielle Beurkundung des Gesellschaftsvertrags erforderlich (§ 311b BGB).

2.1 Im **Außenverhältnis** gilt für gewöhnliche und außergewöhnliche Rechtsgeschäfte Einzelvertretungsbefugnis, d. h., der Vertrag ist für die OHG bindend (§ 125 Abs. 1 HGB).

Im **Innenverhältnis** führt der Widerspruch von Berger gegen diese gewöhnliche Handlung dazu, dass diese unterbleiben muss (§ 115 Abs. 1 HGB). Der Kaufvertrag hätte nicht abgeschlossen werden dürfen. Falls der OHG ein Schaden entsteht, kann Zeisel wegen Verstoßes gegen seine Geschäftsführungsbefugnisse in Anspruch genommen werden (Schadenersatzpflicht).

2.2 Im **Außenverhältnis** gilt für gewöhnliche und außergewöhnliche Rechtsgeschäfte Einzelvertretungsbefugnis, d. h., der Vertrag ist für die OHG bindend (§ 125 Abs. 1 HGB).

Im **Innenverhältnis** handelt es sich um eine außergewöhnliche Handlung, die die Zustimmung aller Gesellschafter (hier: von Berger) erfordert (§ 116 Abs. 2 HGB). Der Pachtvertrag hätte nicht abgeschlossen werden dürfen. Gegebenenfalls ist Zeisel schadenersatzpflichtig.

3. Es wäre im Hinblick auf Zügigkeit und Flexibilität der im Geschäftsleben erforderlichen Entscheidungen sehr umständlich, bei allen gewöhnlichen Geschäften die Zustimmung aller Gesellschafter einholen zu müssen. Die Gemeinschaft der OHG-Gesellschafter erfordert als Arbeits- und Risikogemeinschaft gegenseitiges Vertrauen, was in der Einzelgeschäftsführungsbefugnis mit der Möglichkeit des Widerspruchs zum Ausdruck kommt.

Abituraufgaben 2011 (Aufgabe 1, Teil 1–4)

1. • Nur die beiden Komplementäre Adam und Geiger haben das Recht zur Geschäftsführung und Vertretung des Unternehmens (§§ 114, 125 HGB). Klein und evtl. weitere Kommanditisten sind von der Leitung der KG und weitgehend von der Mitsprache ausgeschlossen (§§ 164, 170 HGB).

   • Eine künftige Eigenkapitalbeschaffung wird durch die Aufnahme weiterer Kommanditisten, d. h. beschränkt haftender Gesellschafter, erleichtert.

2.1 Im Außenverhältnis gilt für die Komplementäre Einzelvertretungsbefugnis, d. h., der Vertrag ist für die KG bindend (§ 125 HGB).
Klein haftet gegenüber der Maschinenfabrik mit seiner noch ausstehenden Einlage in Höhe von 100.000,00 EUR unmittelbar (§ 171 Abs. 1 HGB). Da seine noch ausstehende Kapitaleinlage noch nicht fällig ist, hat er gegenüber der KG einen Ausgleichs- oder Verrechnungsanspruch. Mit der Restforderung in Höhe von 50.000,00 EUR kann sich die Maschinenfabrik an die KG oder an die Komplementäre wenden.

2.2 Adam und Geiger können den Einblick verweigern. Kommanditist Klein hat nur das Recht auf Einblick in den Jahresabschluss zum 31.12.2007 (§ 166 Abs. 1 HGB). Ein laufendes Kontrollrecht steht ihm nicht zu.

2.3 • Als Kommanditist unterliegt Klein nicht dem gesetzlichen Wettbewerbsverbot (§ 165 HGB) und benötigt daher keine Zustimmung der beiden Komplementäre. Klein kann sich neben seiner Kommanditbeteiligung auch als geschäftsführender Gesellschafter an der GmbH beteiligen.

   • Da Klein als Kommanditist grundsätzlich von der Geschäftsführung ausgeschlossen ist, besteht kaum Gefahr, dass er Geschäftsgeheimnisse der Green-Tec KG in seiner Position als Geschäftsführer der GmbH nutzen könnte. Andererseits kann die Tätigkeit in derselben Branche aufgrund der Konkurrenzsituation zu Interessenkonflikten führen.

3.1

Einlage Klein am 01.02.2007	200.000,00 EUR zu 3 % für 11 Monate	→	5.500,00 EUR
Einlage Klein am 01.07.2007	100.000,00 EUR zu 3 % für 6 Monate	→	1.500,00 EUR
Ausst. Einlage bis 30.06.2007	100.000,00 EUR zu 3 % für 5 Monate	→	–1.250,00 EUR
Zinsen			5.750,00 EUR

3.2

Gesamtgewinn Komplementäre	166.250,00 EUR
– Privatentnahmen	66.000,00 EUR
= offene Selbstfinanzierung	100.250,00 EUR

4. • Die Verzinsung seines Kapitalanteils mit 3 % ist geringer als die im HGB vorgesehene Verzinsung von 4 % (§ 168 i. V. m. § 121 Abs. 1 HGB).
Der auf ihn entfallende Restgewinn von einem Neuntel erscheint ihm zu gering.

• Klein kann frühestens zum 31.12.2008 ausscheiden, sofern er bis zum 30.06.2008 gekündigt hat (§ 132 HGB).

Abituraufgaben 2012 (Aufgabe 1, Teil 1 und 2)

1.1 Innenverhältnis: Bei der Aufnahme eines Großkredites handelt es sich um eine außergewöhnliche Handlung, welche die Zustimmung aller Gesellschafter erfordert (§ 161 Abs. 2 i. V. m. § 116 Abs. 2 HGB). Da die Zustimmung von Maier nicht eingeholt wurde, hat Berger seine Geschäftsführungsbefugnis überschritten.

Außenverhältnis: Der Kreditvertrag ist bindend für die KG, da jeder Komplementär Einzelvertretungsbefugnis für gewöhnliche und außergewöhnliche Rechtsgeschäfte besitzt (§ 125 Abs. 1 HGB).

1.2 Als Kommanditist hat Wegmann keinen Anspruch auf Privatentnahmen, sondern nur auf Auszahlung seines Gewinnanteils. Ohne Einwilligung der anderen Gesellschafter ist er nicht befugt, seinen Kapitalanteil zu vermindern (§ 169 Abs. 1 HGB).

1.3 • Der Gesellschaftsvertrag sieht mit einer Verzinsung von 6 % des eingesetzten Kapitals für alle Gesellschafter eine höhere und damit risikoadäquatere Verzinsung als nach § 121 Abs. 1 HGB vor.
• Die Verteilung des Restgewinns soll laut § 168 Abs. 2 HGB in einem angemessenen Verhältnis erfolgen. Im vorliegenden Fall ist die Verteilung des Restgewinns offensichtlich im Verhältnis der Kapitalanteile erfolgt, was als angemessen angesehen werden kann.
• Die Mitarbeit im Unternehmen durch die beiden Komplementäre wurde bereits vorab durch die gewinnunabhängige Tätigkeitsvergütung abgegolten.
• Im Verlustfall bleibt die Belastung von Hans Maier vergleichsweise gering.

Vor diesem Hintergrund ist Hans Maier angemessen am Ergebnis beteiligt.

(drei Aspekte verlangt)

2. • Vorteile: z. B.
Haftungsbeschränkung für alle Gesellschafter, GmbH als juristische Person ist unsterblich und vom Gesellschafterwechsel unabhängig.
• Wegmann hat als Kommanditist lediglich ein Kontroll- und Widerspruchsrecht (§§ 166, 164 HGB).
Als GmbH-Gesellschafter hat er in der Gesellschafterversammlung ein Stimmrecht, das sich nach der Höhe seines Geschäftsanteils bemisst. Jeder Euro eines Geschäftsanteils gewährt 1 Stimme, sodass bei einem Geschäftsanteil von 1.600.000,00 EUR ein spürbarer Einfluss auf die Geschäftsleitung ausgeübt werden kann.

Abituraufgaben 2013 (Aufgabe 2, teilweise)

1. Der Gesellschaftsvertrag ist grundsätzlich formfrei. Da Thomas Steck im Rahmen seines Einzelunternehmens ein Grundstück einbringt, ist eine notarielle Beurkundung notwendig (§ 311b Abs. 1 BGB).

   Die bisherige Firma kann fortgeführt werden (§ 24 Abs. 1 HGB), der Zusatz KG ist zwingend vorgeschrieben (§ 19 Abs. 1 HGB), d. h., der Rechtsformzusatz muss geändert werden.

2. Innenverhältnis:
   Der Kauf eines Kleintransporters gilt als gewöhnliche Handlung, wofür Thomas Steck Einzelgeschäftsführungsbefugnis besitzt. Wegen des Widerspruchs des Komplementärs Christoph Steck hätte der Vertrag nicht abgeschlossen werden dürfen (§ 115 Abs. 1 HGB). Als Kommanditistin hat Julia Steck nur bei außergewöhnlichen Handlungen ein Widerspruchsrecht (§ 164 HGB).

   Außenverhältnis:
   Der Kaufvertrag ist für die KG bindend; Thomas Steck hat Einzelvertretungsmacht (§ 4 Gesellschaftsvertrag und § 125 Abs. 1 HGB).

3. Oliver Götz hat die vereinbarte Kapitaleinlage noch nicht voll geleistet, weshalb er in Höhe der ausstehenden Einlage (150.000,00 EUR) unmittelbar haftet (§ 171 Abs. 1 HGB). Dies gilt auch für die vor seinem Eintritt begründeten Verbindlichkeiten (§ 28 Abs. 1 HGB). Oliver Götz kann die Zahlung von 16.800,00 EUR nicht verweigern.

4. Falls im Gesellschaftsvertrag nichts Gegenteiliges vereinbart ist, kann Christoph Steck ohne Zustimmung der anderen Gesellschafter jährlich maximal 4 % seines Anfangskapitals (nur 2.000,00 EUR) entnehmen (§ 122 Abs. 1 HGB).

   Wirtschaftlich betrachtet würde eine höhere Entnahme das Eigenkapital der KG schmälern und für das Unternehmen eine zusätzliche Liquiditätsbelastung darstellen.

6.1

Merkmale	KG	AG
Mindestkapital	kein Mindestkapital	gezeichnetes Kapital 50.000,00 EUR
Mitbestimmung der Arbeitnehmer	keine (nur über den Betriebsrat)	Aufsichtsrat (bei mehr als 500 AN) (und Betriebsrat)
Vertretung	Die Vollhafter haben Einzelvertretungsbefugnis.	Der Vorstand hat Gesamtvertretungsbefugnis.

6.2
- Der aktuelle sowie ein eventuell zukünftiger Kapitalbedarf kann von einem breiteren Anlegerpublikum durch Stückelung in kleine Kapitalbeträge aufgebracht werden.
- Die AG als juristische Person ist im Gegensatz zur KG unsterblich, d. h. vom Gesellschafterbestand unabhängig.
- Nur die AG haftet mit ihrem Gesellschaftsvermögen. Der Aktionär haftet nicht.

Abituraufgaben 2015 (Aufgabe 2, teilweise)

1.
- Da ein Grundstück in die Gesellschaft eingebracht wird, bedarf der Gesellschaftsvertrag gemäß § 311b BGB der notariellen Beurkundung.
- Der Firmenkern kann gemäß § 24 Abs. 1 HGB beibehalten werden, der Rechtsformzusatz muss nach § 19 Abs. 2 HGB in offene Handelsgesellschaft (OHG) geändert werden.
  Firmierungsvorschlag: Peter Huber OHG

2. Die OHG entsteht im Innenverhältnis am 19.03.2013. Im Außenverhältnis wird sie wirksam, sobald ein Gesellschafter im Namen der OHG Geschäfte tätigt, d. h. mit Veröffentlichung der Stellenanzeige bzw. spätestens mit der Einstellung des Mitarbeiters am 27.03.2013 (§ 123 Abs. 2 HGB).

3.1 Im Innenverhältnis gilt der Kauf des Monatsbedarfs an Stahl als gewöhnliche Handlung, wofür Bauer Einzelgeschäftsführungsbefugnis besitzt (§§ 115 und 116 HGB).

Im Außenverhältnis besitzt Bauer Einzelvertretungsbefugnis, sodass die OHG an den Vertrag gebunden ist (§§ 125 und 126 HGB).

3.2 Gesellschafter Huber hat im Innenverhältnis bei allen gewöhnlichen und außergewöhnlichen Handlungen ein Widerspruchsrecht (§ 115 HGB). Da Huber widerspricht, darf Bauer das Geschäft nicht abschließen (eventuell Schadenersatz).

Gegenüber Dritten hat dieser Widerspruch keine Wirkung, da Bauer Einzelvertretungsbefugnis besitzt (§§ 125 und 126 HGB). Das Aktiengeschäft ist bindend für die OHG.

4. Scheidet ein Gesellschafter aus der OHG aus, haftet er noch fünf Jahre für die Verbindlichkeiten der OHG, die zum Zeitpunkt seines Ausscheidens bestanden (§ 160 HGB). Bauer muss daher zahlen.

5.1

	Gesamter Gewinnanteil	Tätigkeitsvergütung	Offene Selbstfinanzierung
Komplementär Huber	117.400,00 EUR	72.000,00 EUR	45.400,00 EUR
Komplementärin Schmidt	112.400,00 EUR	72.000,00 EUR	40.400,00 EUR
Kommanditist Müller	Müller trägt nicht zur offenen Selbstfinanzierung bei, da sein Gewinnanteil ausgezahlt wird.		

5.2
- Erhöhung des Eigenkapitals der KG und somit auch der Kreditwürdigkeit; keine Liquiditätsbelastung durch Zins- und Tilgungszahlungen
- Das Unternehmen muss Gewinn in ausreichender Höhe erzielen. Die Komplementäre müssen bereit sein, ihren Gewinnanteil teilweise im Unternehmen zu belassen.

Abituraufgaben 2016 (Aufgabe 1, teilweise)

1. Die Firmierung „B&K Präzisionswerkzeuge OHG" entspricht den gesetzlichen Vorgaben. Sie erfüllt die Anforderungen des § 18 Abs. 2 HGB, keine irreführenden Angaben zu enthalten. Zudem ist der gemäß § 19 Abs. 1 HGB verlangte Rechtsformzusatz „OHG" vorhanden.

2. Grundsätzlich ist der Gesellschaftsvertrag einer OHG formfrei. Da Hans König ein Grundstück in die B&K Präzisionswerkzeuge OHG einbringt, ist gemäß § 311 b BGB eine notarielle Beurkundung des Gesellschaftsvertrags notwendig.

3. Innenverhältnis:
   Bei einem Eigenkapital von 1.600.000,00 EUR stellt die Kreditaufnahme in Höhe von 1.500.000,00 EUR eine Handlung dar, die über den gewöhnlichen Betrieb der OHG hinausgeht. Daher ist ein Beschluss sämtlicher Gesellschafter erforderlich (§ 116 Abs. 1 und 2 HGB). Hans König hätte eine Darlehensentscheidung in dieser Höhe ohne Absprache mit Frank Bauser nicht treffen dürfen und ist daher schadensersatzpflichtig in Höhe der zusätzlich anfallenden Zinsen.

   Außenverhältnis:
   Der Darlehensvertrag ist rechtswirksam zustande gekommen und kann nicht mehr rückgängig gemacht werden, da Hans König allein zur Vertretung der Gesellschaft berechtigt ist (§ 125 HGB).

4. Frank Bauser darf sich wunschgemäß ohne Zustimmung von Hans König an der Feinwerkzeug KG beteiligen, da er als Kommanditist keine Geschäfte tätigt und kein persönlich haftender Gesellschafter der KG ist (§ 112 HGB).

   Frank Bauser darf ohne Zustimmung von Hans König bis zu 4 % seines Kapitalanteils entnehmen.
   600.000,00 EUR · 0,04 = 24.000,00 EUR, eine Entnahme in Höhe von 50.000,00 EUR ist ohne Zustimmung von Hans König daher nicht möglich (§ 122 HGB).

7 Rechtsformen II: GmbH und GmbH & Co. KG

7.1 GmbH (einschließlich UG)

1. a) mit Handelsregistereintrag (konstitutiv)

   b) Haftung vor HR-Eintrag: unbeschränkt, unmittelbar, solidarisch (Vollhafter)
   Haftung nach HR-Eintrag: nur Gesellschaftsvermögen haftet (Haftung beschränkt)

   c) Geschäftsführer, Aufsichtsrat, Gesellschafterversammlung

2. a) A 20.000, B und C je 15.000 Stimmen (1,00 EUR Geschäftsanteil = 1 Stimme); § 47 GmbHG

   b) A 20.000,00 EUR, B und C je 15.000,00 EUR

   c) Ja. Geschäftsführer können Gesellschafter oder andere Personen sein (§ 6 GmbHG).

   d) Ja. Geschäftsführer hat Vertretungsmacht für alle gewöhnlichen und außergewöhnlichen Rechtsgeschäfte. Innenverhältnis: Geschäftsführungsbefugnis laut Satzung (§ 45 GmbHG)

   e) Gesamtvertretungsbefugnis; A und B müssen also unterzeichnen (§ 35 Abs. 2 GmbHG).

   f) Nein. Dies ist Aufgabe der Gesellschafter (§ 46 Abs. 7 GmbHG).

   g) Ja. Die Gewinnverteilung obliegt den Gesellschaftern (§ 46 Abs. 1 GmbHG).

   h) Nein. Notarielle Form bei der Übertragung notwendig (§ 15 Abs. 3 GmbHG).

3. **Stammkapital (= gezeichnetes Kapital):** Summe aller Geschäftsanteile, mind. 25.000,00 EUR

   Geschäftsanteil:
   - vom Gesellschafter übernommener Anteil am Stammkapital
   - Nennbetrag des Geschäftsanteils muss auf volle Euro lauten.

4. a) **Gesamtvertretung:** Beide Gesellschafter sind nur gemeinsam zur Vertretung der Gesellschaft ermächtigt.

   Vorteile:
   - gegenseitige Kontrolle der Geschäftsführer
   - Entscheidungen gut durchdacht, da zweiseitige Zustimmung notwendig.

   Nachteile:
   - Meinungsverschiedenheiten verhindern evtl. positive Entscheidungen.
   - Flexibilität bei schnell zu treffenden Entscheidungen begrenzt.

   b) Argumente **für** eine Umwandlung der GmbH in eine KG:

   - Publizitäts- und Prüfungspflichten entfallen.
   - steigende Kreditwürdigkeit
   - Die Bildung eines Aufsichtsrates entfällt.

   Argumente **gegen** eine Umwandlung der GmbH in eine KG:

   - mindestens ein Vollhafter notwendig
   - aufwendige Umwandlungsmaßnahmen notwendig (neuer Gesellschaftsvertrag, Handelsregistereintrag, Umstellungen in der Buchhaltung ...)

5. a) • Anlage des GmbH-Gesetzes (MoMiG)
   • Zusammenfassung von Gesellschaftsvertrag, Geschäftsführerbestellung und Gesellschafterliste in einem Dokument

   b) • maximal drei Gesellschafter
   • ein Geschäftsführer
   • Musterprotokoll darf nicht verändert werden.

   c) Vorteil: kostengünstiger (Vereinfachung)

   Nachteil: weniger Gestaltungsfreiheit

6. a) Sach-, Personen-, Misch- bzw. Fantasiefirma mit Zusatz GmbH

   b) wie a), jedoch Zusatz Unternehmergesellschaft [UG] (haftungsbeschränkt)

7. Die UG muss jährlich 25 % des Jahresüberschusses in gesetzliche Rücklage einstellen, bis 25.000,00 EUR Stammkapital durch Kapitalerhöhung aus Gesellschaftsmitteln erreicht sind.

8. Vorteil: Gründung ist einfacher (schneller, kostengünstiger)

   Nachteil: geringere Kreditwürdigkeit → schwierigere Fremdfinanzierung

7.2 GmbH & Co. KG

1. An KG sind beteiligt: Komplementär (hier = GmbH) und Kommanditisten (natürliche Personen). Keinerlei Privathaftung, da die GmbH als Vollhafter lediglich mit ihrem Stammkapital haftet.

2.–4. Vgl. Stofftelegramm.

5. a) ja

   b) Schmiedel = Geschäftsführer der GmbH und Kommanditist der KG

   c) z. B. Sportartikel GmbH & Co. KG

7.3 Abituraufgaben

Abituraufgaben 2009 (Aufgabe 3, Teil 7, teilweise)

7.2 • Keine persönliche Haftung der Gesellschafter für die Verbindlichkeiten der GmbH; die GmbH als juristische Person haftet nur mit ihrem Gesellschaftsvermögen.

• Geschäftsführung und Vertretung können auf angestellte Geschäftsführer übertragen werden (Drittorganschaft).

• Der Bestand der GmbH ist unabhängig von einem Gesellschafterwechsel („unsterbliche GmbH“).

7.3 Gründung einer GmbH mit den Gesellschaftern Braun und Müller, die als Komplementärin in die bestehende KG eintritt. Braun und Müller werden Kommanditisten.

Die Komplementär-GmbH übt die Geschäftsführung aus durch die beiden geschäftsführenden Gesellschafter (GmbH & Co. KG im engeren Sinne, d. h. Personenidentität von Komplementärgesellschaftern und Kommanditisten).

Abituraufgaben 2010 (Aufgabe 1, Teil 3)

3.1 Das Gehalt sollte nicht als kalkulatorischer Unternehmerlohn aufgenommen werden. Es wird in der Finanzbuchhaltung als Aufwand verbucht und stellt damit Zweckaufwand (= Grundkosten) dar. Ein Ansatz als kalkulatorischer Unternehmerlohn würde zu einer Doppelverrechnung von Kosten und damit zu einem überhöhten kalkulierten Angebotspreis führen.

3.2

	Nennbetrag der Geschäftsanteile	Anzahl der Stimmen
Zimmermann	4,0 Mio. EUR	4,0 Mio. Stimmen
Ladmann	3,0 Mio. EUR	3,0 Mio. Stimmen
Schneider	2,0 Mio. EUR	2,0 Mio. Stimmen

Zimmermann setzt sich mit seiner Forderung durch, wenn

- Ladmann und/oder Schneider zustimmen,
- Ladmann und/oder Schneider sich der Stimme enthalten.

Damit erreicht Zimmermanns Antrag jeweils die erforderliche Mehrheit der abgegebenen Stimmen (§ 47 Abs. 1 und 2 i. V. m. § 46 Abs. 5 GmbHG).

3.3 Wesentlicher Bestimmungsgrund für den Kaufpreis ist einerseits der tatsächliche Wert des Geschäftsanteils an der GmbH. Durch die Bildung von Gewinnrücklagen (in Höhe von 50 % der Nennbeträge) liegt der tatsächliche Wert des Geschäftsanteils von Schneider über dem Nennbetrag seines Geschäftsanteils. Darüber hinaus ist Schneider an den möglichen stillen Reserven der GmbH beteiligt. Deshalb sollte der Kaufpreis über dem Nennbetrag seines Geschäftsanteils liegen.

Andererseits ist der Verkaufspreis des Geschäftsanteils Verhandlungssache. In einer schwierigen wirtschaftlichen Situation kann der Kaufpreis auch unter dem Nennbetrag des Geschäftsanteils liegen.

Abituraufgaben 2012 (Aufgabe 2, teilweise)

1. Der Geschäftsanteil ist die Beteiligung eines Gesellschafters am tatsächlichen Reinvermögen einer GmbH.
   Das Stammkapital ist die Summe der Nennbeträge aller Geschäftsanteile.

2. Nennbetrag und tatsächlicher Wert des Geschäftsanteils können voneinander abweichen, wenn Teile des Jahresüberschusses nicht entnommen, sondern den Rücklagen zugeführt werden.

3. Voraussetzungen:

   - Das Mindeststammkapital der GmbH muss 25.000,00 EUR betragen.
   - Vor Anmeldung der Gesellschaft müssen mindestens 25 % auf jeden Nennbetrag des Geschäftsanteils und mindestens 50 % des Mindeststammkapitals einbezahlt sein (§§ 5, 7 Abs. 2 GmbHG).

   Alle Voraussetzungen sind vor der Anmeldung erfüllt. Die Anmeldung kann erfolgen.

4. Innenverhältnis:

Geschäftsführer sind allein geschäftsführungsberechtigt bis 30.000,00 EUR (§ 7 Gesellschaftsvertrag), d. h., Blumer hätte ohne Zustimmung der anderen Geschäftsführer die Anlage nicht bestellen dürfen.

Außenverhältnis:

Der Kaufvertrag ist für die GmbH bindend, da jeder Geschäftsführer einzelvertretungsberechtigt ist. Die Beschränkung der Vertretungsbefugnis ist gegenüber Dritten unwirksam (§ 37 Abs. 2 GmbHG).

Ergebnis:

Die GmbH ist zur Zahlung verpflichtet. Blumer ist den anderen Gesellschaftern gegebenenfalls zu Schadenersatz verpflichtet (§ 37 Abs. 1 GmbHG).

5.1 Satzungsänderungen bedürfen einer Dreiviertelmehrheit der abgegebenen Stimmen (§ 53 Abs. 2 GmbHG).

Stimmanteile:

Koch:	75.000 Stimmen (75.000,00 EUR Nennbetrag des Geschäftsanteils)
Arnold:	20.000 Stimmen (20.000,00 EUR Nennbetrag des Geschäftsanteils)
Blumer:	35.000 Stimmen (35.000,00 EUR Nennbetrag des Geschäftsanteils)
	130.000 Stimmen

Koch und Arnold verfügen lediglich über 95.000 Stimmen. Dies entspricht einem Anteil von 73,1 %. Folglich kann Blumer eine Satzungsänderung verhindern.

5.2 Für einen Kapitalgeber ist eine Ausschüttung deshalb von Interesse, weil er für sein investiertes Kapital den Ertrag ausgezahlt bekommen möchte. Er erhält damit die Möglichkeit, neue Anlageentscheidungen zu treffen.

Aus Sicht der GmbH ist es in Anbetracht des geplanten Investitionsvorhabens sinnvoll, auf die Ausschüttung zu verzichten und Teile des Jahresüberschusses einzubehalten, um die Selbstfinanzierung einer Fremdfinanzierung vorzuziehen.

Abituraufgaben 2013 (Aufgabe 1, teilweise)

1.
- Es haftet nur die GmbH mit dem Gesellschaftsvermögen.
- Es ist Fremdgeschäftsführung möglich.

2. Voraussetzungen für die Anmeldung zur Eintragung ins Handelsregister:

- Stammkapital von mindestens von 25.000,00 EUR (§ 5 Abs. 1 GmbHG) – erfüllt
- Mindesteinzahlung von 12.500,00 EUR insgesamt (§ 7 Abs. 2 GmbHG) – erfüllt
- Mindesteinzahlung auf jeden Geschäftsanteil 25 % (§ 7 Abs. 2 GmbHG) – bei Paulus (16,67 %) nicht erfüllt

Die Voraussetzungen zur Anmeldung sind aktuell noch nicht erfüllt.

3. <u>Innenverhältnis:</u>

   Paulus und Metzler haben die Beschränkung ihrer Geschäftsführungsbefugnis durch die Satzung nicht beachtet.

   <u>Außenverhältnis</u>:

   Das Rechtsgeschäft ist für die GmbH bindend.
   Paulus und Metzler sind gemeinschaftlich vertretungsberechtigt (§ 35 GmbHG).
   Die Beschränkung ihrer Befugnisse laut Satzung hat gegenüber Dritten keine rechtliche Wirkung (§ 37 GmbHG). Brauns Widerspruch ist im Außenverhältnis ohne Bedeutung.

4. Änderungen des Gesellschaftsvertrages bedürfen einer Dreiviertelmehrheit der abgegebenen Stimmen in der Gesellschafterversammlung (§ 53 Abs. 2 GmbHG). Jeder Euro eines Geschäftsanteils gewährt eine Stimme (§ 47 Abs. 2 GmbHG).

   Paulus und Metzler erreichen diese notwendige Mehrheit nicht, wenn Braun an der Gesellschafterversammlung teilnimmt und gegen den Vorschlag der Änderung stimmt.

Abituraufgaben 2017 (Aufgabe 1, teilweise)

1. Die Bildung eines Aufsichtsrats ist bei der vorliegenden Mitarbeiterzahl der GmbH nicht notwendig.
   Die Gründungskosten sind geringer, da beispielsweise keine Aktien emittiert werden.

2.1 Gemäß § 2 Abs. 1 GmbHG bedarf der Gesellschaftsvertrag notarieller Form, d. h. notarieller Beurkundung.

2.2 § 1 Firma:
   Der Rechtsformzusatz GmbH muss ergänzt werden (§ 4 GmbHG).

   § 5 Nennbeträge der Geschäftsanteile:
   Fabian Schütz muss mindestens 25 % des Nennbetrags seines Geschäftsanteils, also 100.000,00 EUR einzahlen (§ 7 Abs. 2 GmbHG).

3. Die MiLuFa GmbH ist an die Bestellung von Fabian Schütz nicht gebunden, da er die GmbH gemäß § 7 des Gesellschaftsvertrags nur mit einem weiteren Geschäftsführer vertreten kann. Somit ist der Vertrag schwebend unwirksam (§ 177 Abs. 1 BGB).

4. Lukas Müller und Fabian Schütz können die gewünschte Änderung des Gesellschaftsvertrags nicht gegen den Willen von Michael Berg durchsetzen. Für die Änderung bedarf es einer Mehrheit von 75 % der Stimmen (§§ 47, 53 GmbHG).

   Lukas Müller und Fabian Schütz verfügen nur über 55 % (1.100.000 von 2.000.000) der Stimmen.

8 Rechtsformen III: Die Aktiengesellschaft

8.1 Grundlagen

1. Ja. Sachfirma bei Kapitalgesellschaften erlaubt.

2. Nur Gesellschaftsvermögen haftet, keine persönliche Haftung der Aktionäre.

3. a) mit Handelsregistereintrag (konstitutiv)

   b) unbeschränkte, unmittelbare, solidarische Haftung

4. Vgl. Stofftelegramm.

5. Rechte Aktionär:
   - Stimmrecht in Hauptvers.
   - Gewinnbeteiligung (Dividende)
   - Auskunftsrecht in Hauptvers.
   - Bezugsrecht bei Kapitalerhöhungen ...

6. **Gezeichnetes Kapital:** Grundkapital bei der AG; Nennwerte bzw. Anteile sämtlicher Aktien

7. a), b) Der Gläubiger muss sich an die AG (juristische Person) wenden, da es bei der AG keine unmittelbare Haftung gibt.

8. **Vorteile der AG im Vergleich zur OHG:**
   - beschränkte Haftung
   - Kapitalstückelung in viele kleine Teile möglich
   - große Kapitalbeschaffungsmöglichkeiten (Kapitalerhöhungen: Ausgabe junger Aktien)

9. Nein. Unter-pari-Ausgabe von Aktien verboten.

10. **Depotstimmrecht:** Das den Banken von Aktionären eingeräumte Recht, an der Hauptversammlung vertretungsweise abzustimmen. Die Bank erhält ggf. eine große Machtfülle. Ein Machtmissbrauch ist jedoch durch folgende Vorschriften weitgehend eingeschränkt:
    - schriftliche Ermächtigung durch Aktionär notwendig
    - Erteilung für maximal 15 Monate
    - jederzeitiger Widerruf möglich
    - Bank muss dem Aktionär ihre eigenen Vorschläge zur Ausübung des Stimmrechts vorher bekanntgeben
    - Aktionär kann der Bank bestimmte Weisungen erteilen

    Vorteile: Die Bank kann die Lage der AG evtl. besser beurteilen und Aktienkäufer besser beraten. Ohne Depotstimmrecht würden viele Stimmrechte nicht ausgeübt werden.

11. Hauptversammlung mit 75%iger Mehrheit.

12. a, d, h, k: Hauptversammlung; b, c, g, j: Aufsichtsrat; e, f, i: Vorstand

13.

	KG	AG
Geschäfts-führung	Geschäftsführung durch Komplementäre. Gewöhnl. Geschäfte: Einzelgeschäftsführungsbefugnis. Außergewöhnliche Geschäfte: Gesamtgeschäftsführungsbefugnis aller Komplementäre. Widerspruchsrecht Kommanditisten.	Die Geschäftsführung obliegt dem Vorstand. Gesamtgeschäftsführungsbefugnis aller Vorstandsmitglieder.
Vertretung	Vertretung durch Komplementäre. Einzelvertretungsbefugnis für gew. + außergew. Geschäfte	Gesamtvertretungsbefugnis aller Vorstandsmitglieder

14. Hauptaufgabe des Aufsichtsrats: Überwachung des Vorstands. Diese Funktion wäre u. a. nicht mehr gewährleistet.

15. **Publizität:** Unterrichtung der Öffentlichkeit über die Lage des Unternehmens (Offenlegungspflicht). Veröffentlichung des Jahresabschlusses (Bilanz, GuV, Anhang) + Lageberichts in Geschäftsblättern sowie dem Bundesanzeiger nebst Einreichung beim Handelsregister.

    <u>Begründung der Publizitätspflicht:</u> Öffentlichkeit, Aktionäre, Gläubiger und Arbeitnehmer haben ein berechtigtes Interesse an den wesentlichen Daten der AG. Aufgrund der Unternehmensgröße und zahlreichen Verflechtungen der Gesamtwirtschaft würde bei einem Unternehmenszusammenbruch ein erheblicher wirtschaftlicher Schaden entstehen. Dies bedingt entsprechende Schutzmaßnahmen, u. a. die Publizitätspflicht.

16. 25 % der Nennwerte der Aktien + volles Agio (§ 36a AktG)

17. a) Ja. Eine Kapitalerhöhung bedarf einer 75%igen Mehrheit, die bei 28 % in jedem Fall verhindert werden kann.

    b) 25 % (Sperrminorität) notwendig. Da i. d. R. in Hauptversammlungen nur 40 % bis 80 % des gezeichneten Kapitals vertreten sind, könnten 20 % genügen, um die Kapitalerhöhung zu verhindern.

    Beispiel: 70 % in Hauptversammlung anwesend. 25 % von 70 % = 17,5 %.
    17,5 % + 1 Aktie würden also genügen, um die Kapitalerhöhung zu verhindern.

18. Das gezeichnete Kapital bei der AG ist eine feste Größe. Einbehaltene Gewinne müssen somit auf einem separaten Eigenkapitalkonto (Rücklagen) gebucht werden.

    Bei der OHG werden einbehaltene Gewinne den (variablen) Kapitalkonten gutgeschrieben.

19. Nein. Vertretungsrecht obliegt dem Vorstand.

20. a) erlaubte Verflechtung

    b) Verboten. Überkreuzverflechtung (§ 100 Abs. 2 Nr. 3 AktG). Zweck der Vorschrift: Verhinderung von Abhängigkeiten zwischen den Organen beider Gesellschaften. Wirksame Kontrolle des Vorstands durch den Aufsichtsrat wird ermöglicht.

    c) Nicht erlaubt. Obergrenze = 10 Aufsichtsratssitze (§ 100 Abs. 2 Nr. 1 AktG).

    d) Erlaubt. Widerspricht nicht § 100 AktG.

    e) Nicht erlaubt (§ 100 Abs. 2 Nr. 2 AktG).

21. Einzelunternehmung, GmbH, GmbH & Co. KG, (kleine) AG

22. Ja. Der Vorstand besitzt Geschäftsführungs- und Vertretungsbefugnis für alle gewöhnlichen und außergewöhnlichen Rechtsgeschäfte.

23. Präsenz in der HV: 80 % von 6 Mio. Stück Aktien = 4,8 Mio. Stück → 50 % = 2,4 Mio. Stück → Aktionär kann Entlastung nicht verhindern, weil er weniger als 2,4 Mio. Stück besitzt.

8.2 Mitbestimmung im Aufsichtsrat (AR)

1. **Argumente für Mitbestimmung allgemein:**
   - Interesse + Motivation der Arbeitnehmer (AN) am Betrieb steigen.
   - Demokratisierung der Wirtschaft durch Mitbestimmung
   - Humanisierung des Arbeitslebens u. a. durch Mitbestimmung
   - Gegenseitige Abhängigkeit von Arbeit und Kapital erfordert Mitbestimmung.

   Argumente gegen Mitbestimmung allgemein:
   - Erschwerung betrieblicher Entscheidungsprozesse
   - Mitbestimmung ohne gleichwertige Mitverantwortung und Risikoübernahme
   - evtl. fehlende notwendige Sachkenntnisse der Arbeitnehmer
   - evtl. verstärkte Kapitalflucht des in- und ausländischen Kapitals

2. Betriebsrat, Aufsichtsrat, Vorstand (Arbeitsdirektor)

3. a) AktG, Drittelbeteiligungsgesetz (DrittelbG), MitbestG, MontanMG

   b) **Drittelbeteiligungsgesetz** (AG bis 2.000 Arbeitnehmer): Anteilseigner (Zweidrittelmehrheit) **Mitbestimmungsgesetz** (AG > 2.000 Arbeitnehmer): Anteilseigner (50 % Stimmenanteil + doppelte Stimme des Aufsichtsratsvorsitzenden, der üblicherweise von den Anteilseignern gewählt ist)

4. a) Dem Vorstand gehört ein Arbeitsdirektor als gleichberechtigtes Mitglied an (§ 33 MitbestG).

   b) Er bearbeitet insbesondere arbeitsrechtliche, soziale und personelle Angelegenheiten.

5. **a/c/d:** MitbestG; **b/e/g:** BetrVG
   f: Personengesellschaft, somit keine Mitbestimmung in den Organen

6. a) Beide mit Zweidrittelmehrheit. Wird diese nicht erreicht: Aktionärsvertreter wählen Vorsitzenden, Arbeitnehmervertreter den Stellvertreter.

   b) Aufsichtsratsvorsitzender (Aktionärsvertreter) hat zwei Stimmen.

7. a) § 7 MitbestG: 8 AR-Mitglieder der Anteilseigner (Aktionäre), 8 AR-Mitglieder der Arbeitnehmer (6 Arbeitnehmer des Unternehmens + 2 Gewerkschaftsvertreter)

   b) 10 AR-Mitglieder der Anteilseigner, 10 AR-Mitglieder der AN (7 AN des Unternehmens + 3 Gewerkschaftsvertreter)

8. Arbeitnehmer- und Aktionärsvertreter sind <u>zahlenmäßig</u> gleich im Aufsichtsrat vertreten. Die paritätische Mitbestimmung gibt es bei AGs und GmbHs mit mehr als 2.000 Arbeitnehmern (MitbestG) sowie bei Kapitalgesellschaften des Montanbereichs (MontanMG).

9. Vgl. Aufgabe 6!

10. Je nachdem, welche Mitbestimmungsregelung für die AG gilt:
    MitbestG: Arbeitnehmerzahl
    DrittelbG: Satzung (Höchstzahl nach Höhe des gezeichneten Kapitals)

8.3 Die Aktie

1./2. Vgl. Stofftelegramm.

3. 4 Mio. : 800.000,00 EUR = 5,00 EUR

8.4 Abituraufgaben

Abituraufgaben 2010 (Aufgabe 3, Teil 1–2)

1.

Kriterien	GmbH	AG
Mindestkapital	25.000,00 EUR	50.000,00 EUR
Vertretung	durch den/die Geschäftsführer (Gesamtvertretung)	durch den/die Vorstände (Gesamtvertretung)
Haftung	die GmbH mit dem Gesellschaftsvermögen; keine persönliche Haftung der Gesellschafter	die AG mit dem Gesellschaftsvermögen; keine persönliche Haftung der Aktionäre

2. • Kapitalbeschaffung: Die GmbH ist für einen begrenzten Investorenkreis geeignet; größere Kapitalbeträge können in der Regel nur durch ein breites Anlegerpublikum durch Stückelung in kleine Kapitalbeträge aufgebracht werden.

   • Veräußerung der Kapitalanteile: Die Börsennotierung erlaubt eine leichtere Übertragbarkeit der Anteile.

Abituraufgaben 2011 (Aufgabe 1, Teil 5, teilweise)

5.1 • Der hohe Kapitalbedarf von 13.000.000,00 EUR kann von einem breiteren Anlegerpublikum durch Stückelung in kleine Kapitalbeträge aufgebracht werden.

   • Die AG als juristische Person ist im Gegensatz zur KG unsterblich, d. h. vom Gesellschafterbestand unabhängig.

   • Die auf das Gesellschaftsvermögen der AG beschränkte Haftung verhindert den Zugriff auf das Privatvermögen der Anteilseigner.

5.2 Bei der AG gilt der Grundsatz der Gesamtvertretung.

   • Im vorliegenden Fall ist der Vertrag zunächst schwebend unwirksam und kann durch Genehmigung von Geiger für die AG rechtswirksam werden.

   • Sofern die Satzung für den Vorstand Einzelvertretung vorsieht und dies im Handelsregister eingetragen und veröffentlicht ist, ist der Vertrag für die AG sofort bindend (§§ 78, 81 AktG).

Abituraufgaben 2014 (Aufgabe 3, teilweise)

1.1 • Die Aufteilung des Grundkapitals in viele, auch kleine Kapitalanteile ermöglicht eine leichtere Beschaffung großer Kapitalbeträge.

   • Der Zugang zum Kapitalmarkt über die Börse ist möglich.

1.2.1 Für die Auflösung bzw. Umwandlung der GmbH bedarf es einer Mehrheit von $\frac{3}{4}$ der abgegebenen Stimmen (§ 60 Abs. 1 Nr. 2 GmbHG).
Jeder Euro des Geschäftsanteils gewährt eine Stimme (§ 47 Abs. 2 GmbHG).
Die Summe der Geschäftsanteile beträgt 800.000,00 EUR. Christian Herzer verfügt mit einem Geschäftsanteil von 200.000,00 EUR über $\frac{1}{4}$ der Stimmen.
Er kann die Umwandlung nicht verhindern, sofern die beiden anderen Gesellschafter für die Umwandlung stimmen.

1.2.2

	GmbH	AG
Bestellung des leitenden Organs	Bestellung des Geschäftsführers im Gesellschaftsvertrag (§ 6 Abs. 3 GmbHG) oder durch Gesellschafterversammlung (§ 46 Nr. 5 GmbHG)	Aufsichtsrat bestellt Vorstand (§ 84 AktG)
Kontrolle der Geschäftsführung	durch Gesellschafter bzw. Aufsichtsrat, sofern vorhanden (§§ 46 Nr. 6 und 52 GmbHG)	durch Aufsichtsrat (§ 111 Abs. 1 AktG) und Entlastung durch HV (§ 120 Abs. 1 AktG)
Veräußerung des Gesellschaftsanteils	grundsätzlich frei veräußerlich, notarielle Beurkundung (§ 15 Abs. 1 und 3 GmbHG)	frei handelbar; hohe Flexibilität, sofern börsennotierte AG

1.2.3 Bei 550 Mitarbeitern muss der Aufsichtsrat der AG zu einem Drittel aus Arbeitnehmervertretern bestehen.
Rechtsgrundlage: § 1 Abs. 1 Nr. 1 und § 4 Abs. 1 DrittelbG

1.3 Die Gründer der AG bestellen den ersten Aufsichtsrat (§ 30 Abs. 1 AktG).
Wenn sie aufgrund der Mehrheitsverhältnisse die entsprechenden Personen in den Aufsichtsrat gewählt haben, können sie sich vom Aufsichtsrat zu Vorständen bestellen lassen (§ 30 Abs. 4 AktG).

2.1 Die bisher nicht beteiligte Bank ist bereit, ein Agio bezahlen, weil sie stille Reserven vermutet und vom Geschäftskonzept der AG überzeugt ist.

2.2
- Namensaktien lauten auf einen bestimmten Eigentümer. Die Übertragung von vinkulierten Namensaktien ist an die Zustimmung der AG geknüpft.
- Stimmrechtslose Vorzugsaktien sind mit besonderen Rechten ausgestattet, wie z. B. höhere Dividende, Mindestdividende usw., gegen Verzicht auf das Stimmrecht in der HV.

2.3 Agnes Staiger, Bertram und Christian Herzer erhalten für ihr bisheriges Eigenkapital von 1 Mio. EUR 200.000 Aktien.

- Gezeichnetes Kapital: 2,20 Mio. EUR (440.000 Aktien · 5,00 EUR)
- Kapitalrücklage: 0,72 Mio. EUR (240.000 Aktien · 3,00 EUR Agio)
- Umlaufvermögen: 2,32 Mio. EUR (400.000,00 EUR + 240.000 Aktien · 8,00 EUR)

Abituraufgaben 2015 (Aufgabe 1, teilweise)

1.1 Argumente für die Umwandlung in eine GmbH:

- verhältnismäßig unkomplizierte und kostengünstige Gründung
- Aufsichtsrat muss erst ab mehr als 500 Arbeitnehmern gebildet werden.

Argumente für die Umwandlung in eine AG:

- leichtere Kapitalbeschaffung durch Stückelung in kleine Kapitalbeträge
- einfachere Übertragung der Kapitalanteile

1.2

Kriterien	GmbH	AG
Dauer der Amtszeit	unbegrenzt	maximal fünf Jahre; wiederholte Bestellung möglich (§ 84 Abs. 1 AktG)
Kontrolle der Unternehmensleitung	durch Gesellschafter-versammlung (§ 46 Nr. 6 GmbHG) oder Aufsichtsrat, sofern vorhanden (§ 52 GmbHG)	durch Aufsichtsrat (§ 111 Abs. 1 AktG)

2. Die Bestellung der Geschäftsführer einer GmbH erfolgt im Gesellschaftsvertrag (§ 6 Abs. 3 GmbHG) oder durch Beschluss der Gesellschafterversammlung (§ 46 Nr. 5 GmbHG). Die Gesellschafter können eine „Doppelfunktion" (Geschäftsführer und Gesellschafter) ausüben. Infolgedessen haben die Gesellschafter Andreas Eder und Siegfried Peter direkten Einfluss darauf, wer zu Geschäftsführern der GmbH bestellt wird.

Über die Besetzung des Vorstandes einer AG entscheidet der Aufsichtsrat (§ 84 Abs. 1 AktG). Die Gründer der AG bestellen den ersten Aufsichtsrat (§ 30 Abs. 1 AktG). Soll ein Aktionär zum Vorstand bestellt werden, so kann er nicht zugleich auch dem Kontrollgremium (Aufsichtsrat) angehören. Aus diesem Grund haben Eder und Peter keinen direkten Einfluss auf ihre Bestellung zu Vorständen. Aufgrund der Mehrheitsverhältnisse können sie jedoch Personen in den Aufsichtsrat wählen, die sie zu Vorständen berufen.

Abituraufgaben 2017 (Aufgabe 2, teilweise)

1. Im Innenverhältnis entsteht die OHG mit Abschluss des Gesellschaftsvertrags am 01.04.2014 (§ 109 HGB). Im Außenverhältnis entsteht die OHG bereits mit Aufnahme der Geschäftstätigkeit am 07.04.2014 (§§ 1, 123 Abs. 2 HGB).

2. Innenverhältnis:
Wegen des Widerspruchs von Wagner hätte Tahiri den Lieferwagen laut § 115 Abs. 1 HGB nicht kaufen dürfen. Gegebenenfalls ist Tahiri der OHG gegenüber schadenersatzpflichtig.

Außenverhältnis:
Nach § 125 Abs. 1 HGB ist Tahiri allein vertretungsberechtigt. Der Kaufvertrag ist für die OHG bindend.

3.1 Ein Gesellschafter, der in eine bestehende OHG eintritt, haftet auch für Verbindlichkeiten, die bereits vor seinem Eintritt entstanden sind. Ein Haftungsausschluss hat im Außenverhältnis keine Wirkung (§ 130 HGB). Nadine Wisser haftet daher unmittelbar für den offenen Rechnungsbetrag. Die Wehmann KG kann die Zahlung von Wisser verlangen.

3.2 Nach den gesetzlichen Bestimmungen darf Wisser im Laufe des Geschäftsjahres Privatentnahmen in Höhe von 4 % ihres Kapitalanteils tätigen (§ 122 Abs. 1 HGB).
Die geplante Entnahme von 20.000,00 EUR übersteigt den zulässigen Betrag (4.000,00 EUR) und ist daher nur mit Einwilligung der anderen Gesellschafter möglich.

4.1.1 Gezeichnetes Kapital insgesamt = 825.000,00 EUR + 2 · 400.000,00 EUR = 1.625.000,00 EUR
Bei einem Nennwert von 10,00 EUR werden insgesamt 162.500 Aktien ausgegeben.

4.1.2
- Durch die Ausgabe von stimmrechtslosen Vorzugsaktien kann die Einflussnahme der beiden Investoren auf die Entscheidungen der Hauptversammlung verhindert werden.
- Stimmrechtslose Vorzugsaktien dürfen maximal bis zur Hälfte des Grundkapitals ausgegeben werden (§ 139 Abs. 2 AktG). Diese Bedingung ist in diesem Fall erfüllt (800.000,00 EUR von 1.625.000,00 EUR).

4.2 Besteht der Vorstand aus mehreren Personen, sieht das Gesetz Gesamtvertretungsbefugnis vor (§ 78 Abs. 2 AktG). Der Vertrag ist demnach für die Sound Experience AG nur bindend, wenn Nadine Wisser Einzelvertretungsbefugnis besitzt und diese auch im Handelsregister eingetragen ist.

9 Exkurs: Kooperation und Konzentration

9.3 Konzern

1. **Kooperation:** Vertragliche Verpflichtung zur Zusammenarbeit zwischen Unternehmen. Die wirtschaftliche Selbstständigkeit der einzelnen Unternehmen bleibt weitgehend erhalten. Beispiel: Kartelle oder sonstige Zusammenarbeit

   Konzentration: Vertragliche Zusammenarbeit von Unternehmen, die unter einheitlicher Leitung stehen, wobei die wirtschaftliche Selbstständigkeit der einzelnen Unternehmen aufgegeben wird. Beispiel: Konzern

2./3. Vgl. Stofftelegramm.

4. **Horizontaler Zusammenschluss:** Zusammenschluss von Unternehmen der gleichen Produktionsstufe. Beispiele: Kaufhaus/Kaufhaus; Möbelfabrik/Möbelfabrik

   Vertikaler Zusammenschluss: Zusammenschluss von Unternehmen verschiedener Produktionsstufen derselben Branche. Beispiele: Möbelfabrik/Möbelhandel; Textilfabrik/Kaufhaus

   Anorganischer Zusammenschluss: Zusammenschluss von Unternehmen verschiedener Branchen. Beispiele: Sägewerk/Kaufhaus; Autofabrik/Möbelfabrik

5. **Aufgaben des Bundeskartellamtes:**

   - Marktbeobachtung hinsichtlich Wettbewerbsbeschränkungen
   - Anträge auf Negativtest entgegennehmen und prüfen
   - Missbrauchsaufsicht: Verhinderung des Missbrauchs einer marktbeherrschenden Stellung
   - Fusionskontrolle: Zusammenschlusskontrolle gemäß § 35 ff. GWB

6. a) **Konzern:** Zusammenschluss von Unternehmen, die rechtlich selbstständig bleiben, wirtschaftlich jedoch unselbstständig sind durch <u>einheitliche Leitung.</u>

   b) einheitliche Leitung

7. a)
   - Ausdehnung des Filialnetzes im südwestdeutschen Raum
   - Gewinnsteigerung
   - Erringung wirtschaftlicher Macht, d. h. stärkere Marktstellung auf örtlichen Teilmärkten

   b)
   - Übernahme von qualifizierten Mitarbeitern
   - Übernahme eines Kundenstammes
   - geringere Anlaufkosten
   - geringere Werbung notwendig

   c) Sinnvoll wäre eine Beteiligung von über 50 %, da bei einer GmbH die Beschlussfassung mit einfacher Mehrheit erfolgt.

   d) Nachteile ergeben sich aus der Entstehung einer marktbeherrschenden Stellung der Tengelmann-Gruppe.

   Vorteile sind denkbar, wenn die günstigeren Beschaffungsmöglichkeiten an die Verbraucher über die Preise weitergegeben werden.

8. a) Das herrschende und das abhängige Unternehmen sind unter einheitlicher Leitung, meist auf der Grundlage einer Mehrheitsbeteiligung, zusammengefasst.

   b) Konzerne sind im Gegensatz zu den Kartellen nicht grundsätzlich verboten. Sie unterliegen aber wie diese dem GWB im Rahmen der Missbrauchsaufsicht. Zusammenschlüsse von Unternehmen sind grundsätzlich anzeigepflichtig (Fusionskontrolle) und können vom Kartellamt gemäß § 23 bei entsprechender Wettbewerbsbeeinträchtigung untersagt werden (Fusionsverbot).

9. a) Anorganischer Konzern. Gründe:
   - schnelle Anpassung an Markänderungen
   - günstigerer Einkauf bei größeren Mengen (z. B. im Verpackungsbereich, z. T. gleiche Grundstoffe, im Bürobereich ...)
   - Risikoausgleich (Produktdiversifikation)
   - Umsatzausdehnung
   - Verlustminimierung bei Krisen
   - Nutzung des Firmenimages
   - Einstieg in gewinnträchtige Branchen

   b)
   - einfacher Erwerb von Aktien an der Börse
   - Ankauf wird bis 5 % Anteil für Konkurrenten nicht sichtbar.
   - durch Mehrheitsbeteiligung starker Einfluss in Hauptversamml., Aufsichtsrat, Vorstand
   - völlige Verschmelzung (Fusion) durch Aktientausch möglich ...

   c)
   - **Holding-Gesellschaft** erwirbt Kapital- und Stimmenmehrheit. Sie kann dafür eigene Wertpapiere hergeben bzw. Aktien der Holding am Kapitalmarkt unterbringen. Bei anorganischen Konzernen ist sie i. d. R. eine reine Finanzierungs- und Verwaltungsgesellschaft ohne eigenen Produktions- oder Dienstleistungsbetrieb. Die Holding führt die abhängigen Unternehmen entweder durch Kapital- bzw. Stimmenmehrheit oder durch Beherrschungsvertrag (§ 18 AktG).
   - Bilanz: Nahezu gesamtes Vermögen besteht aus Beteiligungen.

     Erfolgsrechnung: keine Umsatzerlöse, hauptsächlich Beteiligungserträge, sehr geringe Aufwendungen

   d) 100%ige Beteiligung: Die Brauerei besteht noch als rechtlich selbstständige Firma.

   Fusion: Die Brauerei hat ihre rechtliche Selbstständigkeit verloren.

   e) Oetker hat noch keine Mehrheit an der Brauerei. Da aber auf Hauptversammlungen selten alle Aktionäre vertreten sind, kann Oetker schon die einfache Mehrheit erreichen, wenn mehr als 10 % des gezeichneten Kapitals nicht vertreten ist. Somit ist der Einfluss auf die AG beträchtlich.

10 Finanzierung und Investition I: Offene Selbstfinanzierung

10.2 Offene Selbstfinanzierung, v. a. Gewinnverwendung bei einer KG

1. a) offene Selbstfinanzierung = Nichtausschüttung von Gewinnen (Gutschrift der nicht ausgeschütteten Gewinne auf Kapitalkonten)

   b) Eigenkapital c) Vgl. Stofftelegramm.

2. Vgl. Stofftelegramm.

3.

Gesell-schafter	Anfangskapital	9 %	Teile Restgewinn	Restgewinn	Gewinnanteile insgesamt
A	61.500,00	5.535,00	7 T.	23.310,00	28.845,00
B	78.400,00	7.056,00	8 T.	26.640,00	33.696,00
C	28.000,00	2.520,00	1 T.	3.330,00	5.850,00
	167.900,00	15.111,00	16 T.	53.280,00	68.391,00

Der Gewinnanteil des Kommanditisten C stellt eine Verbindlichkeit dar und ist auszuzahlen. Somit liegt diesbezüglich keine Selbstfinanzierung vor.

Selbstfinanzierung = 28.845,00 + 33.696,00 = 62.541,00 EUR (Unterstellung: keine Privatentnahmen)

10.3 Offene Selbstfinanzierung (Gewinnverwendung bei der AG)

1./2. Vgl. Stofftelegramm.

3.

Gewinnverwendungsschema:	
Jahresüberschuss	300.000,00 EUR
– Einstellung in gesetzliche Rücklage:	15.000,00 EUR
Rest	285.000,00 EUR
– Einstellung in andere Gewinnrücklagen:	142.500,00 EUR
Bilanzgewinn	142.500,00 EUR
– Dividende (20.000 Aktien · 7,00 EUR Div.):	140.000,00 EUR
Gewinnvortrag	2.500,00 EUR

S		Bilanz 31.12.	H
Vermögen	1.300.000,00	gezeichnetes Kapital	1.000.000,00
		gesetzl. Rücklage	15.000,00
		and. Gewinnrücklagen	142.500,00
		Bilanzgewinn	142.500,00
	1.300.000,00		1.300.000,00

4.

Gewinnverwendungsschema:	Fall 1	Fall 2	Fall 3
Jahresüberschuss	700.000,00	700.000,00	8.300.000,00
– Verlustvortrag	100.000,00	–	–
+ Gewinnvortrag	–	50.000,00	210.000,00
– Einstell. in gesetzl. Rückl.	30.000,00 **1**	35.000,00 **4**	50.000,00 **6**
Rest	570.000,00	715.000,00	8.460.000,00
– Einstell. in and. Gewinnrückl.	285.000,00 **2**	332.500,00 **5**	4.125.000,00 **7**
Bilanzgewinn	285.000,00	382.500,00	4.335.000,00
– weitere Einstell. in and. Gewinnrückl.	28.500,00	38.250,00	–
Rest	256.500,00	344.250,00	4.335.000,00
– Dividende	200.000,00 **3**	200.000,00	4.250.000,00 **8**
Gewinnvortrag	56.500,00	144.250,00	85.000,00

Nebenrechnungen:

1 Gesetzliche Rücklage + Kapitalrücklage betragen noch nicht 10 % des gezeichneten Kapitals!
→ 5 % aus (JÜ – Verlustvortrag) 600.000,00 EUR = 30.000,00 EUR

2 50-%-Einstellung

3 256.500,00 EUR : 200.000 = 1,.. EUR je Aktie → Dividende: 1,00 EUR/Aktie · 200.000 Aktien = 200.000,00 EUR

4 5 % aus 700.000,00 EUR = 35.000,00 EUR

5 50-%-Einstellung aus 665.000,00 EUR (700.000,00 EUR – 35.000,00 EUR) = 332.500,00 EUR

6 5 % aus 8.300.000,00 = 415.000,00
Soll (10 % des gez. Kap.)

gesetzliche Rücklage bisher:	2.450.000,00 EUR
2.500.000,00 EUR	
noch aufzufüllen max.	50.000,00 EUR

7 50 % aus [8,3 Mio. – 50.000,00] 8.250.000,00 = 4.125.000,00 EUR

8 25.000.000,00 EUR = 100 %
4.335.000,00 EUR = 17,34 % → 17 % aus 25 Mio. = 4.250.000,00 EUR

5. a)

Jahresüberschuss	460.000,00 EUR
– Verlustvortrag	60.000,00 EUR
	400.000,00 EUR
– Einstellung in gesetzl. Rücklage 5 %	20.000,00 EUR
	380.000,00 EUR
– Einstell. in and. Gewinnrückl. 50 %	190.000,00 EUR
minimaler Bilanzgewinn	190.000,00 EUR
maximaler Bilanzgewinn	380.000,00 EUR

b) Minimaler Dividendensatz: 2,00 Mio. = 100,0 %
0,19 Mio. = **9,5 %**

Maximaler Dividendensatz: 2,00 Mio. = 100,0 %
0,38 Mio. = **19,0 %**

c) **Eigenkapital bei minimaler Ausschüttung:** **Bilanzkurs:**

gezeichnetes Kapital	2.000.000,00 EUR	
gesetzliche Rücklage bisher	140.000,00 EUR	GK 2,00 Mio. = 100,0 %
Zuführung in gesetzl. Rücklage	20.000,00 EUR	EK 3,15 Mio. = **157,5 %**
andere Gewinnrücklagen bisher	800.000,00 EUR	
Zuführung in andere Gewinnrückl.	190.000,00 EUR	
Eigenkapital	**3.150.000,00** EUR	

Eigenkapital bei maximaler Ausschüttung: **Bilanzkurs:**

gezeichnetes Kapital	2.000.000,00 EUR	
gesetzliche Rücklage bisher	140.000,00 EUR	GK 2,00 Mio. = 100,0 %
Zuführung in gesetzliche Rücklage	20.000,00 EUR	EK 2,96 Mio. = **148,0 %**
andere Gewinnrücklagen bisher	800.000,00 EUR	
Eigenkapital	**2.960.000,00** EUR	

d) Vgl. Stofftelegramm.

6. Die aus gesetzlichen Vorschriften resultierende Rücklagenbildung (gesetzliche Rücklage, Recht von Vorstand und Aufsichtsrat zur Bildung von Gewinnrücklagen) bedingt bei der AG im Vergleich zur KG eine höhere „erzwungene" Selbstfinanzierung, sofern die Gesellschafter der KG ihr gesetzliches Entnahmerecht voll in Anspruch nehmen.

   Da jedoch insbesondere Komplementäre an kostengünstigem Wachstum der Unternehmung interessiert sind, werden sie freiwillig hohe Gewinnanteile im Unternehmen belassen.

7. a)

Gewinnverwendungsschema:	
Jahresüberschuss	1.200.000,00 EUR
+ Gewinnvortrag	20.000,00 EUR
– Einstellung in gesetzliche Rücklage	60.000,00 EUR
Rest	1.160.000,00 EUR
– Einstell. in and. Gewinnrückl. 50 %	570.000,00 EUR
Bilanzgewinn	590.000,00 EUR
– Dividende (4,00 EUR je Aktie)	560.000,00 EUR
Gewinnvortrag	30.000,00 EUR

b)

gezeichnetes Kapital	7.000.000,00 EUR
gesetzliche Rücklage (600.000 + 60.000)	660.000,00 EUR
andere Gewinnrücklagen (2,8 Mio. + 0,57 Mio.)	3.370.000,00 EUR
Gewinnvortrag	30.000,00 EUR
neues Eigenkapital	11.060.000,00 EUR

c)
- Vorstand und Aufsichtsrat können beschließen, die Feststellung des Jahresabschlusses der HV zu überlassen (§ 172 AktG).
- Billigt Aufsichtsrat den Jahresabschluss nicht: HV stellt Jahresabschluss fest (§ 173 AktG).

8. Lösung: (Jede korrekt begründete Lösungsalternative ist ebenso möglich.)

Entscheidungskriterien	Gewichtung in %	Keine Rücklagenbildung		50 % in Rücklagen		75 % in Rücklagen	
		P.	Gew. P.	P.	Gew. P.	P.	Gew. P.
Wachstumsförderung	20	0	0	3	60	4	80
Liquidität	10	0	0	3	30	5	50
Rentabilität	20	0	0	3	60	5	100
Aktionärsstimmung	40	4	160	4	160	2	80
Kreditwürdigkeit	5	0	0	3	15	5	25
Unabhängigkeit	5	0	0	3	15	5	25
Summe	100	–	160	–	340	–	360

Entscheidung: Einstellung von 75 %

Entscheidungsbegründung: Höchste Punktesumme. Die aus dieser hohen Rücklagenbildung resultierende schlechte Aktionärsstimmung könnte in der Hauptversammlung durch zugkräftige Argumentation gemildert werden. Alle anderen Entscheidungskriterien erreichen die Optimalwerte.

9. a)

Gesellschafter	Gesamtgewinnanteil	Tätigkeitsvergütung	Privatentnahmen	Offene Selbstfinanzierung
Berger	146.000,00 EUR	60.000,00 EUR	36.000,00 EUR	50.000,00 EUR
Zeisel	142.800,00 EUR	60.000,00 EUR	24.000,00 EUR	58.800,00 EUR
Keller	41.000,00 EUR			(*)

Die beiden Komplementäre könnten in Höhe der nicht entnommenen Gewinnanteile zur offenen Selbstfinanzierung beitragen. Kommanditist Keller könnte bei entsprechender Vereinbarung seine 41.000,00 EUR (*) Gewinnanteil in zusätzliches Kommanditkapital umwandeln.

b) Die Komplementäre haben für ihre Geschäftsführungstätigkeit keinen Anspruch auf Gehalt. Zur Finanzierung ihres Lebensunterhaltes haben sie die Möglichkeit, unabhängig von einer eventuell vertraglich vereinbarten Tätigkeitsvergütung Privatentnahmen zu tätigen. Diese werden mit ihrem Gewinnanteil oder zulasten ihres Kapitalanteils verrechnet. Die betragsmäßige Begrenzung soll eine übermäßige Verringerung der Eigenkapitalsubstanz der KG verhindern.

c)
- Die Kapitalanteile der beiden Komplementäre werden erhöht: Berger hat einen Kapitalanteil von 250.000,00 EUR, Zeisel von 178.800,00 EUR.
- Der Kapitalanteil des Kommanditisten Keller bleibt bei 50.000,00 EUR. Sein Gewinnanteil wird als „Verbindlichkeiten gegenüber Keller“ in Höhe von 41.000,00 EUR ausgewiesen.
- Die liquiden Mittel erhöhen sich um 149.800,00 EUR auf 219.800,00 EUR.

10. a) • Gewinnthesaurierung in guten Jahren ermöglicht eine Dividendenkontinuität auch in schlechteren Jahren.
   • Offene Selbstfinanzierung schafft Kapital für neue Investitionen.
   • höhere Kreditwürdigkeit durch Verbreiterung der Eigenkapitalbasis

b)

Jahresüberschuss	242 Mio. EUR
./. 50 % Einstellung in andere Gewinnrücklagen	121 Mio. EUR
= Bilanzgewinn	121 Mio. EUR
./. Dividendenausschüttung 96 Mio. Aktien · 1,00 EUR	96 Mio. EUR
= Gewinnvortrag	25 Mio. EUR

Eigenkapitalpositionen nach vollständiger Gewinnverwendung:

gezeichnetes Kapital	270 Mio. EUR
Kapitalrücklage	98 Mio. EUR
gesetzliche Rücklage	22 Mio. EUR
andere Gewinnrücklagen (660 + 121)	781 Mio. EUR
Gewinnvortrag	25 Mio. EUR

c) Der Jahresüberschuss und die anderen Gewinnrücklagen hätten voll ausgeschüttet werden können. Kapitalrücklage und gesetzliche Rücklage dürfen zum Zweck der Gewinnausschüttung nicht aufgelöst werden (§ 150 Abs. 4 AktG). Insgesamt hätten maximal 660 Mio. EUR + 242 Mio. EUR = 902 Mio. EUR ausgeschüttet werden können. Das hätte eine Stückdividende von 9,39 EUR ergeben.

d) Die Zusammensetzung des Aufsichtsrates bei Kapitalgesellschaften mit mehr als 2.000 Arbeitnehmern wird durch das Mitbestimmungsgesetz geregelt: Die Hauptversammlung wählt sechs Aktionärsvertreter in den Aufsichtsrat (§ 7 Abs. 1 Nr. 1 MitbestG).

10.4 Abituraufgaben

Abituraufgaben 2011 (Aufgabe 1, teilweise)

3.1	Einlage Klein am 01.02.2007	200.000,00 EUR zu 3 % für 11 Monate	→	5.500,00 EUR
	Einlage Klein am 01.07.2007	100.000,00 EUR zu 3 % für 6 Monate	→	1.500,00 EUR
	ausst. Einlage bis 30.06.2007	100.000,00 EUR zu 3 % für 5 Monate	→	–1.250,00 EUR
	Zinsen			5.750,00 EUR

3.2	Gesamtgewinn Komplementäre	166.250,00 EUR
	– Privatentnahmen	66.000,00 EUR
	= offene Selbstfinanzierung	100.250,00 EUR

4. • Die Verzinsung seines Kapitalanteils mit 3 % ist geringer als die im HGB vorgesehene Verzinsung von 4 % (§ 168 i. V. m. § 121 Abs. 1 HGB).
   Der auf ihn entfallende Restgewinn von einem Neuntel erscheint ihm zu gering.

   • Klein kann frühestens zum 31.12.2008 ausscheiden, sofern er bis zum 30.06.2008 gekündigt hat (§ 132 HGB).

5.3.1 Erforderliche Rücklagenbildung: 10 % von 15.000.000,00 EUR = 1.500.000,00 EUR
Bisher gebildet (Kapitalrücklage und gesetzliche Rücklage):
800.000,00 EUR + 150.000,00 EUR = 950.000,00 EUR

Jahresüberschuss	3.000.000,00 EUR
– Einstellung in gesetzliche Rücklage	150.000,00 EUR
= Zwischensumme	2.850.000,00 EUR
– Einstellung in andere Gewinnrücklagen	1.425.000,00 EUR
= Zwischensumme	1.425.000,00 EUR
+ Gewinnvortrag	130.000,00 EUR
= Bilanzgewinn	1.555.000,00 EUR

Anzahl Aktien: 15.000.000,00 EUR : 5,00 EUR = 3.000.000 Aktien
Stückdividende: 1.555.000,00 EUR Bilanzgewinn : 3.000.000 Aktien = 0,518 EUR/Aktie
→ 0,51 EUR/Aktie
Dividendenzahlung: 3.000.000 Aktien · 0,51 EUR/Aktie = 1.530.000,00 EUR

5.3.2
- Grundkapital 15.000.000,00 EUR
  Kapitalrücklage 800.000,00 EUR
  gesetzliche Rücklage 300.000,00 EUR
  andere Gewinnrücklagen 1.652.000,00 EUR
  Gewinnvortrag 25.000,00 EUR

- Höhe der offenen Selbstfinanzierung:

Jahresüberschuss 2010	3.000.000,00 EUR
– Dividendenzahlung	1.530.000,00 EUR
= offene Selbstfinanzierung	1.470.000,00 EUR

Abituraufgaben 2013 (Aufgabe 2, teilweise)

5.1
- Da der nach Abzug der Tätigkeitsvergütung verbleibende Gewinn für eine Kaitalverzinsung mit 6 % nicht ausreicht, wurde im vorliegenden Fall eine Verzinsung mit 5 % vorgenommen. Es verbleibt kein Restgewinn, der gemäß § 6, 3. des Gesellschaftsvertrags verteilt werden könnte.

-

5 % von 150.000,00 EUR (geleistete Einlage)	7.500,00 EUR
– 7 % von 150.000,00 EUR (ausstehende Einlage)	10.500,00 EUR
= Soll-Zinsen für Oliver Götz	3.000,00 EUR

5.2 Endkapitalien:

Thomas Steck	310.000,00 EUR	
Christoph Steck	52.500,00 EUR	
Julia Steck	50.000,00 EUR	(2.500,00 EUR sonst. Verb. der KG)
Oliver Götz	150.000,00 EUR	(3.000,00 EUR sonst. Ford. der KG)

Selbstfinanzierung:

Thomas Steck	75.000,00 – 60.000,00 – 5.000,00	= 10.000,00 EUR
Christoph Steck	62.500,00 – 60.000,00	= 2.500,00 EUR

Die Kommanditisten tragen im vorliegenden Fall nicht zur offenen Selbstfinanzierung bei.

5.3 § 168 Abs. 2 HGB fordert eine angemessene Restgewinnverteilung.

Die höhere Restgewinnverteilung zugunsten der beiden Vollhafter ist angesichts ihrer unbeschränkten Haftung gerechtfertigt. Die Restgewinnverteilung der beiden Teilhafter im Verhältnis 1 : 1 ist angesichts der unterschiedlichen Kapitalbeteiligung allerdings eher unangemessen.

7.1 Gezeichnetes Kapital: 2.400.000,00 EUR
Nennwert pro Aktie: 5,00 EUR → 480.000 Aktien

Gewinnverwendung:

Jahresüberschuss	400.000,00 EUR
– Einstellung in gesetzliche Rücklage (§ 150 AktG)	20.000,00 EUR
– Einstellung in andere Gewinnrücklagen (§ 58 AktG)	190.000,00 EUR
= Bilanzgewinn	190.000,00 EUR
– Dividende	144.000,00 EUR
= Gewinnvortrag	46.000,00 EUR

Bilanzgewinn 190.000,00 EUR/480.000 Aktien = 0,3958 EUR/Aktie → 0,30 EUR/Aktie

7.2
- Umlaufvermögen 1.518.000,00 EUR (1.662.000,00 EUR – 144.000,00 EUR)
  gesetzliche Rücklage 32.000,00 EUR
  andere Gewinnrücklagen 190.000,00 EUR
  Gewinnvortrag 46.000,00 EUR
- Höhe der offenen Selbstfinanzierung:
  Jahresüberschuss – Dividendenzahlung
  400.000,00 EUR – 144.000,00 EUR = 256.000,00 EUR

Abituraufgaben 2015 (Aufgabe 2, teilweise)

5.1

	Gesamter Gewinnanteil	Tätigkeits-vergütung	Offene Selbstfinanzierung
Komplementär Huber	117.400,00 EUR	72.000,00 EUR	45.400,00 EUR
Komplementärin Schmidt	112.400,00 EUR	72.000,00 EUR	40.400,00 EUR
Kommanditist Müller	Müller trägt nicht zur offenen Selbstfinanzierung bei, da sein Gewinnanteil ausgezahlt wird.		

5.2
- Erhöhung des Eigenkapitals der KG und somit auch der Kreditwürdigkeit; keine Liquiditätsbelastung durch Zins- und Tilgungszahlungen
- Das Unternehmen muss Gewinn in ausreichender Höhe erzielen. Die Komplementäre müssen bereit sein, ihren Gewinnanteil teilweise im Unternehmen zu belassen.

Abituraufgaben 2017 (Aufgabe 3, teilweise)

4.1 Der nicht ausgeschüttete Teil des Jahresüberschusses kann für Investitionen verwendet werden.
Durch die Erhöhung der anderen Gewinnrücklagen steigt das Eigenkapital der HAT AG. Dies erhöht den Wert der Unternehmung und führt gegebenenfalls zu einem Anstieg des Börsenkurses. Aufgrund der besseren Eigenkapitalausstattung erhöht sich die Kreditwürdigkeit.

4.2.1

	Jahresüberschuss 2016	3.600.000,00 EUR
–	Verlustvortrag Vorjahr	200.000,00 EUR
=	bereinigter Jahresüberschuss	3.400.000,00 EUR
–	Einstellung in die gesetzliche Rücklage	0,00 EUR
–	Einstellung in andere Gewinnrücklagen	1.700.000,00 EUR
=	Bilanzgewinn	1.700.000,00 EUR
–	Dividende	1.008.000,00 EUR
=	Gewinnvortrag laufendes Jahr	692.000,00 EUR

Anzahl der Aktien:
21.000.000 : 5 = 4.200.000 Aktien

Berechnung der Dividende:
1.000.000,00 : 4.200.000 ≈ 0,238 EUR/Aktie
Um eine Dividendenausschüttung von mindestens 1 Mio. EUR zu erhalten, ist eine Dividende von 0,24 EUR je Aktie notwendig.

4.2.2 Die Bildung der gesetzlichen Rücklage ist erforderlich, wenn diese zusammen mit der Kapitalrücklage 10 % des gezeichneten Kapitals nicht erreicht (§ 150 Abs. 2 AktG). Die Kapitalrücklage der HAT AG beträgt 60 % des gezeichneten Kapitals, d. h., die Bildung einer gesetzlichen Rücklage ist nicht erforderlich.

11 Finanzierung und Investition II: Finanzierung aus Abschreibungsgegenwerten

1. Vgl. Stofftelegramm (Funktionsweise).

2. Vgl. Stofftelegramm (Kapitalfreisetzungseffekt).

3. Vgl. Stofftelegramm.

4. Anlagevermögen sinkt (Abschreibungen!), Umlaufvermögen steigt (Forderungen, liquide Mittel) durch Abschreibungsrückflüsse

5. Eine stille Selbstfinanzierung liegt vor, wenn die kalkulatorischen Abschreibungen kleiner als die bilanziellen Abschreibungen sind. Differenzbetrag = stille Selbstfinanzierung, weil die überhöhten bilanziellen Abschreibungen den GuV-Gewinn verstärkt verringern.

   Die Aussage ist insofern nicht korrekt, als eine Finanzierung aus Abschreibungen nur in Höhe der kalkulatorischen Abschreibung vorliegt (= Umfinanzierung), die stille Selbstfinanzierung folglich eine Art Zusatzfinanzierung darstellt.

6. Vorteile:
   - Kapital steht zinsfrei zur Verfügung.
   - keine Mitspracherechte von Kapitalgebern

   Probleme:
   - unsichere zukünftige Absatzlage → kalkulatorische Abschreibungen evtl. nicht in Preise kalkulierbar
   - Investitionen auf Basis der Abschreibungsrückflüsse bedeuten Unstetigkeit im betrieblichen Wachstum. Bei plötzlichem Investitionsbedarf ist diese Finanzierungsart untauglich.

7. Werden bei Preissteigerungen die kalkulatorischen Abschreibungen auf Basis der Anschaffungskosten (Geschäftsbuchführung!) angesetzt, ist eine Wiederbeschaffung aus Abschreibungsrückflüssen allein nicht möglich (gestiegene Wiederbeschaffungskosten). Die Restfinanzierung muss durch Gewinnverwendung erfolgen. Diese Gewinnanteile sind **Scheingewinne** (= Substanzverlust).

   Daher: kalkulatorische Abschreibungen auf Basis der Wiederbeschaffungskosten!

8. Finanzierung aus Abschreibungsgegenwerten = **vorherrschende Finanzierungsform für Investitionen** der Unternehmen (Ersatzinvestitionen machen i. d. R. den größten Teil der Investitionen aus.).

12 Finanzierung und Investition III: Exkurs: Stille (verdeckte) Selbstfinanzierung

12.1 Bildung stiller Rücklagen

1. Stille Rücklagen können entstehen:

   - durch Nichtaktivierung von Aktiva: beispielsweise darf der originäre (mangels Verkauf des Unternehmens nicht bezahlte) Firmenwert nicht aktiviert werden;
   - durch Unterbewertung von Aktiva: beispielsweise verlangt das Niederstwertprinzip vorsichtige Bewertung der Vermögensgegenstände; Obergrenze für die Bewertung bilden stets die Anschaffungs- oder Herstellungskosten (Grundstücke!);
   - durch Überbewertung von Passiva: z. B. überhöhte Rückstellungen aus Gründen des Gläubigerschutzes und der kaufmännischen Vorsicht.

2. **Vorteile der stillen im Vergleich zur offenen Selbstfinanzierung:**

   - Bei AG kein Hauptversammlungsbeschluss über die Bildung stiller Rücklagen notwendig (die Gewinneinbehaltung geschieht „still").
   - Dividendenstabilisierung wird möglich (in guten Zeiten Bildung, in Verlustzeiten Auflösung stiller Rücklagen).
   - Verbergen von hohen Gewinnen z. B. gegenüber der Konkurrenz oder den Aktionären wird ermöglicht durch Bildung stiller Rücklagen.
   - Steuerverschiebung (Im Gegensatz zur offenen Selbstfinanzierung werden die nicht ausgewiesenen Gewinne im Jahr der Bildung der stillen Rücklagen nicht versteuert; Versteuerung erst bei Auflösung der stillen Rücklagen in späteren Jahren) = Zinsgewinn

   Nachteile der stillen im Vergleich zur offenen Selbstfinanzierung:

   - Bilanzverfälschung (Verlust der Aussagekraft der Bilanz)
   - Vertuschung von Verlusten durch Auflösung stiller Rücklagen
   - evtl. Fehldispositionen, sofern stille Rücklagen nicht „im Auge behalten werden"

3. Bildung stiller Rücklagen: Gewinnverringerung = Steuerminderung
   Auflösung stiller Rücklagen in späteren Jahren: Gewinnerhöhung = Steuermehrbelastung (somit „zweischneidiges Schwert")
   Per Saldo: i. d. R. kein Steuergewinn, nur Steuerverschiebung (Zinsgewinn)
   Ausnahme: Ein echter Steuergewinn kann eintreten, wenn die Bildung stiller Rücklagen in Zeiten hoher Gewinne (hohe Einkommensteuerprogression) und die Auflösung in Verlustzeiten oder Zeiten geringer Gewinne (niedrige Einkommensteuerprogression) erfolgt.

4. a) Ausgewiesenes Eigenkapital der Unternehmung:

gezeichnetes Kapital	1.200 Mio. EUR
offene Rücklagen	2.611 Mio. EUR
Gewinnvortrag	3 Mio. EUR
	3.814 Mio. EUR

(Theoretisches) Eigenkapital aufgrund des Börsenkurses:
$159 \cdot 2 = 318\,\%$ von 1.200 Mio. EUR = 3.816 Mio. EUR

→ stille Rücklagen = 2 Mio. EUR

b) Auf den Börsenkurs wirken sehr viele Faktoren, die mit der Bewertung des Unternehmens direkt nichts zu tun haben: Spekulationen, politische Situation, allgemeine Konjunkturlage usw.

5.

Alternative 1		Alternative 2					
Jahr	Abschreibung	Abschreibung	Bildung stiller Rückl.	Summe stiller Rückl.	Auflösung stiller Rückl.	Steuerersparnis (+) Steuermehrbelastung (–)	Zinsgewinn pro Jahr
1	10.000,00	20.000,00	10.000,00	10.000,00		+ 5.000,00	500,00
2	10.000,00	20.000,00	10.000,00	20.000,00		+ 5.000,00	1.000,00
3	10.000,00	20.000,00	10.000,00	30.000,00		+ 5.000,00	1.500,00
4	10.000,00	20.000,00	10.000,00	40.000,00		+ 5.000,00	2.000,00
5	10.000,00	20.000,00	10.000,00	50.000,00		+ 5.000,00	2.500,00
6	10.000,00			40.000,00	10.000,00	– 5.000,00	2.000,00
7	10.000,00			30.000,00	10.000,00	– 5.000,00	1.500,00
8	10.000,00			20.000,00	10.000,00	– 5.000,00	1.000,00
9	10.000,00			10.000,00	10.000,00	– 5.000,00	500,00
10	10.000,00			0,00	10.000,00	– 5.000,00	–
Su.	100.000,00	100.000,00	50.000,00		50.000,00	0,00	12.500,00

Bemerkungen:

1. Jahr: Bei Alternative 2 wird der Gewinn um 10.000,00 EUR mehr als bei der Alternative 1 reduziert. → Steuerersparnis 50 % von 10.000,00 EUR = 5.000,00 EUR. Diese 5.000,00 EUR könnten angelegt werden zu 10 % (bzw. Verringerung eines etwaigen Soll-Bestandes auf dem Kontokorrentkonto um 5.000,00 EUR) = 500,00 EUR Zinsgewinn.

2. Jahr Bei Alternative 2 wird der Gewinn wiederum um 10.000,00 EUR reduziert, sodass erneut 5.000,00 EUR Zinsgewinn entstehen. Hinzu kommen die aus dem ersten Jahr gesparten Steuern in Höhe von 5.000,00 EUR, die erneut einen Zinsgewinn von 5.000,00 EUR „produzieren".

12.2 Abituraufgaben

Abituraufgaben 2005 (Aufgabe 1, teilweise)

1.2.1 Stille Rücklagen entstehen durch Unterbewertung des Vermögens (der Aktiva), z. B. Bilanzansatz von Grundstücken zu Anschaffungskosten trotz gestiegener Grundstückspreise bzw. Überbewertung von Schulden (Passiva), z. B. überhöhte Rückstellungen für laufende Prozesse oder Gewährleistungen.

1.2.2 Vergleich von (höherem) Börsenkurs und Bilanzkurs: Stille Rücklagen sind zu vermuten, wenn der Börsenkurs nachhaltig höher ist als der Bilanzkurs.

1.2.3 Ein Finanzierungseffekt durch Auflösung stiller Rücklagen kann sich ergeben, wenn unterbewertete Vermögensgegenstände verkauft werden.

Bei der Zahlung von Schulden, die in der Bilanz überhöht ausgewiesen waren, ergibt sich kein unmittelbarer Finanzierungseffekt, d. h., es erfolgt nur eine Minderauszahlung.

13 Finanzierung und Investition IV: Beteiligungs-(Eigen-)Finanzierung

13.1 Beteiligungsfinanzierung bei Personengesellschaften

1./2. Vgl. Stofftelegramm.

13.2 Beteiligungsfinanzierung bei der AG: Kapitalerhöhung gegen Einlagen

1./2. Vgl. Stofftelegramm.

3. a) **Bezugsrecht:** Recht der Altaktionäre, bei Kapitalerhöhungen so viele junge Aktien erwerben zu können, dass ihr Anteil am gezeichneten Kapital erhalten bleibt.

   b) • Erhaltung der prozentualen Stimmrechtsanteile der Altaktionäre
   • Ausgleich von Kursverlusten

4. a) 20 : 12 = **5 : 3**

   b) $\text{Bezugsrecht} = \frac{200 - 150}{5 : 3 + 1} = \mathbf{18{,}75\ EUR}$

   c) 5 : 3 = 20 : 12; er hat 19 alte Aktien; er benötigt 20 alte Aktien → Zukauf 1 Bezugsrecht

12 junge Aktien je 150,00 EUR =	1.800,00 EUR
+ Kauf 1 Bezugsrecht zu 16,75 EUR =	16,75 EUR
	1.816,75 EUR

   d)

12 junge Aktien je 150,00 EUR =	1.800,00 EUR
– Verkauf 30 Bezugsrechte · 16,75 EUR =	502,50 EUR
	1.297,50 EUR

5. a) Nennwert der Aktie (Unter-pari-Ausgabe von Aktien verboten)
   b) alter Börsenkurs (kein Käufer wäre bereit, mehr zu zahlen!)

6. a) $\text{Bezugsrecht} = \frac{Ka - Kn}{a : n + 1} \rightarrow 5 = \frac{150 - 120}{a/n + 1} \rightarrow a : n = 5 \rightarrow \mathbf{5 : 1}$

   Ka = Kurs alte Aktien
   Kn = Kurs junge Aktien
   a : n = Bezugsverhältnis

   b) a : n = 5 : 1 → a : 250.000,00 = 5 → a = **1.250.000,00 EUR**

   c) Kurs ex Bezugsrecht = Kurs der alten Aktien – Bezugsrecht = 150 – 8 = **142,00 EUR**

7.

geplante Investitionssumme	398 Mio. EUR	Anzahl der auszugebenden Aktien:
Emissionskosten	2 Mio. EUR	400 Mio. : 80 = 5 Mio. Stück Aktien
notwendige Mittel	400 Mio. EUR	5 Mio. St. · 5,00 EUR = **25 Mio. EUR** Kap.erhöh.

8. a)

geplante Investit.summe	35 Mio. EUR	Erhöhung GK um 24 Mio. = 100 %
Emissionskosten	1 Mio. EUR	36 Mio. = 150 %
notwendige Mittel	36 Mio. EUR	150 % von 50,00 EUR = **75,00 EUR**

b) Bezugsrecht = $\frac{106 - 75}{10 : 3 + 1}$ = **7,15 EUR** (80 : 24 = 10 : 3)

9. a)

geplante Investit.summe	190 Mio. EUR	Anzahl der auszugebenden Aktien:
Emissionskosten	2 Mio. EUR	192 Mio. : 60 = 3,2 Mio. Stück Aktien
notwendige Mittel	192 Mio. EUR	3,2 Mio. · 50,00 EUR = **160 Mio. EUR** Kapitalerhöhung

b) Bezugsverhältnis = 800 : 160 = **5 : 1**

Bezugsrecht = $\frac{102 - 60}{5 : 1 + 1}$ = **7,00 EUR** neuer Aktienkurs = 102 – 7 = **95,00 EUR**

10. a) 9,78 Mio. = 100 %
7,45 Mio. = 76,18 %; Kapitalerhöhung möglich, da 75 % genügen.

b) Bezugsrecht $\frac{82 - 55}{5 : 1 + 1}$ = **4,50 EUR**

c)

Ausgabekurs	55,00 EUR
+ 5 Bezugsrechte je 4,50 EUR =	22,50 EUR
	77,50 EUR

d) 5 : 1 = 10 Mio. EUR : x → x = 2 Mio. EUR Grundkapitalerhöhung
→ hiervon 110 % = 2,2 Mio. EUR Zugang flüssiger Mittel

11. a) benötigtes Kapital = 18,5 Mio. EUR + 0,7 Mio. EUR = 19,2 Mio. EUR
Erhöhung Grundkapital um 12.000.000,00 EUR = 100 %
19.200.000,00 EUR = 160 % von 50,00 EUR = **80,00 EUR**

b) Bezugsrecht = $\frac{106 - 80}{10 : 3 + 1}$ = **6,00 EUR**

c) 10 : 3 = 40 : 12 → ohne Kauf von Bezugsrechten : 12 j. Aktien je 80,00 EUR = 960,00 EUR

Anlagebetrag	1.900,00 EUR
überschüss. Betrag	940,00 EUR

Kaufpreis 1 junge Aktie	80,00 EUR
+ Bezugsrecht für 1 j. Aktie: Für 3 j. A.benötigt er 10 Bezugsrechte Für 1 j. A. benötigt er 10 : 3 Bezugsrechte: 10 : 3 · 7,20 EUR =	24,00 EUR
Kosten für 1 junge Aktie	104,00 EUR

940,00 EUR : 104,00 EUR = 9,... junge Aktien → Kaufpreis 9 j. Aktien = 9 · 80 = 720,00 EUR
+ Bezugsrechte : 30 · 7,20 EUR = 216,00 EUR
936,00 EUR

940,00 EUR – 936,00 EUR = **4,00 EUR Rest**

13.3 Abituraufgaben

Abituraufgaben 2010 (Aufgabe 3, Teil 3)

4.1 flüss. Mittel: +435,2 Mio. EUR; gezeichn. Kapit.: +90,0 Mio. EUR; Kapitalrücklage: +345,2 Mio. EUR

4.2 • Durch die Nutzung der Bezugsrechte zum Kauf von jungen Aktien haben die Altaktionäre die Möglichkeit, ihre prozentuale Beteiligung an der Aktiengesellschaft zu erhalten (z. B. Sperrminorität).

• Die Ausgabe junger Aktien führt in der Regel zur Kursverwässerung. Der den Altaktionären dadurch entstehende Vermögensverlust soll durch die Gewährung von Bezugsrechten ausgeglichen werden.

4.3 • Bezugsverhältnis (BV) = 3 : 1

Bezugsrecht	= (Ka – Kn) : (BV + 1)
1,40 EUR	= (Ka – 13,60 EUR) : (3 + 1)
5,60 EUR	= Ka – 13,60 EUR
Ka	= 19,20 EUR
Mittelkurs	= Kurs alte Aktie – Bezugsrecht
	= 19,20 EUR – 1,40 EUR
	= 17,80 EUR

• Der tatsächliche Wert des Bezugsrechtes ergibt sich aus Angebot und Nachfrage an der Börse.

4.4 Vermögenswerte vor der Kapitalerhöhung:

500 Aktien: 500 · 19,20 EUR = 9.600,00 EUR

Vermögenswerte nach der Kapitalerhöhung:

• Zukauf 200 junge Aktien:

benötigte Bezugsrechte 200 · 3	= 600
./. vorhandene Bezugsrechte	= 500
= noch zu beschaffende Bezugsrechte	= 100

100 · 1,40 EUR	=	140,00 EUR
200 · 13,60 EUR	=	2.720,00 EUR
Kaufpreis für 200 junge Aktien	=	2.860,00 EUR

700 Aktien: 700 · 17,80 EUR	=	12.460,00 EUR
./. Kaufpreis für 200 junge Aktien	=	2.860,00 EUR
		9.600,00 EUR

• Verkauf aller Bezugsrechte:

500 Bezugsrechte · 1,40 EUR	=	700,00 EUR
+ 500 Aktien · 17,80 EUR	=	8.900,00 EUR
		9.600,00 EUR

Abituraufgaben 2014 (Aufgabe 3, teilweise)

3.1 Anzahl der alten Aktien: 440.000 Stück
Anzahl der jungen Aktien: 220.000 Stück

Mindestausgabekurs der jungen Aktien:
Kapitalbedarf von 3,08 Mio. EUR : 220.000 Aktien = 14,00 EUR/Aktie

3.2 $$\text{Bezugsrecht} = \frac{\text{Kurs alte Aktie} - \text{Kurs junge Aktie}}{\text{Bezugsverhältnis} + 1} = \frac{18{,}00 - 16{,}20}{3} = 0{,}60 \text{ EUR}$$

Falls ein Altaktionär nicht an der Kapitalerhöhung teilnimmt, kann er durch den Verkauf seiner Bezugsrechte seinen Vermögenswert erhalten.
Falls ein Altaktionär an der Kapitalerhöhung teilnimmt, gewähren ihm seine Bezugsrechte die Möglichkeit, junge Aktien im Verhältnis seines bisherigen Anteils zu erwerben und somit seinen Stimmrechtsanteil zu erhalten.

3.3 Agnes Staiger erhielt bei der Umwandlung der GmbH in eine AG Aktien im Nennwert ihres Eigenkapitalanteils:
3 : 8 · 200.000 Aktien = 75.000 Aktien

Kapitalerhöhung im Verhältnis 2 : 1, d. h., sie muss 37.500 junge Aktien kaufen, um ihre bisherige Beteiligungsquote zu erhalten.
Kaufpreis: 37.500 Aktien · 16,20 EUR = 607.500,00 EUR

3.4 Für eine Aktie muss der neue Investor 16,20 EUR und 2 Bezugsrechte zu je 0,60 EUR aufwenden, also 17,40 EUR/Aktie.
50.000,00 EUR : 17,40 EUR = 2.873,56 Aktien → 2.873 Aktien

4.
- Fremdkapital steht nur befristet zur Verfügung und führt zu Zins- und Tilgungsverpflichtungen.
- Sofern überhaupt genügend Kreditsicherheiten vorhanden sind, würde die deutliche Erhöhung der Fremdkapitalquote den zukünftigen Kreditspielraum stark einschränken.

14 Finanzierung und Investition V: Darlehen (= Außen-, Fremdfinanzierung)

14.1 Darlehensformen

1. Vgl. Stofftelegramm.

2. a) Vgl. Stofftelegramm.
   b) Tilgung des Gesamtbetrages auf einmal
   c) nicht kündbar durch den Kreditgeber vor Vertragsablauf
   d) Vorteile:
      - nur laufende Zinsbelastung (keine laufende Tilgung)
      - während der Laufzeit ist Gesamtbetrag verfügbar

      Nachteile:
      - hohe Liquiditätsbelastung bei Gesamttilgung
      - höhere Zinsbelastung insgesamt

3.

Alternative 1: Fälligkeitsdarlehen					
Jahr	Anfangsschuld	Zinsen	Tilgung	Zins + Tilgung	Restschuld
01	120.000,00	12.000,00	–	12.000,00	120.000,00
02	120.000,00	12.000,00	–	12.000,00	120.000,00
03	120.000,00	12.000,00	–	12.000,00	120.000,00
...					
10	120.000,00	12.000,00	120.000,00	132.000,00	–
Summen	–	120.000,00	120.000,00	240.000,00	–

Alt. 2: (Kündigungsdarlehen) Unterschiede zu Alt. 1: Laufzeit unbestimmt; andere Summen

Alternative 3: Abzahlungsdarlehen (Ratendarlehen)					
Jahr	Anfangsschuld	Zinsen	Tilgung	Zins + Tilgung	Restschuld
01	120.000,00	12.000,00	12.000,00	24.000,00	108.000,00
02	108.000,00	10.800,00	12.000,00	22.800,00	96.000,00
03	96.000,00	9.600,00	12.000,00	21.600,00	84.000,00
04	84.000,00	8.400,00	12.000,00	20.400,00	72.000,00
05	72.000,00	7.200,00	12.000,00	19.200,00	60.000,00
06	60.000,00	6.000,00	12.000,00	18.000,00	48.000,00
07	48.000,00	4.800,00	12.000,00	16.800,00	36.000,00
08	36.000,00	3.600,00	12.000,00	15.600,00	24.000,00
09	24.000,00	2.400,00	12.000,00	14.400,00	12.000,00
10	12.000,00	1.200,00	12.000,00	13.200,00	–
Summen	–	66.000,00	120.000,00	186.000,00	–

Alternative 4: Annuitätendarlehen					
Jahr	Anfangsschuld	Zinsen	Tilgung	Zins + Tilgung	Restschuld
01	120.000,00	12.000,00	8.000,00	20.000,00	112.000,00
02	112.000,00	11.200,00	8.800,00	20.000,00	103.200,00
03	103.200,00	10.320,00	9.680,00	20.000,00	93.520,00
04	93.520,00	9.350,00	10.650,00	20.000,00	82.870,00
05	82.870,00	8.290,00	11.710,00	20.000,00	71.160,00
06	71.160,00	7.120,00	12.880,00	20.000,00	58.280,00
07	58.280,00	5.830,00	14.170,00	20.000,00	44.110,00
08	44.110,00	4.410,00	15.590,00	20.000,00	28.520,00
09	28.520,00	2.850,00	17.150,00	20.000,00	11.370,00
10	11.370,00	1.140,00	11.370,00	12.510,00	–
Summen	–	72.510,00	120.000,00	192.510,00	–

Kostenvergleich: Summe der Zinsen insgesamt beim

- Fälligkeitsdarlehen (Alt. 1): 120.000,00 EUR
- Kündigungsdarlehen (Unterstellung: Kündigung nach 10 Jahren): 120.000,00 EUR
- Abzahlungsdarlehen: 66.000,00 EUR
- Annuitätendarlehen: 72.510,00 EUR

14.2 Kreditsicherheiten

1. a)

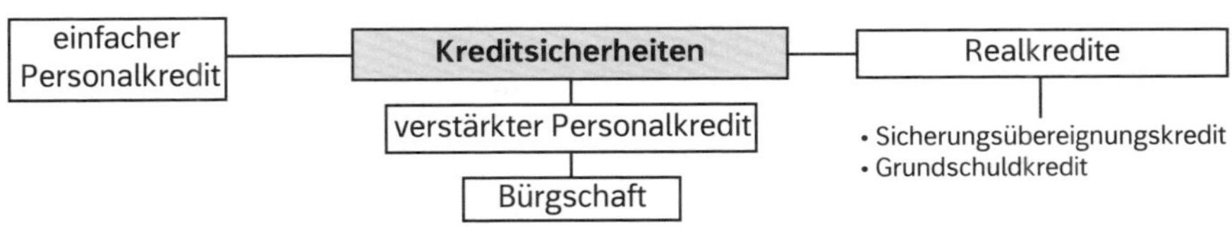

b) Personalkredite: Kreditsicherung durch eine (mehrere) Person(en)
Realkredite: Kreditsicherung durch eine Sache

2. • **Kreditvertrag** zwischen Schuldner und Gläubiger (formfrei, i. d. R. schriftlich)
   • **Bürgschaftsvertrag** zwischen Bürge und Gläubiger (Schriftform; formfrei, wenn Kaufmann im Sinne des HGB die Bürgschaft im Rahmen seines Handelsgeschäfts abgibt)

3. 1. Bürgschaft kann auch mündlich abgeschlossen werden.
   2. stets selbstschuldnerische Bürgschaften

4. Gläubiger wird Eigentümer, Schuldner bleibt Besitzer (Besitzkonstitut).

5.–7. Vgl. Stofftelegramm.

14.3 Abituraufgaben

Abituraufgaben 2011 (Aufgabe 2, Teil 2)

2.1 • Aufwands- und Liquiditätsbelastung

Abzahlungsdarlehen (in Euro)

Jahr	Darlehens-betrag	Tilgung	Zinsen	Disagio	Aufwand	Liquiditäts-belastung
1	2.500.000,00	625.000,00	187.500,00	25.000,00	212.500,00	812.500,00
2	1.875.000,00	625.000,00	140.625,00	25.000,00	165.625,00	765.625,00
3	1.250.000,00	625.000,00	93.750,00	25.000,00	118.750,00	718.750,00
4	625.000,00	625.000,00	46.875,00	25.000,00	71.875,00	671.875,00
Summe		2.500.000,00	468.750,00	100.000,00	568.750,00	2.968.750,00

Annuitätendarlehen (in Euro) Faktor 0,301921 Annuität 724.610,00 EUR

Jahr	Darlehens-betrag	Tilgung	Zinsen	Aufwand	Liquiditäts-belastung
1	2.400.000,00	532.610,00	192.000,00	192.000,00	724.610,00
2	1.867.390,00	575.219,00	149.391,00	149.391,00	724.610,00
3	1.292.171,00	621.236,00	103.374,00	103.374,00	724.610,00
4	670.935,00	670.935,00	53.675,00	53.675,00	724.610,00
Summe		2.400.00,00	498.440,00	498.440,00	2.898.440,00

- Voraussetzung für Gewinnausschüttungen ist ein entsprechend hoher Jahresüberschuss. Der Aufwand beim Annuitätendarlehen ist geringer als beim Abzahlungsdarlehen, sodass es im Hinblick auf das Ziel hoher Dividendenzahlungen vorzuziehen ist.

2.2 Die steuerlich abzugsfähigen Aufwendungen der Finanzierung mindern den Gewinn als Bemessungsgrundlage für die Gewinnbesteuerung. Somit wird bei einem Steuersatz von 30 % ein Liquiditätsabfluss für Steuerzahlungen in Höhe von 30 % der berechneten Aufwendungen verhindert. Die Liquiditätsbelastung sinkt.

2.3 Finanzierung durch Leasing:

- Liquide Mittel nehmen ab durch die Leasingraten.
- Eigenkapital nimmt ab durch den Aufwand für die Leasingraten.

Finanzierung durch Darlehen:

- Anlagevermögen (Maschinen) nimmt zu durch den Kauf der Maschine.
- Liquide Mittel nehmen ab durch Zinszahlung und Tilgung.
- Eigenkapital nimmt ab durch Zinsaufwand, ggf. Disagio und Abschreibung.
- Fremdkapital (Verbindlichkeiten) nimmt zu durch das Darlehen.

Abituraufgaben 2013 (Aufgabe 3, teilweise)

2.1 $p_{eff} = [8 + (4 : 5)] \cdot (100 : 96) = 9{,}17\ \%$

2.2 Annuität = Darlehensbetrag · Annuitätenfaktor = 210.000 · 0,257092 = 53.989,00 EUR

Jahr	Darlehensbetrag Jahresanfang	Zinsen	Tilgung	Annuität
1. Jahr	210.000,00	18.900,00	35.089,00	53.989,00
2. Jahr	174.911,00	15.742,00	38.247,00	53.989,00
3. Jahr	136.664,00	12.300,00	41.689,00	53.989,00
4. Jahr	94.975,00	-----	-----	-----

Die Restschuld am Ende des dritten Jahres beträgt 94.975,00 EUR.

2.3
- konstante Aufwandsbelastung (Zinsen) über die gesamte Laufzeit
- im Vergleich zum Annuitätendarlehen in den ersten Jahren eine geringere Liquiditätsbelastung

Abituraufgaben 2016 (Aufgabe 2, teilweise)

2.1
- Auszahlung: 96 % = 300.000,00 EUR
- Kreditbetrag: 100 % = 312.000,00 EUR
- Grundschuld:

Wert der Grundstücke und Bauten lt. Bilanz	3.750.000,00 EUR
80 % Beleihungsgrenze	3.000.000,00 EUR

Aufgrund der bereits eingetragenen Grundschuld in Höhe von 3 Mio. EUR zugunsten der Sparkasse Südbaden ist die Beleihungsgrenze von 80 % voll ausgeschöpft. Eine weitere Beleihung des Grundstücks ist daher nicht möglich.

Sicherungsübereignung:

Wert der Technischen Anlagen und Maschinen lt. Bilanz	4.620.000,00 EUR
– bereits sicherungsübereignetes Anlagevermögen	3.900.000,00 EUR
= für weitere Sicherungsübereignung zur Verfügung stehender Wert	720.000,00 EUR
50 % Beleihungsgrenze	360.000,00 EUR

Somit können der Bank ausreichend Kreditsicherheiten angeboten werden.

2.2 Die Sicherungsübereignung entsteht durch Einigung über den Eigentumsübergang sowie die Vereinbarung eines Besitzkonstituts. Die Badische Kreditbank AG wird treuhänderischer Eigentümer, der Kreditnehmer (Graf Thermotechnik AG) bleibt Besitzer und kann die Sache weiterhin nutzen.

2.3 • Annuitätendarlehen (in Euro)

Jahr	Darlehen am Jahresanfang	Zinsen	Tilgung	Abschreibung Disagio	Liquiditätsbelastung	Gesamtaufwand
1	312.500,00	15.625,00	56.555,00	2.500,00	72.180,00	18.125,00
2	255.945,00	12.797,00	59.383,00	2.500,00	72.180,00	15.297,00
3	196.562,00	9.828,00	62.352,00	2.500,00	72.180,00	12.328,00
4	134.210,00	6.711,00	65.469,00	2.500,00	72.180,00	9.211,00
5	68.741,00	3.437,00	68.741,00	2.500,00	72.178,00	5.937,00
Summe		48.398,00	312.500,00	12.500,00	360.898,00	60.898,00

Annuitätenfaktor: 0,230975
Annuität = 312.500,00 · 0,230975 = 72.180,00 EUR

Festdarlehen (in Euro)

Jahr	Darlehen am Jahresanfang	Zinsen	Tilgung	Abschreibung Disagio	Liquiditätsbelastung	Gesamtaufwand
1	312.500,00	15.625,00	–	2.500,00	15.625,00	18.125,00
2	312.500,00	15.625,00	–	2.500,00	15.625,00	18.125,00
3	312.500,00	15.625,00	–	2.500,00	15.625,00	18.125,00
4	312.500,00	15.625,00	–	2.500,00	15.625,00	18.125,00
5	312.500,00	15.625,00	312.500,00	2.500,00	328.125,00	18.125,00
Summe		78.125,00	312.500,00	12.500,00	390.625,00	90.625,00

• Die Liquiditätsbelastung ist beim Festdarlehen in den ersten vier Jahren deutlich geringer.

Abituraufgaben 2017 (Aufgabe 2, teilweise)

5.1 **Annuitätendarlehen (in Euro)**

Jahr	Darlehen am Jahresanfang	Zinsen	Tilgung	Liquiditätsbelastung	Aufwandsbelastung
1	1.800.000,00	90.000,00	264.631,00	354.631,00	90.000,00
2	1.535.369,00	76.768,00	277.863,00	354.631,00	76.768,00
3	1.257.506,00	62.875,00	291.756,00	354.631,00	62.875,00
			Summe:	1.063.893,00	229.643,00

Abzahlungsdarlehen (in Euro)

Jahr	Darlehen am Jahresanfang	Zinsen	Tilgung	Disagio	Liquiditäts-belastung	Aufwands-belastung
1	1.875.000,00	75.000,00	375.000,00	15.000,00	450.000,00	90.000,00
2	1.500.000,00	60.000,00	375.000,00	15.000,00	435.000,00	75.000,00
3	1.125.000,00	45.000,00	375.000,00	15.000,00	420.000,00	60.000,00
				Summe:	1.305.000,00	225.000,00

5.2 Beim Annuitätendarlehen ist die Liquiditätsbelastung in den ersten drei Jahren deutlich geringer. Dies ist für die Sound Experience AG in einer finanziell angespannten Lage von Vorteil, da ihre Liquidität geschont wird.

5.3

	Grundstücke und Bauten:	80 % von	2.000.000,00 EUR	1.600.000,00 EUR
–	bereits eingetragene Grundschuld			200.000,00 EUR
=	zur Verfügung stehend			1.400.000,00 EUR
+	Maschinen:	50 % von	890.000,00 EUR	445.000,00 EUR
+	Fuhrpark:	50 % von	80.000,00 EUR	40.000,00 EUR
+	BGA:	50 % von	130.000,00 EUR	65.000,00 EUR
=	Sicherheiten insgesamt			1.950.000,00 EUR

Die vorhandenen Vermögenswerte reichen für die Sicherung eines Kredits in Höhe von 1.800.000,00 EUR bzw. 1.875.000,00 EUR aus.

6.1 **Bilanzielle Abschreibung**

Jährliche Abschreibung:	96.000,00 EUR : 8 Jahre	12.000,00 EUR
Zeitanteilige Abschreibung für 10 Monate:		10.000,00 EUR

Kalkulatorische Abschreibung

Wiederbeschaffungswert:	$96.000{,}00$ EUR $\cdot$ $1{,}02^8$	112.479,30 EUR
Jährliche Abschreibung:	112.479,30 EUR : 8 Jahre	14.059,91 EUR
Zeitanteilige Abschreibung für 10 Monate:		11.716,59 EUR

6.2 Der in den Umsatzerlösen enthaltene kalkulatorische Abschreibungsbetrag ist wegen der höheren Wiederbeschaffungskosten größer als der Betrag der bilanziellen Abschreibung. Damit kann der Mehrbetrag (Scheingewinn) gegebenenfalls ausgeschüttet werden. Eine Substanzerhaltung allein durch Abschreibungsgegenwerte kann somit nicht gewährleistet werden.

15 Finanzierung und Investition VI: Leasing (= Sonderform der Fremdfinanzierung)

15.1 Grundlagen

1.–4. Vgl. Stofftelegramm.

5. a) Financial Leasing

b)

Ende des Jahres	Kreditkauf			Leasing	Differenz Kredit – Leasing
	Tilgung	Zinsen von der Restschuld	Summe		
1	40.000,00	20.000,00	60.000,00	50.000,00	10.000,00
2	40.000,00	16.000,00	56.000,00	50.000,00	6.000,00
3	40.000,00	12.000,00	52.000,00	50.000,00	2.000,00
insgesamt	120.000,00	48.000,00	168.000,00	150.000,00	+18.000,00

Liquiditätsvorteil bei Leasing in den ersten drei Jahren: 18.000,00 EUR → Entscheidung: Leasing

c)

Ende des Jahres	Aufwand Kreditkauf			Aufwand Leasing	50 % Steuerminderung	
	Abschreib.	Zinsen	Summe	Leasingrate	Kreditkauf	Leasing
1	40.000,00	20.000,00	60.000,00	50.000,00	30.000,00	25.000,00
2	32.000,00	16.000,00	48.000,00	50.000,00	24.000,00	25.000,00
3	25.600,00	12.000,00	37.600,00	50.000,00	18.800,00	25.000,00
					72.800,00	75.000,00

→ Steuerminderungsvorteil bei Leasing in den ersten drei Jahren: 2.200,00 EUR.

6. a) Vorteile Darl. geg. Leasing:
   - Problematik einer unkündbaren Grundmietzeit entfällt.
   - freie Verfügbarkeit der finanzierten Anlagen

   b) Vgl. Stofftelegramm.

   ca)

Kreditfinanzierung						Mietfinanzierung	
Jahr	Zins	Tilgung	Geldabfluss	Abschreibungen	Aufwand	%-Satz	Mietzahlung
1	13.000,00	40.000,00	53.000,00	25.000,00	38.000,00	46	92.000,00
2	10.400,00	40.000,00	50.400,00	25.000,00	35.400,00	36	72.000,00
3	7.800,00	40.000,00	47.800,00	25.000,00	32.800,00	36	72.000,00
4	5.200,00	40.000,00	45.200,00	25.000,00	30.200,00	4	8.000,00
5	2.600,00	40.000,00	42.600,00	25.000,00	27.600,00	4	8.000,00
6	–	–	–	25.000,00	25.000,00	4	8.000,00
7	–	–	–	25.000,00	25.000,00	4	8.000,00
8	–	–	–	25.000,00	25.000,00	4	8.000,00
	39.000,00	200.000,00	239.000,00	200.000,00	239.000,00		276.000,00

cb) Aufwandsverteilung: bei Kredit gleichmäßiger, was steuerlich evtl. vorteilhaft ist
Gesamtbelastung: bei Kredit geringer
Investitionsrisiko: bei Leasing nach drei Jahren gering, davor hoch

7. Entscheidungsbewertungstabelle

Kriterium	**Leasing**			**Kreditkauf**	
	Gewichtung W	**Nutzen B**	**Gewichteter Nutzen (W · B)**	**Nutzen B**	**Gewichteter Nutzen (W · B)**
Liquiditätsbelastung	10	1	10	3	30
Freihaltung des Kreditspielraums	8	3	24	0	0
Inanspruchnahme von techn. Serviceleistungen	3	3	9	0	0
Summe			43		30

Lösungshinweis: Die Kriterien 2, 3 müssen zwingend mit 0 Nutzen beim Kreditkauf angegeben werden.

15.2 Barwertvergleich Darlehen – Leasing

1. Vergleich Darlehen/Leasing hinsichtlich der Liquiditätsbelastung und des Aufwands

	Darlehen in Euro					
Jahr	Darlehen Jahresanfang	Zinsen (Z)	Tilgung (T)	Abschreibung (Abr)	Liquiditätsbelastung (Liq = Z + T)	Gesamtaufwand (GA = Z + Abr)
1	360.000,00	17.280,00	45.000,00	36.000,00	62.280,00	53.280,00
2	315.000,00	15.120,00	45.000,00	36.000,00	60.120,00	51.120,00
3	270.000,00	12.960,00	45.000,00	36.000,00	57.960,00	48.960,00
4	225.000,00	10.800,00	45.000,00	36.000,00	55.800,00	46.800,00
5	180.000,00	8.640,00	45.000,00	36.000,00	53.640,00	44.640,00
6	135.000,00	6.480,00	45.000,00	36.000,00	51.480,00	42.480,00
7	90.000,00	4.320,00	45.000,00	36.000,00	49.320,00	40.320,00
8	45.000,00	2.160,00	45.000,00	36.000,00	47.160,00	38.160,00
9	0,00	0,00	0,00	36.000,00	0,00	36.000,00
10	0,00	0,00	0,00	36.000,00	0,00	36.000,00
Summe		64.800,00	360.000,00	360.000,00	437.760,00	437.760,00

	Leasing in Euro	
Jahr	Liquiditätsbelastung (Liq)	Gesamtaufwand (GA)
1	72.000,00	72.000,00
2	72.000,00	72.000,00
3	72.000,00	72.000,00
4	72.000,00	72.000,00
5	72.000,00	72.000,00
6	25.200,00	25.200,00
7	25.200,00	25.200,00
8	25.200,00	25.200,00
9	25.200,00	25.200,00
10	25.200,00	25.200,00
Summe	486.00,00	486.000,00

Ergebnis: Beim Leasing ist die Liquiditätsbelastung höher, während beim Darlehen der Aufwand geringer ist.

2. Barwertvergleich ohne steuerliche Berücksichtigung

	Darlehen in Euro		Leasing in Euro	
Jahr	Liquiditäts-belastung vor Steuern (Liq vor St)	Barwert vor Steuern (Zinssatz 7 %)	Liquiditäts-belastung vor Steuern (Liq vor St)	Barwert vor Steuern (Zinssatz 7 %)
1	62.280,00	58.205,61	72.000,00	67.289,72
2	60.120,00	52.511,14	72.000,00	62.887,59
3	57.960,00	47.312,62	72.000,00	58.773,45
4	55.800,00	42.569,55	72.000,00	54.928,46
5	53.640,00	38.244,58	72.000,00	51.335,00
6	51.480,00	34.303,30	25.200,00	16.791,82
7	49.320,00	30.714,02	25.200,00	15.693,29
8	47.160,00	27.447,55	25.200,00	14.666,63
9	0,00	0,00	25.200,00	13.707,13
10	0,00	0,00	25.200,00	12.810,40
Summe	437.760,00	331.308,36	486.000,00	368.883,49

Ergebnis: Beim Leasing ist der Barwert der Liquiditätsbelastung höher.

3. Barwertvergleich mit Berücksichtigung der steuerlichen Auswirkungen

	Darlehen				**Leasing**			
Jahr	Liquiditätsbelastung vor Steuern (Liq vor St)	Steuerminderung (StMi) (20 % vom Gesamtaufwand)	Liquiditätsbelastung nach Steuern (Liq nach St = Liq vor St – StMi)	Barwert nach Steuern (Zinssatz 7 %)	Liquiditätsbelastung vor Steuern (Liq vor St)	Steuerminderung (StMi) (20 % vom Gesamtaufwand)	Liquiditätsbelastung nach Steuern (Liq nach St = Liq vor St – StMi)	Barwert nach Steuern (Zinssatz 7 %)
1	62.280,00	10.656,00	51.624,00	48.246,73	72.000,00	14.400,00	57.600,00	32.178,77
2	60.120,00	10.224,00	49.896,00	43.581,10	72.000,00	14.400,00	57.600,00	50.310,07
3	57.960,00	9.792,00	48.168,00	39.319,44	72.000,00	14.400,00	57.600,00	47.018,76
4	55.800,00	9.360,00	46.440,00	35.428,85	72.000,00	14.400,00	57.600,00	43.942,76
5	53.640,00	8.928,00	44.712,00	31.879,04	72.000,00	14.400,00	57.600,00	41.068,00
6	51.480,00	8.496,00	42.984,00	28.642,05	25.200,00	5.040,00	20.160,00	13.433,46
7	49.320,00	8.064,00	41.256,00	25.692,16	25.200,00	5.040,00	20.160,00	12.554,63
8	47.160,00	7.632,00	39.528,00	23.005,66	25.200,00	5.040,00	20.160,00	11.733,30
9	0,00	7.200,00	–7.200,00	– 3.916,32	25.200,00	5.040,00	20.160,00	10.965,70
10	0,00	7.200,00	–7.200,00	–3.660,11	25.200,00	5.040,00	20.160,00	10.248,32
Summe	437.760,00	87.552,00	350.208,00	**268.218,59**	486.000,00	97.200,00	388.800,00	**273.453,79**

Ergebnis: Beim Leasing ist der Barwert der Liquiditätsbelastung nach Steuern höher.

15.3 Abituraufgaben

Abituraufgaben 2012 (Aufgabe 1, teilweise)

3.1
- Finance Leasing, da der Vertrag eine unkündbare Grundmietzeit von 48 Monaten vorsieht.
- Indirektes Leasing, da eine selbstständige Leasinggesellschaft das Leasinggut zur Verfügung stellt.

3.2 Darlehen (in Euro)

Jahr	Darlehen Jahresanfang	Zinsen	Tilgung	Abschreibung	Liquiditätsbelastung	Gesamtaufwand
1	180.000,00	12.600,00	45.000,00	30.000,00	57.600,00	42.600,00
2	135.000,00	9.450,00	45.000,00	30.000,00	54.450,00	39.450,00
3	90.000,00	6.300,00	45.000,00	30.000,00	51.300,00	36.300,00
4	45.000,00	3.150,00	45.000,00	30.000,00	48.150,00	33.150,00
5	---	0,00	0,00	30.000,00	0,00	30.000,00
6	---	0,00	0,00	30.000,00	0,00	30.000,00
∑		31.500,00	180.000,00	180.000,00	211.500,00	211.500,00

Leasingangebot (in Euro)

Jahr	Liquiditätsbelastung	Gesamtaufwand
1	43.200,00	43.200,00
2	43.200,00	43.200,00
3	43.200,00	43.200,00
4	43.200,00	43.200,00
5	30.600,00	30.600,00
6	30.600,00	30.600,00
∑	234.000,00	234.000,00

3.3 Liquiditätsbelastung = Kreditbetrag · Annuitätenfaktor · Laufzeit
= 180.000,00 EUR · 0,295228 · 4 Jahre
= 212.564,16 EUR

3.4.1 Der Barwert ist der Gegenwartswert einer zukünftigen Zahlung.
Um die in den unterschiedlichen Jahren anfallenden Zahlungen der beiden Finanzierungsalternativen besser miteinander vergleichen zu können, müssen die einzelnen Zahlungen auf einen gemeinsamen Bezugszeitpunkt, im vorliegenden Fall auf den Beginn der Darlehenslaufzeit bzw. der Laufzeit des Leasingvertrages, abgezinst werden.

3.4.2 Darlehen (in Euro)

Jahr	Liquiditätsbelastung vor Steuern	Gesamtaufwand	Steuerminderung	Liquiditätsbelastung nach Steuern	Barwert
1	57.600,00	42.600,00	8.520,00	49.080,00	45.444,00
2	54.450,00	39.450,00	7.890,00	46.560,00	39.918,00
3	51.300,00	36.300,00	7.260,00	44.040,00	34.960,00
4	48.150,00	33.150,00	6.630,00	41.520,00	30.518,00
5	0,00	30.000,00	6.000,00	–6.000,00	–4.083,00
6	0,00	30.000,00	6.000,00	–6.000,00	–3.781,00
∑	211.500,00	211.500,00	42.300,00	169.200,00	142.976,00

Leasingangebot (in Euro)

Jahr	Liquiditätsbelastung vor Steuern	Gesamtaufwand	Steuerminderung	Liquiditätsbelastung nach Steuern	Barwert
1	43.200,00	43.200,00	8.640,00	34.560,00	32.000,00
2	43.200,00	43.200,00	8.640,00	34.560,00	29.630,00
3	43.200,00	43.200,00	8.640,00	34.560,00	27.435,00
4	43.200,00	43.200,00	8.640,00	34.560,00	25.403,00
5	30.600,00	30.600,00	6.120,00	24.480,00	16.661,00
6	30.600,00	30.600,00	6.120,00	24.480,00	15.427,00
∑	234.000,00	234.000,00	46.800,00	187.200,00	146.556,00

Die Liquiditätsbelastung ist beim Darlehen im vorliegenden Fall vor und nach Steuern geringer als beim Leasing. Allerdings verringert sich der Unterschied zwischen den beiden Alternativen durch Berücksichtigung von Steuern (die höhere Aufwandsbelastung beim Leasing führt zu einem höheren Steuerminderungseffekt).
Der Vergleich der Barwertsummen zeigt, dass sich die Vorteilhaftigkeit der Kreditfinanzierung weiter verringert (durch die Abzinsung fällt v. a. die höhere Liquiditätsbelastung beim Leasing in den späteren Jahren weniger ins Gewicht). Trotzdem bleibt die Kreditfinanzierung um einen Betrag, dessen Barwert sich auf 3.580,00 EUR beläuft, günstiger.

3.4.3 Aufgrund der höheren Zinszahlung während der Laufzeit eines Festdarlehens wären die Aufwandsbelastung und folglich die Steuerentlastung größer.

16 Finanzierung und Investition VII: Überblick über Finanzierungsarten

1. a) Vgl. Stofftelegramm.

   b) **Außenfinanzierung:** Finanzierungsmittel fließen dem Unternehmen von außen zu.

   - Fremdfinanzierung: Aufnahme von Fremdkapital. Der Kapitalgeber erlangt die Rechtsstellung des Gläubigers (Recht auf Zins und Tilgung).
     - Darlehen: Auszahlung einer bestimmten Kreditsumme, i. d. R. befristeter Kredit, Tilgung laut Kreditvertrag
     - Kontokorrentkredit: Kredit kann bis zu bestimmter Höhe beansprucht werden, i. d. R. unbefristet, schwankender Kreditbetrag.
     - Leasing: Vermietung oder Verpachtung von Anlagegütern durch Hersteller oder Leasinggesellschaft
   - Eigenfinanzierung: Einbringung von Eigenkapital durch bisherige oder neue Gesellschafter (Recht auf Gewinnanteil, evtl. Geschäftsführung und Vertretung, Beteiligung am Betriebsvermögen)

   Innenfinanzierung: Finanzierungsmittel werden von innen vom Unternehmen selbst aufgebracht.

   - Selbstfinanzierung: Nichtausschüttung von Gewinnen
     - offene SF: Offen ausgewiesene Gewinne werden auf Kapitalkonten (EU, OHG, KG) bzw. Rücklagekonten (GmbH, AG) gutgeschrieben.
     - stille SF: erzielte, jedoch in der Bilanz nicht ersichtliche Gewinne (Bildung stiller Rücklagen)
   - Umfinanzierung: Vermögens- bzw. Kapitalumschichtungen (Änderung der Vermögens- bzw. Kapitalstruktur)
   - Finanzierung aus Abschreibungen: Finanzierung von Nettoinvestitionen durch Abschreibungsrückflüsse (spezielle Art der Umfinanzierung)

2. - **Stabilität:** Bei Finanzierungsentscheidungen sind die Sicherheit, die Krisenfestigkeit und das finanzielle Gleichgewicht zu beachten. Insbesondere ist auf eine ausreichende Ausstattung mit Eigenkapital zu achten. Langfristiges Vermögen sollte langfristig finanziert werden. Überhöhte Privatentnahmen wirken negativ auf die Stabilität.
   - **Liquidität:** Die laufende Zahlungsfähigkeit muss gesichert sein. (Zahlungsunfähigkeit zwingt zur Konkursanmeldung!)
   - **Rentabilität:** Bei Kapitalbeschaffungen ist das ökonomische Prinzip zu beachten. Finanzierungsarten müssen daher kostenmäßig exakt geplant sein.

3. Vgl. Stofftelegramm.

4. a) 2 %

   b) 5 %

5. 20.000,00 EUR

6. 800.000,00 EUR

7. $10 = \frac{(100.000{,}00 + x) \cdot 100}{300.000{,}00 + 800.000{,}00} \rightarrow x = 10.000{,}00$ EUR

8. $10 = \frac{850.000{,}00 \cdot 100}{900.000 + x} \rightarrow x = 7{,}6$ Mio. EUR

9. $5 = \frac{(x + 300.000{,}00) \cdot 100}{8.000.000{,}00} \rightarrow x = 100.000{,}00$ EUR

10. $2 = \frac{130.000{,}00 \cdot 100}{800.000{,}00 + x} \rightarrow x = 5{,}7$ Mio. EUR

11. a), b)
   - **Unterfinanzierung:** zu knapp bemessene Liquidität, zu geringe Kapitalausstattung

     Nachteil: Zahlungsschwierigkeiten → Konkursgefahr!
   - **Überfinanzierung:** Teile des Kapitals liegen brach, somit nicht bedarfsgerechte Kapital- und Liquiditätsausstattung.

     Nachteil: Kosten für brachliegendes Kapital schmälern den Gewinn.

17 Finanzierung und Investition VIII: Investitionsrechnung

17.2 Statische Investitionsrechnung

1. Kostenvergleichsrechnung und Amortisationsrechnung: Vgl. Stofftelegramm.

2. a)

Kosten Verfahren I	=	Kosten Verfahren II
200,00 · x + 10.000,00	=	300,00 · x + 8.000,00
kritische Menge x	=	20

b) Bis zur Produktionsmenge von 20 Stück ist Verfahren II günstiger, danach Verfahren I.

3.

	Anlage A	Anlage B
Abschreibungen	100.000,00 EUR	150.000,00 EUR
Kapitalrückfluss	150.000,00 + 100.000,00 = 250.000,00 EUR	170.000,00 + 150.000,00 = 320.000,00 EUR
Kapitalrückfl.zeit (Amortisationszeit) = Kapitaleinsatz/ Kapitalrückfluss	$\frac{1.000.000,00}{250.000,00}$ = 4 Jahre	$\frac{1.200.000,00}{320.000,00}$ = 3,75 Jahre

17.3 Dynamische Investitionsrechnung

1. Barwert: Der Barwert ist der Wert, den zukünftige Zahlungen in der Gegenwart besitzen. Er wird durch Abzinsung der zukünftigen Zahlungen ermittelt.
Kapitalwert: Der Kapitalwert einer Investition ist die Summe der Barwerte aller durch diese Investition verursachten Zahlungen (Ein- und Auszahlungen) abzüglich der Anschaffungskosten.
Diskontierung: Abzinsung zukünftiger Zahlungen auf einen Zeitpunkt 0 (t_0)

2.

	Überschüsse	Kalkulationsfaktor bei 6 %	Barwert
1. Jahr	40.000,00 EUR	0,943396	37.735,85 EUR
2. Jahr	45.000,00 EUR	0,889996	40.049,84 EUR
3. Jahr	45.000,00 EUR	0,839619	37.782,87 EUR
4. Jahr	50.000,00 EUR	0,792094	39.604,68 EUR
Summe Barwerte			155.173,24 EUR
– Anschaffungskosten			150.000,00 EUR
Kapitalwert			5.173,24 EUR

Der Kapitalwert ist > 0, d.h., das Unternehmen erhält in den vier Jahren die investierten 150.000,00 EUR zurück, das eingesetzte Kapital wird mit 6 % verzinst und darüber hinaus ein Überschuss mit einem Barwert von 5.173,24 EUR erzielt.

3.

		Investition 1		Investition 2	
	Kalkulations-faktor bei 12 %	Überschüsse	Barwert	Überschüsse	Barwert
1. Jahr	0,892857	27.000,00 EUR	24.107,14 EUR	28.000,00 EUR	25.000,00 EUR
2. Jahr	0,797194	29.000,00 EUR	23.118,62 EUR	35.000,00 EUR	27.901,79 EUR
3. Jahr	0,711780	32.000,00 EUR	22.776,97 EUR	39.000,00 EUR	27.759,43 EUR
4. Jahr	0,635518	34.000,00 EUR	21.607,61 EUR	30.000,00 EUR	19.065,54 EUR
5. Jahr	0,567427	38.000,00 EUR	21.562,22 EUR	28.000,00 EUR	15.887,95 EUR
Liquidationserlös		11.000,00 EUR	6.241,70 EUR	12.500,00 EUR	7.092,84 EUR
Summe Barwerte			119.414,26 EUR		122.707,55 EUR
– Anschaffungskosten			120.000,00 EUR		120.000,00 EUR
Kapitalwert			– 585,74 EUR		2.707,55 EUR

Entscheidung für Investition 2, da der Kapitalwert größer als bei Investition 1 und größer 0 ist. Bei dieser Investition erhält das Unternehmen in den 5 Jahren die investierten 120.000,00 EUR zurück, das eingesetzte Kapital wird mit 12 % verzinst und darüber hinaus ein Überschuss mit einem Barwert von 2.707,55 EUR erzielt.

4.

		TeMA		NuMA	
	Kalkulationsfaktor bei 15 %	Überschüsse	Barwert	Überschüsse	Barwert
1. Jahr	0,869565	120.000,00 EUR	104.347,83 EUR	115.000,00 EUR	100.000,00 EUR
2. Jahr	0,756144	120.000,00 EUR	90.737,24 EUR	115.000,00 EUR	86.956,52 EUR
3. Jahr	0,657516	120.000,00 EUR	78.901,95 EUR		
4. Jahr	0,571753	120.000,00 EUR	68.610,39 EUR		
Summe Barwerte			342.597,40 EUR		186.956,52 EUR
– Anschaffungskosten			300.000,00 EUR		150.000,00 EUR
Kapitalwert			42.597,40 EUR		36.956,52 EUR

Entscheidung für TeMA, da der Kapitalwert größer ist. Aber unterschiedliche Anschaffungskosten sind noch zu berücksichtigen (Differenzinvestition 150.000,00 EUR).

17.4 Abituraufgaben

Abituraufgaben 2010 (Aufgabe 2, Teil 2)

5.1 **Kostenvergleichsrechnung:**

- Kostenentwicklung im Zeitablauf bleibt unberücksichtigt.
- Rentabilität der Investition wird nicht berücksichtigt.

Kapitalwertmethode:

- Zukünftige Ein- und Auszahlungen beruhen nur auf Schätzungen.
- geschätzter einheitlicher Kalkulationszinsfuß für die gesamte Laufzeit

5.2

Ende des Jahres	Einzahlungen in Euro	Auszahlungen in Euro	Einzahlungsüberschüsse in Euro	Barwert (6 %) in Euro
1	125.000,00	45.000,00	80.000,00	75.472,00
2	135.000,00	50.000,00	85.000,00	75.650,00
3	135.000,00	47.000,00	88.000,00	73.886,00
4	140.000,00	70.000,00	70.000,00	55.447,00
5	160.000,00	85.000,00	75.000,00	56.044,00
6	195.000,00	60.000,00	135.000,00	95.170,00
Barwertsumme				431.669,00
– Anfangsauszahlung				400.000,00
+ Liquidationserlös				7.050,00
= Kapitalwert				38.719,00

Der Kapitalwert von +38.719,00 EUR besagt, dass der Investor

- sein eingesetztes Kapital zurückerhält,
- eine Verzinsung in Höhe des Kalkulationszinssatzes erzielt,
- einen zusätzlichen Überschuss erzielt, dessen Barwert 38.719,00 EUR beträgt.

5.3
- Das Konkurrenzunternehmen erwartet eine höhere Mindestverzinsung, da möglicherweise das Risiko höher eingeschätzt und ein Anstieg des allgemeinen Zinsniveaus erwartet wird.
- Der Kapitalwert sinkt, da bei vergleichbarer Höhe der Investitionsausgaben die anfallenden Einzahlungsüberschüsse sowie der Liquidationserlös mit dem höheren Zinssatz abgezinst werden und daher mit einem niedrigeren Barwert in die Rechnung eingehen.

Abituraufgaben 2011 (Aufgabe 2, Teil 1)

1.1 Kosten alte Anlage:
K = 2.000 St. · 550,00 EUR/St. + 500.000,00 EUR = 1.600.000,00 EUR

Kosten neue Anlage:

Fertigungslöhne pro Jahr	400.000,00 EUR	
Fertigungsmaterial pro Jahr	300.000,00 EUR	
sonstige variable Kosten pro Jahr	100.000,00 EUR	800.000,00 EUR
Gehälter pro Jahr	60.000,00 EUR	
sonstige fixe Kosten pro Jahr	140.000,00 EUR	
Abschreibung pro Jahr	400.000,00 EUR	600.000,00 EUR
Kosten pro Jahr		1.400.000,00 EUR

Die neue Anlage verursacht bei einer Absatzmenge von 2.000 Stück 200.000,00 EUR weniger Gesamtkosten als die alte Produktionsanlage.

1.2 kv neu: 800.000,00 EUR : 2.000 Stück = 400,00 EUR/Stück

Kostenfunktion der neuen Anlage: K = 400,00x + 600.000,00

Kritische Menge:

	Kosten alte Anlage	=	Kosten neue Anlage
	550,00x + 500.000,00	=	400,00x + 600.000,00
	150,00x	=	100.000,00
	x	=	666,67 Stück

Ab einer Absatzmenge von 667 Stück ist die neue Anlage kostengünstiger. Bei kleineren Absatzmengen verursacht die alte Anlage geringere Kosten.

Ersatzlösung:
Kostenfunktion der neuen Anlage: K = 450,00x + 530.000,00
Kritische Menge: 300 Stück

1.3.1 $$\text{Amortisationszeit } t = \frac{\text{Anschaffungswert neue Anlage} - \text{Restwert alte Anlage}}{\text{Kosteneinsparung} + \text{zusätzliche Abschreibung}}$$

$$t = \frac{2.400.000{,}00 - 400.000{,}00}{200.000{,}00 + 300.000{,}00} = 4 \text{ Jahre}$$

Die Amortisationszeit liegt mit 4 Jahren unterhalb der von der Geschäftsleitung erwarteten Amortisationszeit von 5 Jahren.

$$\text{Ersatzlösung: } t = \frac{2.400.000{,}00 - 400.000{,}00}{170.000{,}00 + 300.000{,}00} = 4{,}26 \text{ Jahre}$$

1.3.2
- Kapitalrückflüsse nach Ablauf der Amortisationszeit werden nicht berücksichtigt, sodass u. U. Investitionsalternativen nicht berücksichtigt werden, die langfristig höhere Rückflüsse erzielen.

- Die Amortisationsrechnung gibt keine Auskunft über die Rentabilität der Investition.

1.4.1 Bei der Festlegung der Höhe des Kalkulationszinssatzes können

- der gegenwärtige Zinssatz am Kapitalmarkt zuzüglich eines Risikozuschlags und
- eine vom Investor vorgegebene Mindestverzinsung

von Bedeutung sein.

1.4.2

Jahr	Einzahlungen in Euro*)	Auszahlungen in Euro**)	Einzahlungs-überschüsse in Euro	Abzinsungs-faktor	Barwerte in in Euro
1	1.600.000,00	1.000.000,00	600.000,00	0,909091	545.455,00
2	1.600.000,00	1.000.000,00	600.000,00	0,826446	495.868,00
3	1.600.000,00	1.000.000,00	600.000,00	0,751315	450.789,00
4	1.600.000,00	1.000.000,00	600.000,00	0,683013	409.808,00
5	1.600.000,00	1.000.000,00	600.000,00	0,620921	372.553,00
6	1.600.000,00	1.000.000,00	600.000,00	0,564474	338.684,00
Barwertsumme:					2.613.157,00
Anschaffungswert:					2.400.000,00
Kapitalwert:					213.157,00

*) Einzahlungen = Umsatzerlöse (2.000 St. · 800,00 EUR/St.)
**) Auszahlungen = Kosten – Abschreibungen (1.400.000,00 EUR – 400.000,00 EUR)

Der Kapitalwert besagt, dass der Investor neben der Kapitalrückzahlung eine Verzinsung in Höhe von 10 % seines eingesetzten Kapitals sowie weitere Überschüsse erzielt, deren Barwerte 213.157,00 EUR betragen. Die Investition ist somit vorteilhaft.

Ersatzlösung:

Jahr	Einzahlungen in Euro	Auszahlungen in Euro	Einzahlungs-überschüsse in Euro	Abzinsungs-faktor	Barwerte in in Euro
1	1.600.000,00	1.030.000,00	570.000,00	0,909091	518.182,00
2	1.600.000,00	1.030.000,00	570.000,00	0,826446	471.074,00
3	1.600.000,00	1.030.000,00	570.000,00	0,751315	428.250,00
4	1.600.000,00	1.030.000,00	570.000,00	0,683013	389.317,00
5	1.600.000,00	1.030.000,00	570.000,00	0,620921	353.925,00
6	1.600.000,00	1.030.000,00	570.000,00	0,564474	321.750,00
Barwertsumme:					2.482.498,00
Anschaffungswert:					2.400.000,00
Kapitalwert:					82.498,00

1.4.3 Die Entscheidung war richtig, da eine Anlage des Differenzbetrages zum Kalkulationszinssatz einen Kapitalwert von null Euro hat, sodass sich die Kapitalwerte der beiden Alternativen nicht verändern.

Abituraufgaben 2013 (Aufgabe 3, teilweise)

1.1 Kosten in Euro:

		Lkw A		Lkw B
kalk. Abschreibung (AK – RW) : 5 Jahre		30.000,00		20.000,00
+ kalk. Zinsen (AK + RW) : 2 · 6 %		11.700,00		9.600,00
+ Steuer und Versicherung		10.300,00		9.400,00
+ Pflege und Wartung		20.000,00		15.000,00
= Summe Fixkosten		72.000,00		54.000,00
Fixkosten/km		1,20		0,90
+ Kraftstoffkosten/km	(1,70 · 40/100)	0,68	(1,70 · 50/100)	0,85
+ Reparaturkosten/km		0,10		0,15
= Gesamtkosten/km		1,98		1,90

1.2 • Jahreskosten **Lkw A** = Jahreskosten **Lkw B**

$$72.000 + 0{,}78x = 54.000 + 1{,}00\,x$$
$$18.000 = 0{,}22x$$
$$x = 81.818{,}18 \text{ km}$$

•

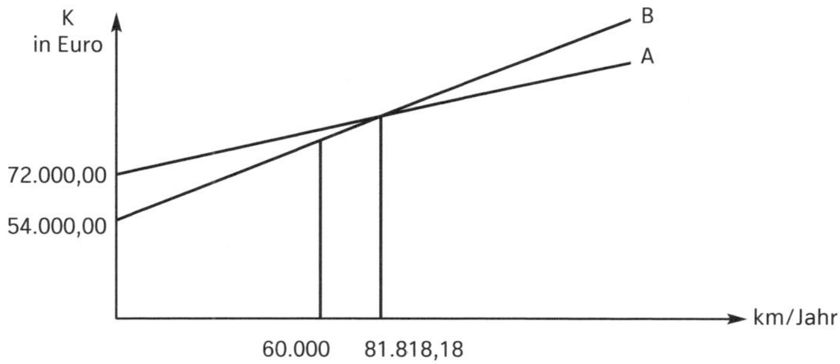

Da bis zu einer jährlichen Fahrleistung von 81.818,18 km der **Lkw B** kostengünstiger ist, sollte sich die GmbH für den **Lkw B** entscheiden.

1.3 • Keine Einbeziehung der Erträge. Daher ist kein Vergleich von Investitionsprojekten mit unterschiedlichen Erträgen möglich. Neben den Kosten sollten auch Größen wie Gewinn und Rentabilität einbezogen werden.

• Die Amortisationsrechnung berücksichtigt neben den Kosten auch den Gewinn der Investition. Dieser wird in Einzahlungsüberschüsse umgerechnet. Daraus lässt sich der Zeitraum ermitteln, in dem das investierte Kapital in das Unternehmen zurückfließt. Die Amortisationsrechnung liefert jedoch keine Information über die Rentabilität der Investition.

Außerdem werden die Kapitalrückflüsse nach Ablauf der Amortisationszeit nicht berücksichtigt und damit auch nicht in die Entscheidung einbezogen.

3.1 Eine Investition gilt nach der Kapitalwertmethode als vorteilhaft, wenn der Kapitalwert null oder positiv ist.

Ist der Kapitalwert null, dann reichen die Einzahlungsüberschüsse aus, um das eingesetzte Kapital wiederzugewinnen und zusätzlich eine Verzinsung zum Kalkulationszinsfuß zu erwirtschaften.

Ein positiver Kapitalwert von z. B. 20.000,00 EUR bedeutet, dass noch ein zusätzlicher Überschuss erzielt wird, dessen Barwert 20.000,00 EUR beträgt.

3.2

Jahr	Einzahlungen in Euro	Auszahlungen in Euro	Einzahlungs-überschüsse in Euro	Abzinsungs-faktor	Barwerte in Euro
1	510.000,00	210.000,00	300.000,00	0,943396	283.019,00
2	870.000,00	220.000,00	650.000,00	0,889996	578.497,00
3	460.000,00	280.000,00	180.000,00	0,839619	151.131,00
4	520.000,00	230.000,00	290.000,00	0,792094	229.707,00
5	790.000,00	250.000,00	540.000,00	0,747258	403.519,00
Liquidationserlös			45.000,00	0,747258	33.627,00
Summe					1.679.500,00
AK					–1.650.000,00
Kapitalwert					29.500,00

3.3 Kann der frei gewordene Betrag von 50.000,00 EUR nur zum Kalkulationszinssatz angelegt werden, hat diese Differenzinvestition einen Kapitalwert von null, sodass der Kapitalwert der Alternative bei 20.000,00 EUR und damit unterhalb des in Aufgabe 3.2 berechneten Kapitalwertes liegt.

Kann mit dem frei gewordenen Betrag ein Kapitalwert von mehr als 9.500,00 EUR erzielt werden, wäre es sinnvoll, die vergleichbare Produktionsanlage anzuschaffen und die weitere Investition zu tätigen. Die Summe dieser Kapitalwerte wäre dann größer als 29.500,00 EUR.

3.4
- Ein- und Auszahlungen sind Schätzwerte und damit risikobehaftet.
- Wahl des richtigen Kalkulationszinsfußes: Wird dieser zu niedrig angesetzt, werden Investitionen zu leichtfertig getätigt. Ein zu hoher Kalkulationszinsfuß stellt eine hohe Hürde für Investitionen dar.

Abituraufgaben 2015 (Aufgabe 2, teilweise)

6.1 Amortisationszeit = Kapitaleinsatz : (jährlicher Gewinn + jährliche Abschreibung)

Fixe Kosten:	125.000,00 EUR + 50.000,00 EUR (Abschreibung)	=	175.000,00 EUR
Variable Kosten:	125,00 EUR/h · 2.400 h	=	300.000,00 EUR
Gesamtkosten:	175.000,00 EUR + 300.000,00 EUR	=	475.000,00 EUR

Gewinn = Erlös – Kosten = 510.000,00 EUR – 475.000,00 EUR = 35.000,00 EUR
Amortisationszeit: 300.000,00 EUR : (35.000,00 EUR + 50.000,00 EUR) = 3,53 Jahre

Die Amortisationszeit gibt Auskunft darüber, in welcher Zeit die Anschaffungskosten als liquide Mittel wieder ins Unternehmen zurückfließen.

6.2

Jahr	Einzahlungsüberschüsse	Barwerte in Euro
1	85.000,00	79.439,00
2	78.000,00	68.128,00
3	80.000,00	65.304,00
4	72.000,00	54.928,00
5	78.000,00	55.613,00
6	75.000,00	49.976,00
Liquidationserlös	8.000,00	5.331,00
Summe der Barwerte		378.719,00
– Anschaffungsauszahlung		300.000,00
= Kapitalwert		78.719,00

Die Investition ist vorteilhaft, da der Kapitalwert positiv ist. In diesem Fall erhält der Investor neben der Kapitalrückzahlung und der erwarteten Verzinsung von 7 % einen zusätzlichen Überschuss, dessen Barwert 78.719,00 EUR beträgt.

6.3

Jahr	Einzahlungsüberschüsse	Barwerte in Euro
1	12.000,00	11.215,00
2	12.000,00	10.481,00
3	12.000,00	9.796,00
4	12.000,00	9.155,00
5	12.000,00	8.556,00
6	12.000,00	7.996,00
Summe der Barwerte		57.199,00
– Anschaffungsauszahlung		50.000,00
= Kapitalwert		7.199,00

Die Summe der Kapitalwerte der Alternativanlage (65.357,00 EUR) und der Differenzinvestition (7.199,00 EUR) beträgt 72.556,00 EUR. Auf Basis der Kapitalwerte ist somit die erste Alternative vorteilhafter (Differenz 6.163,00 EUR).

6.4
- Die Höhe und der Zeitpunkt der zukünftigen Zahlungen sind ungewiss.
- Die Höhe der Barwerte und damit auch die Vorteilhaftigkeit der Investition hängen von der Höhe des Kalkulationszinsfußes ab.

Abituraufgaben 2016 (Aufgabe 2, teilweise)

1.1

Kostenvergleichsrechnung in Euro	Typ A	Typ B
kalkulatorische Abschreibungen* kalkulatorische Zinsen** fixe Betriebskosten	45.000,00 8.250,00 130.000,00	51.000,00 10.350,00 136.000,00
variable Betriebskosten je Stück: Fertigungslöhne sonstige variable Kosten Materialkosten	 0,70 0,14 2,00	 0,40 0,15 2,00
variable Stückkosten	2,84	2,55
variable Gesamtkosten	312.400,00	280.500,00
Gesamtkosten	495.650,00	477.850,00

Die Montageanlage Typ B verursacht bei einer Produktionsmenge von 110.000 Stück 17.800,00 EUR weniger Gesamtkosten als Typ A; folglich ist die Investitionsalternative Typ B vorteilhaft.

* kalkulatorische Abschreibungen = (AK–RW) : ND
** kalkulatorische Zinsen = (AK + RW) : 2 · Kalkulationszinssatz

1.2 Fixe Kosten Typ A: 45.000,00 EUR + 8.250,00 EUR + 130.000,00 EUR = 183.250,00 EUR
Fixe Kosten Typ B: 51.000,00 EUR + 10.350,00 EUR + 136.000,00 EUR = 197.350,00 EUR

$$\begin{aligned} \text{Kosten Typ A} &= \text{Kosten Typ B} \\ 183.250,00 + 2,84\,x &= 197.350,00 + 2,55\,x \\ x &= 48.620,7 \text{ Stück} \end{aligned}$$

Ab einer Produktionsmenge von 48.621 Stück ist die Montageanlage Typ B kostengünstiger. Bei kleineren Produktionsmengen verursacht Typ A geringere Kosten.

1.3
- Der Kostenvergleich ist nur kurzfristig, da die Kostenentwicklung im Zeitablauf unberücksichtigt bleibt.
- Die Auflösung der Kosten in fixe und variable Bestandteile ist problematisch.

1.4 Amortisationszeit = Kapitaleinsatz : (Jahresgewinn + jährl. Abschreibungen)

Kapitaleinsatz = Anschaffungskosten – Restwert

Berechnung Jahresgewinn	Typ A	Typ B
Umsatzerlöse	550.000,00 EUR	550.000,00 EUR
– Gesamtkosten	495.000,00 EUR	477.850,00 EUR
= Gewinn	54.350,00 EUR	72.150,00 EUR

Amortisationszeit Typ A = 225.000,00 : (54.350,00 + 45.000,00) = 2,26 Jahre
Amortisationszeit Typ B = 255.000,00 : (72.150,00 + 51.000,00) = 2,07 Jahre

Beide Montageanlagen entsprechen der Erwartung der Geschäftsleitung.

1.5.1 Der Kapitalwert besagt, dass der Investor neben der Kapitalrückzahlung eine Verzinsung in Höhe von 6 % seines eingesetzten Kapitals sowie weitere Überschüsse erzielt, deren Barwertsumme 252.379,00 EUR beträgt. Die Investition ist aus Sicht des Unternehmens somit vorteilhaft.

1.5.2

Jahr	Einzahlungsüberschüsse in Euro	Barwerte in Euro
1	18.000,00	16.981,00
2	19.800,00	17.622,00
3	21.780,00	18.287,00
4	23.958,00	18.977,00
5	26.354,00	19.693,00
Barwertsumme		91.560,00
– Anschaffungskosten		50.000,00
= Kapitalwert		41.560,00

Kapitalwert Typ A + Kapitalwert Differenzinvestition
187.179,00 EUR + 41.560,00 EUR = 228.739,00 EUR

Die Investition Typ A und die Differenzinvestition haben zusammen einen um 23.640,00 EUR niedrigeren Kapitalwert als die Investition Typ B. Somit ergibt der Kapitalwertvergleich, dass die Montageanlage Typ B weiterhin vorteilhafter ist.

18 Der Jahresabschluss (HGB)

18.1 Der Jahresabschluss einer großen Kapitalgesellschaft (HGB)

1.–4. Vgl. Stofftelegramm.

18.2 Bewertung nach Handelsrecht

1./2. Vgl. Stofftelegramm.

3. **Teilhaberschutz:** Die Teilhaber (Eigentümer) haben ein berechtigtes Interesse an stabilen Gewinnausschüttungen. Somit müssen sie geschützt werden vor Unterbewertung des Vermögens bzw. Überbewertung der Schulden (= Gewinnverringerung).

   Gläubigerschutz: Die Gläubiger haben ein Interesse daran, dass die Tilgungen problemlos erfolgen können. Notwendig daher: Schutz vor zu hohen Gewinnausschüttungen. Bewertung nach dem Vorsichtsprinzip!

4. a) Gewinnverringerung b) Gewinnerhöhung c) Gewinnerhöhung d) Gewinnverringerung

5. a) **Vorsichtsprinzip:** oberster Grundsatz der Bewertung. Bei mehreren möglichen Wertansätzen soll beim Vermögen der niedrigere (Niederstwertprinzip), bei den Schulden der höhere Wert (Höchstwertprinzip) angesetzt werden. So wird der Gewinn relativ niedrig (vorsichtig) ausgewiesen – die Gefahr zu hoher Ausschüttungen mit entsprechend hohem Liquiditätsentzug entfällt.

   b) **Imparitätsprinzip:** Nicht realisierte Gewinne dürfen nicht ausgewiesen werden (Realisationsprinzip). Nicht realisierte Verluste müssen demgegenüber ausgewiesen werden.

   Anschaffungswertprinzip: Die Anschaffungskosten eines Vermögensgegenstandes dürfen nie überschritten werden.

   Höchstwertprinzip: gilt bei den Schulden. Von zwei möglichen Wertansätzen muss jeweils der höhere angesetzt werden.

   Gemildertes Niederstwertprinzip: gilt beim Anlagevermögen. Bei vorübergehender Wertminderung darf der niedrigere Wert angesetzt werden (Wahlrecht).

   Strenges Niederstwertprinzip: gilt beim Umlaufvermögen. Beim Anlagevermögen nur, wenn die Wertminderung voraussichtlich dauerhaft ist. Der niedrigere Wert muss angesetzt werden (Pflicht).

6. a) gemildertes Niederstwertprinzip b) strenges Niederstwertprinzip c) Höchstwertprinzip

7. a) **Stille Rücklagen:** Vorhandene, aber in der Bilanz nicht ausgewiesene Teile des Eigenkapitals. Entstehung durch Unterbewertung des Vermögens bzw. Überbewertung der Schulden, wodurch Teile des Gewinns nicht ausgewiesen werden = verdeckte (stille) Selbstfinanzierung.

b) Grundstücke, Gebäude: Wegen des Anschaffungswertprinzips sind die Anschaffungskosten stets die Obergrenze. Die Grundstückswerte steigen oft erheblich darüber hinaus.

Maschinen: Degressive Abschreibung bewirkt in den ersten Jahren erhebliche Unterbewertungen; abgeschriebene Maschinen werden oft noch genutzt.

Rückstellungen: oft zu hohe Schätzung

c)
- Vermögen zu niedrig, Schulden zu hoch ausgewiesen: fehlende Aussagekraft der Bilanz (Verschleierung der wirklichen Lage des Unternehmens möglich).
- Den Eigentümern werden Gewinne vorenthalten.
- hohe Gewinne bei Auflösung der stillen Rücklagen (Verschleierung der Erfolgslage)
- Vorteil: Die Bildung stiller Rücklagen entspricht dem Vorsichtsprinzip; Finanzierung ohne Finanzierungskosten; kein HV-Beschluss nötig; Steuerverschiebung ...

8. a)
- Abschreibungen berücksichtigen die Wertminderungen bei Anlagegütern. Das Anlagevermögen wird somit richtig ausgewiesen. Gleichzeitig wird der Wertverlust durch eine Aufwandsbuchung berücksichtigt.
- Abschreibungen werden in die Verkaufspreise einkalkuliert und fließen somit in Form von liquiden Mitteln in das Unternehmen zurück. Mit diesen Abschreibungsrückflüssen können nun die Neuanschaffungen finanziert werden.

  Vgl. Finanzierungen aus Abschreibung.

b) Abschreibungen sind Aufwendungen und verringern somit den Gewinn.

c) **Lineare Abschreibung:** Abschreibung vom Anschaffungswert – gleichbleibende Abschreibungsbeträge.

Degressive Abschreibung: Abschreibung vom Buchwert – fallende Abschreibungsbeträge – führt nicht zum Nullwert, daher Übergang zur linearen Methode notwendig.

d) Degressive Methode. Hoher Wertverlust im ersten Jahr am besten berücksichtigt.

e)

	Lineare Abschreibung	**Degressive Abschreibung**
a) erste Nutzungsjahre	Abschreibung niedriger, daher höherer Gewinn	Abschreibung höher, daher niedrigerer Gewinn
b) spätere Nutzungsjahre	Abschreibung höher, daher niedrigerer Gewinn	Abschreibung niedriger, daher höherer Gewinn

9. Lineare Methode. Begründung: Abschreibungsbeträge im Vergleich zur degressiven Abschreibung in ersten Nutzungsjahren geringer, somit Gewinne und Vermögensausweis höher. Kreditwürdigkeit wirkt höher.

10. a) 311.000,00 EUR

b) 40.000,00 EUR (bei voraussichtlich dauernder Wertminderung muss der niedrigere Wert angesetzt werden beim Anlagevermögen; Vornahme einer außerplanmäßigen Abschreibung in Höhe von 271.000,00 EUR)

c) 311.000,00 EUR (Anschaffungswertprinzip: keine Überschreitung der Anschaffungskosten!)

11. • Anschaffungskosten maximal 1.000,00 EUR bzw. 410,00 EUR (vgl. 12.)
 • bewegliches, abnutzbares Anlagegut
 • selbstständig bewertbar und nutzbar

12. **GWG bis 250,00 EUR** Anschaffungskosten: Sofortaufwand bei Kauf (Verbrauchsfiktion)

 GWG mit Anschaffungskosten zwischen 250,01 EUR und 800,00 EUR: Sofortabschreibung im Anschaffungsjahr möglich. (Alternative: Aktivierung und planmäßige Abschreibung)

 GWG mit Anschaffungskosten zwischen 250,01 EUR und 1.000,00 EUR: Aktivierung bei Kauf auf Sammelkonto GWG; pauschale lineare Abschreibung in fünf Jahren

13. Aktivierung = Soll-Buchung auf einem Aktivkonto

14. Anschaffungspreis + Anschaffungsnebenkosten – Anschaffungskostenminderungen = Aktivierungsbetrag (Anschaffungskosten)

15. Anschaffungsnebenkosten:
 • Teil der Anschaffungskosten, daher aktivierungspflichtig
 • Alle Ausgaben und Aufwendungen, die im Rahmen der Anschaffung zusätzlich zum Kaufpreis einmalig auftreten.
 • Beispiel: Transport-, Montage-, Zulassungs-, Notariatskosten, Grunderwerbsteuer, Zölle

16. Anschaffungskostenminderungen: Rabatte, Skonti, Boni

17. Nicht aktivierungsfähig: a, b, d, h, j

 Begründung für a, b, d, h: keine einmalig auftretenden Kosten, daher nicht aktivierungsfähig. Begründung für j: nicht aktivierungsfähig, da durchlaufender Posten.

18. Beide Begriffe betreffen spätere Aufwendungen für Anlagen:

 Werterhaltende Aufwendungen (Erhaltungsaufwand): nicht aktivierungspflichtig, also Aufwand. Es handelt sich um Reparaturen, die den Wert z. B. eines Gebäudes erhalten sollen. Beispiele: Neuanstrich, neuer Hausverputz, neue Reifen, Reparatur eines Motorschadens ...

 Werterhöhende Aufwendungen (Herstellungsaufwand): Aktivierungspflicht + Abschreibung. Aufwendungen, die den Wert des Anlagegutes erhöhen.
 Beispiele: Umbau, Anbau, Einbau (Heizungsanlage, Fahrstuhl ...), Generalüberholung bei Maschinen, Austauschmotor.

19. • selbst erstellte Anlagen (aktivierte Eigenleistungen)
 • fertige und unfertige Erzeugnisse

20. **Obergrenze Handelsbilanz:**

MEK	20.000,00 EUR
MGK 50 %	10.000,00 EUR
FEK	10.000,00 EUR
FGK 80 %	8.000,00 EUR
SEKF	2.000,00 EUR
VwGK nh	1.000,00 EUR
	51.000,00 EUR

Untergrenze Handelsbilanz:
50.000,00 EUR

21. 60 Paar · 62,00 EUR = 3.720,00 EUR

Begründung: Laut Anschaffungswertprinzip dürfen die Anschaffungs- oder Herstellungskosten niemals überschritten werden.

22. a) 25,00 EUR. Begründung: siehe 21.
b) 24,00 EUR. Begründung: strenges Niederstwertprinzip beim Umlaufvermögen

23. a) Es handelt sich um Umlaufvermögen (kurzfristige Anlage), somit gilt das strenge Niederstwertprinzip: 400,00 EUR.

b) Anlagevermögen (langfristig) und Finanzanlage, somit gilt das gemilderte Niederstwertprinzip:
Wahlrecht zwischen 400,00 EUR und 450,00 EUR
(Ausnahme: voraussichtlich dauernde Wertminderung → dann 400,00 EUR)

24. Anwendung des Devisenkassamittelkurses am 31.12. (Restlaufzeit < 1 Jahr):
1,50 CHF = 1,00 EUR → 200.000,00 CHF = **133.333,32 EUR**

25. Höchstwertprinzip gilt bei Währungsverbindlichkeiten mit einer Restlaufzeit > 1 Jahr.
1,25 USD = 1,00 EUR → 120.000,00 USD = **96.000,00 EUR**

26. Nicht realisierte Gewinne dürfen nicht, nicht realisierte Verluste müssen ausgewiesen werden = Imparitätsprinzip.

Skonto darf hier nicht ausgewiesen werden, da es sonst zum Ausweis eines noch nicht realisierten Gewinns kommt.

Richtiger Wertansatz: 416.500,00 EUR (Höchstwertprinzip)

18.4 Abituraufgaben

Abituraufgaben 2012 (Aufgabe 3, teilweise)

5.1

Artsatz für 10 Maschinen	Wertuntergrenze	Wertobergrenze
Materialeinzelkosten	400.000,00 EUR	400.000,00 EUR
Materialgemeinkosten	100.000,00 EUR	100.000,00 EUR
Fertigungseinzelkosten	1.000.000,00 EUR	1.000.000,00 EUR
Fertigungsgemeinkosten	1.500.000,00 EUR	1.500.000,00 EUR
	3.000.000,00 EUR	3.000.000,00 EUR
Verwaltungsgemeinkosten		
nicht herstellungsbezogen	–	300.000,00 EUR
Vertriebsgemeinkosten	–	–
Bilanzansatz 31.12.2011	3.000.000,00 EUR	3.300.000,00 EUR

Der Unterschiedsbetrag beträgt 300.000,00 EUR.

5.2 Änderung der GuV-Positionen:

2	Bestandserhöhungen Erzeugnisse:	von 3,5 Mio. EUR auf 3,8 Mio. EUR
15	Jahresüberschuss:	von 3,1 Mio. EUR auf 3,4 Mio. EUR

Abituraufgaben 2014 (Aufgabe 2, teilweise)

1. Die Staufer AG gilt als große, nicht kapitalmarktorientierte Kapitalgesellschaft. Die Bilanzsumme ist in zwei aufeinanderfolgenden Geschäftsjahren höher als 19,25 Mio. EUR. Die Umsatzerlöse sind in zwei aufeinanderfolgenden Geschäftsjahren höher als 38,5 Mio. EUR (§ 267 HGB).
Da nur kleine Kapitalgesellschaften keinen Lagebericht erstellen müssen, ist die Staufer AG zur Erstellung eines Lageberichts verpflichtet (§ 264 Abs. 1, Satz 4 HGB).

2.1 • Begründung und Bestimmung des Wertansatzes:

- Die Aktivierung des selbst erstellten immateriellen Vermögensgegenstands des Anlagevermögens (Software) wird vorgenommen, da ein möglichst hoher Gewinnausweis erfolgen soll (§ 248 Abs. 2 HGB).
- Zugangsbewertung (01.12.2013)
Entwicklungskosten: 250.000,00 EUR : 5 · 3 = 150.000,00 EUR
(nur Entwicklungskosten aktivierungsfähig, vgl. § 253 Abs. 1, § 255 Abs. 2a HGB)
- Folgebewertung (31.12.2013):
Die Herstellungskosten in Höhe von 150.000,00 EUR müssen um $\frac{1}{12}$ der Jahresabschreibung verringert werden.

$150.000,00 : 5 \cdot \frac{1}{12} =$ **2.500,00 EUR**

- Bilanzansatz am 31.12.2013:
150.000,00 – 2.500 = **147.500,00 EUR**

• Auswirkung auf die GuV für 2013:

- Lfd. Buchungen während des Jahres: verschiedene Aufwandspositionen entsprechend den Forschungs- und Entwicklungskosten mit insgesamt 250.000,00 EUR.
- Vorbereitende Abschlussbuchung: Aktivierung der Eigenleistungen als Ertragsposition in Höhe der Entwicklungskosten von 150.000,00 EUR. Die Entwicklungskosten sind somit ergebnisneutral.
- Vorbereitende Abschlussbuchung: Abschreibung auf immaterielle Vermögensgegenstände in Höhe von 2.500,00 EUR
- Der Jahresüberschuss wird durch die Ausübung des Aktivierungswahlrechts um 147.500,00 EUR höher ausgewiesen.

2.2

FM	180.000,00 EUR
MGK	10.800,00 EUR
FL	60.000,00 EUR
FGK	48.000,00 EUR
VwGK	59.760,00 EUR
Herstellungskosten (Wertobergrenze)	358.560,00 EUR

2.3 Da beim Umlaufvermögen das strenge Niederstwertprinzip gilt (§ 253 Abs. 4 HGB), ist in der Bilanz zwingend der niedrigere Marktpreis anzusetzen.

Bilanzansatz „Fertige Erzeugnisse“ am 31.12.2013: 280.000,00 EUR

2.4 Ermittlung der Anschaffungskosten nach § 255 Abs. 1 HGB:

	HOLO-Master 3000	121.000,00 EUR
–	Rabatt	7.000,00 EUR
=	Zwischensumme	114.000,00 EUR
+	Montage	3.800,00 EUR
+	Frachtkosten	800,00 EUR
+	Anschluss an Starkstromnetz	1.400,00 EUR
=	Anschaffungskosten	120.000,00 EUR

Berechnung der Abschreibung:

$$120.000,00 : 8 \cdot \frac{11}{12} = 13.750,00 \text{ EUR}$$

Bilanzansatz 31.12.2013: 120.000,00 – 13.750,00 = 106.250,00 EUR

2.5.1 Wegen der Zielsetzung „hoher Jahresüberschuss" muss das Disagio als aktiver Rechnungsabgrenzungsposten aktiviert und über die Darlehenslaufzeit abgeschrieben werden (§ 250 Abs. 3 HGB).

Das Fälligkeitsdarlehen muss zum Erfüllungsbetrag bilanziert werden (§ 253 Abs. 1 HGB).

Bilanzposition	Zunahme um
Guthaben bei Kreditinstituten	950.000,00 EUR
aktiver Rechnungsabgrenzungsposten	50.000,00 EUR
Verbindlichkeiten geg. Kreditinstituten	1.000.000,00 EUR

2.5.2

Bilanzposition	31.12.2013
aktiver Rechnungsabgrenzungsposten	42.500,00 EUR
Verbindlichkeiten geg. Kreditinstituten	1.000.000,00 EUR

50.000 : 5 · 9 : 12 = 7.500,00 EUR (Abschreibung Disagio für 2013)
50.000 – 7.500 = 42.500,00 EUR (ARAP 31.12.2013)

Abituraufgaben 2016 (Aufgabe 3, teilweise)

1.1.1

	Kaufpreis	5.000.000,00 EUR
+	Grunderwerbsteuer	250.000,00 EUR
+	Notariatskosten	7.500,00 EUR
+	Grundbucheintragung	2.100,00 EUR
+	Erschließungskosten	24.000,00 EUR
=	Anschaffungskosten	5.283.600,00 EUR

1.1.2

	Grundsteuer	1.500,00 EUR
+	Grundstückspflege	1.980,00 EUR
+	Eintragung Grundschuld	1.200,00 EUR
+	Darlehenszinsen	25.000,00 EUR
=	Gesamtaufwand	29.680,00 EUR

Laufende, wiederkehrende Kosten und Finanzierungsaufwendungen gehören nicht zu den Anschaffungsnebenkosten, da sie nicht erforderlich sind, um den Vermögensgegenstand zu erwerben und ihn in einen betriebsbereiten Zustand zu versetzen.
Daher stellen die getätigten Ausgaben in Höhe von 29.680,00 EUR Aufwendungen dar. Diese reduzieren den Jahresüberschuss 2015.

1.2.1

	Kaufpreis 440.000,00 USD : 1,10 USD/EUR	400.000,00 EUR
+	Anschaffungsnebenkosten	20.000,00 EUR
=	Anschaffungskosten	420.000,00 EUR
–	planmäßige Abschreibung (vier Monate)	14.000,00 EUR
=	fortgeführte Anschaffungskosten 31.12.2015	406.000,00 EUR
	Verkehrswert	360.000,00 EUR

Für die Bewertung des Sachanlagevermögens gilt das strenge Niederstwertprinzip. Da es sich um eine voraussichtlich dauerhafte Wertminderung handelt, ist die Anlage in der Bilanz zum 31.12.2015 mit dem niedrigeren Wert in Höhe von 360.000,00 EUR anzusetzen (§ 253 Abs. 3 HGB).

1.2.2 Wert der Verbindlichkeit im Juli 2015:
440.000,00 USD : 1,10 USD/EUR = 400.000,00 EUR

Wert der Verbindlichkeit zum Bilanzstichtag am 31.12.2015:
440.000,00 USD : 1,25 USD/EUR = 352.000,00 EUR

Da die Restlaufzeit größer als ein Jahr ist, gilt das Höchstwertprinzip. Es muss der höhere Wert (Erfüllungsbetrag), also 400.000,00 EUR angesetzt werden (§ 253 Abs. 1, § 256 a HGB).

Abituraufgaben 2017 (Aufgabe 3, teilweise)

3.1 Anschaffungskosten nach § 255 Abs. 1 HGB:

	Listenpreis	267.500,00 EUR
–	20 % Rabatt	53.500,00 EUR
=	Zwischensumme	214.000,00 EUR
+	Montagekosten	13.000,00 EUR
+	Transportkosten	3.400,00 EUR
=	Anschaffungskosten	230.400,00 EUR

Abschreibung:
(230.400,00 : 8) · (5 : 12) = 12.000,00 EUR

Bilanzansatz 31.12.2016: 230.400,00 – 12.000,00 = 218.400,00 EUR

3.2.1

Kaufpreis		540.000,00 EUR
Grunderwerbsteuer	5 %	27.000,00 EUR
Maklerkosten	3 %	16.200,00 EUR
Notarkosten		8.000,00 EUR
Grundbucheintragung		2.500,00 EUR
Erschließungskosten		23.000,00 EUR
Anschaffungskosten		616.700,00 EUR

3.2.2

Bilanzansatz des Grundstücks 31.12.2015	450.000,00 EUR
Bilanzansatz des Grundstücks 31.12.2016	525.000,00 EUR
erfolgswirksame Zuschreibung 2016	75.000,00 EUR

Der Jahresüberschuss 2016 steigt um 75.000,00 EUR.

Aufgrund der Entscheidung der Stadt Karlsruhe war eine voraussichtlich dauernde Wertminderung des Grundstücks eingetreten, die zu einer außerplanmäßigen Abschreibung im Jahr 2015 geführt hatte (§ 253 Abs. 3 S. 3 HGB).
Wegen der Wertsteigerung aufgrund der gestiegenen Marktpreise war die HAT AG zu einer entsprechenden Wertaufholung im Jahresabschluss 2016 verpflichtet (§ 253 Abs. 5 S. 1 HGB).

3.3 Aufgrund des angestrebten Ziels eines hohen Jahresüberschusses wird das Wahlrecht zur Aktivierung der Entwicklungskosten bei selbsterstellten immateriellen Vermögensgegenständen des Anlagevermögens genutzt (§§ 248 Abs. 2, 255 Abs. 2a HGB). Sie werden über die Nutzungsdauer abgeschrieben.

Herstellungskosten des Patents: 120.000,00 EUR
Abschreibung: (120.000,00 : 10) · (3 : 12) = 3.000,00 EUR
Wertansatz zum 31.12.2016: 120.000,00 – 3.000,00 = 117.000,00 EUR

3.4.1 Das Darlehen wird in der Bilanz zum 31.12 2016 mit 600.000,00 EUR passiviert. Verbindlichkeiten sind zu ihrem Erfüllungsbetrag anzusetzen (§ 253 Abs. 1 S. 2 HGB).

3.4.2

Disagio	2 % von 600.000,00	12.000,00 EUR
Abschreibung 2016	7 Monate	1.400,00 EUR
Zinsen	4 % von 600.000,00 für 7 Monate	14.000,00 EUR
Gesamtaufwand		15.400,00 EUR

19 Grundzüge der internationalen Rechnungslegung

19.2 Ziele des IFRS-Abschlusses

1.
   - Information v. a. der **Anteilseigner** (Investoren, Shareholder)
   - Entscheidungsnützliche Informationen über Vermögenslage, Ertragslage, Finanzlage, Änderung der Finanzlage (Kapitalflussrechnung), Eigenkapitalveränderungen, Bilanzierungsansätze

2. **„True and fair view/presentation“** (= wahre und angemessene Darstellung):
   - Vermittlung eines den tatsächlichen Verhältnissen entsprechenden Bildes der Vermögens-, Finanz- und Ertragslage des Unternehmens
   - Bilanzklarheit und Bilanzwahrheit haben Vorrang vor dem Vorsichtsprinzip.
   - Abweichung nur in Ausnahmefällen (dann: umfangreiche Angaben im Anhang)

20 Auswertung des Jahresabschlusses

20.1 Grundlagen

1. a) + b) ***Hinweise zur folgenden Kennzahlenermittlung:***

- *Bilanzgewinn (8,62 Mio. EUR) – Dividende (8,5 Mio. EUR) =* ***Gewinnvortrag (0,12 Mio. EUR)***
- ***Eigenkapital*** *= 122.400 – 8.500 (= Verbindlichkeit gegenüber den Aktionären) =* ***113.900 TEUR***
- ***Fremdkapital*** *= 111.800 + 130.640 + 8.500 =* ***250.940 TEUR***
- *Rücklagen* ***(Selbstfinanzierungsgrad):*** *Nur Gewinnrücklagen sind anzusetzen.*
- ***Umlaufvermögen:*** *einschließlich Rechnungsabgrenzungsposten*

Kennzahl	Berechnung	Beurteilung
Grad der finanziellen Unabhängigkeit (Eigenkap.quote)	$= \frac{113.900 \cdot 100}{364.840} = 31{,}22\ \%$	übliche Eigenkapitalausstattung deutscher Aktiengesellschaften
Fremdkapitalquote	$= \frac{250.940 \cdot 100}{364.840} = 68{,}78\ \%$	übliche Fremdkapitalquote deutscher Aktiengesellschaften
Verschuldungsgrad (Verschuldungskoeffizient)	$= \frac{250.940}{113.900} = 2{,}2$	üblicher Verschuldungsgrad deutscher Aktiengesellschaften
Selbstfinanzierungsgrad (-quote)	$= \frac{39.320 \cdot 100}{50.000} = 78{,}64\ \%$	guter Selbstfinanzierungsgrad, somit gutes „Polster“ für Krisenzeiten
Deckungsgrad I	$= \frac{113.900 \cdot 100}{310.400} = 36{,}7\ \%$	Sehr bedenkliche Zahlen! Deckungsgrad II muss mind. 100 % sein, besser mehr, um auch den eisernen Bestand zu decken. Finanzierungsprobleme!
Deckungsgrad II	$= \frac{219.250 \cdot 100}{310.400} = 70{,}6\ \%$	
Liquidität 2. Grades	$= \frac{(17.800 + 11.170) \cdot 100}{137.090 + 8.500} = 19{,}9\ \%$	Die prekäre Situation der AG bestätigt sich. Die Unternehmung dürfte in Kürze zahlungsunfähig sein. Geforderter Mindestwert: 100 % Insolvenzgefahr! Vgl. Gesamturteil

Gesamtbeurteilung hinsichtlich obiger Bilanzkennzahlen:

- Trotz normaler Eigenkapitalausstattung und gutem Selbstfinanzierungsgrad steuert die AG aufgrund der äußerst schlechten Liquiditätskennzahl möglicherweise der Insolvenz entgegen.
- Bei der Liquidität wirken sich insbesondere die kurzfristigen Rückstellungen negativ aus: Möglicherweise enthalten sie stille Reserven; die Gefahr der Inanspruchnahme ist unbekannt. Selbst wenn man sie lediglich mit 50.000 TEUR (statt 96.050 TEUR) ansetzen würde, ergäbe sich immer noch eine untragbare Liquidität 2. Grades!
- Vgl. auch Gesamtbetrachtung.

ca) + cb) ***Hinweise zur folgenden Kennzahlenermittlung:***
Eigenkapital am Jahresanfang (= vor Gewinnverwendung 1993): 122.400 – 16.000 = 106.400 TEUR
Durchschn. EK: (106.400 + 113.900) : 2 = 110.150 TEUR
Gesamtkapital Jahresanfang: 106.400 + 240.000 = 346.400 TEUR
Durchschn. Gesamtkapital: (346.400 + 364.840) : 2 = 355.620 TEUR

$\text{Eigenkapitalrentabilität} = \frac{16.000 \cdot 100}{110.150} = 14{,}5\ \%$ $\text{Ges.kapitalrentabil.} = \frac{(16.000 + 6.600) \cdot 100}{355.620} = 6{,}4\ \%$ $\text{Umsatzrentabilität} = \frac{16.000 \cdot 100}{420.000} = 3{,}8\ \%$ Cashflow = 16.000 + 30.000 + 2.000 = 48.000 TEUR	Die **EK-Rent.** liegt über dem marktüblichen Zinssatz (z. B. 8 %). Das Unternehmerrisiko wird (angemessen) verzinst. Die **Gesamtkapitalrentabilität** liegt unter dem Marktzinssatz. Finanzierung von Investitionen mit Fremdkapital würde die Eigenkapitalrentabilität nicht erhöhen. Kennzahl somit nicht optimal. Die **Umsatzrentabilität** hängt von der branchenüblichen Kennzahl ab. Üblicher Satz. Der **Cashflow** beträgt das 3-Fache des JÜ; positiv zu bewerten.

Gesamtbeurteilung der Erfolgslage:

- Abgesehen von der Ges.kapitalrentabilität deuten die Kennzahlen auf eine gute Ertragslage hin.
- Der relativ hohe Cashflow deutet auf positive Ertragskraft, Selbstfinanzierungskraft und Expansionsfähigkeit hin. Vgl. jedoch Gesamtbetrachtung!

Gesamtbetrachtung:

- Die AG befindet sich in einer äußerst **ungünstigen Liquiditätslage**. Es besteht die Gefahr, dass in Kürze Zahlungsunfähigkeit eintritt, die zur Insolvenzanmeldung zwingen würde. Auch der relativ hohe Cashflow (u. a. Abschreibungsrückflüsse in Höhe von 30.000 TEUR) und möglicherweise zu hoch angesetzte kurzfristige Rückstellungen bewirken keine „durchbrechende" Verbesserung der Liquiditätslage.
- Angesichts dieser krassen Situation hätte die AG **keine Dividende** zahlen dürfen.
- Intensive **Umfinanzierungsmaßnahmen** (die möglicherweise schon im Gange sind) sind kurzfristig zu treffen, z. B.: Kapitalerhöhung gegen Einlagen in Höhe von mindestens 80 bis 100 Mio. EUR, um die Deckungs- und Liquiditätsgrade auf ein erträgliches Maß zu verbessern.
- Die **Kreditwürdigkeit** der Unternehmung ist außerordentlich schlecht.
- Das obige Beispiel stellt den Fall dar, dass eine an sich erfolgsmäßig gut arbeitende Unternehmung durch Liquiditätsprobleme in eine **Unternehmenskrise** geraten kann.

2. **Fristenparallelität:** Die Fristigkeiten des Kapitals sollen den Fristigkeiten des Vermögens entsprechen (langfristiges Vermögen soll langfristig finanziert sein: Das Anlagevermögen und der eiserne Bestand des Umlaufvermögens müssen mit Eigenkapital und langfristigem Fremdkapital finanziert sein).
   Begründung: Die Tilgung der Finanzierungsmittel sollte aus dem Rückfluss des Vermögens (Abschreibungsrückflüsse beim Anlagevermögen) möglich sein.

3. a) **Optimaler Verschuldungsgrad:**
   - Traditionelle Formulierung: FK : EK = 1 : 1 (= überholt; typisches Verhältnis: 0,3 : 1)
   - Moderne Formulierung: Eine Fremdkapitalaufnahme für Investitionszwecke ist so lange sinnvoll, wie der Fremdkapitalzins niedriger als die Gesamtkapitalrentabilität ist (= Leverage-Effekt).

b) Der optimale Verschuldungsgrad hängt von vielen Faktoren ab: Branche, Betriebsgröße, Risikograd der Investitionen ...

4. Je höher der Eigenkapitalanteil, umso krisensicherer ist die Unternehmung (hohe Haftsumme, Unabhängigkeit von Gläubigern, hohe Kreditwürdigkeit, geringe Zins- und Tilgungsbelastung, Sicherheit in Krisenzeiten).

5. • Es liegt Überliquidität vor.

   • Überliquidität führt zu Zinsverlusten; mit den überschüssigen Mitteln könnten z. B. Fremdkapitalien abgebaut werden → Reduzierung von Fremdkapitalzinsen.

6. Vgl. Stofftelegramm.

7. a) Mögliche Ursachen:
   • Kapitalerhöhung wurde durchgeführt (EK steigt).
   • Umwandlung von Fremdkapital in Eigenkapital (Umfinanzierung)
   • hohe Fremdkapitaltilgung aus Selbstfinanzierungsmitteln

   b) • relativ hohe Verschuldung im ersten Jahr (90 %) – Verbesserung im zweiten Jahr
   • 70 % Verschuldung ist in deutschen Unternehmen üblich.
   • Probleme hohen Fremdkapitals: Abhängigkeit von Banken; Tilgung + Zinsen!

8. Deckungsgrade = Formeln der horizontalen Bilanzstruktur

9. Unternehmen A:
   • Deckungsgrade problematisch (Anlagevermögen ist gerade noch langfristig finanziert, sodass eine Tilgung aus Abschreibungsrückflüssen knapp möglich ist.)
   • Der eiserne Bestand des Umlaufvermögens ist nicht langfristig finanziert; dies könnte zu Problemen führen.

   Unternehmen B:
   • Günstige Deckungsgrade. Das Anlagevermögen und der eiserne Bestand sind langfristig finanziert.
   • finanziell stabile Unternehmung

10. Vgl. Stofftelegramm.

11. • Finanzierung: Die Beurteilung der Finanzierung wäre unter Einbeziehung der stillen Rücklagen günstiger (Eigenkapital steigt).

    • Eigenkapitalrentabilität $= \dfrac{\text{Gewinn} \cdot 100}{\text{Eigenkapital}}$

    → Die Beurteilung der EK-Rentabilität wäre unter Einbeziehung der stillen Rücklagen ungünstiger, weil die Eigenkapitalgröße steigt.

12. a) EBIT = Jahresüberschuss + Steueraufwand – Steuererträge
    + a. o. Aufwand – a. o. Erträge + Zinsaufwand – Zinserträge

    b) Gewinne verschiedener Geschäftsjahre oder Unternehmensbereiche sind besser vergleichbar, weil schwankende Steuersätze, Zinsaufwendungen und -erträge oder sonstige außerordentliche Faktoren keine Auswirkung haben.

20.2 Abituraufgaben

Abituraufgaben 2012 (Aufgabe 3, teilweise)

1. Die Kaiser AG muss sowohl einen Anhang als auch einen Lagebericht erstellen.

Anhang: (§ 264 Abs. 1 Satz 1 HGB)
Alle Kapitalgesellschaften müssen den Jahresabschluss um einen Anhang erweitern.

Lagebericht: (§ 264 Abs. 1 Satz 3 HGB)
Mittelgroße und große Kapitalgesellschaften müssen einen Lagebericht erstellen. Die Kaiser AG ist gemäß § 267 Abs. 3 HGB eine große Kapitalgesellschaft. Sowohl die Anzahl der Mitarbeiter (> 250) als auch die Bilanzsummen (> 19.250.000,00 EUR) erfüllen in beiden Jahren die Kriterien einer großen Kapitalgesellschaft.

2. Anhang: (§ 284 HGB)
Der Anhang liefert weitere Informationen zu einzelnen Posten der Bilanz und GuV-Rechnung (z. B. Bewertungsmethoden).

Lagebericht: (§ 289 Abs. 1 HGB)
Ziel ist es, ein Bild von den tatsächlichen Verhältnissen des Unternehmens zu vermitteln. Dazu sollen der Geschäftsverlauf, das Geschäftsergebnis und die Lage der Kapitalgesellschaft dargestellt werden. Im Gegensatz zum Anhang enthält der Lagebericht auch zukunftsorientierte Angaben.

3.1 (Berechnung des Eigenkapitals: 44,7 – 1,5 (Dividendensumme) = 43,2 Mio. EUR)

- Berechnung

  – $\text{Eigenkapitalquote} = \dfrac{\text{EK} \cdot 100}{\text{GesKap}} = \dfrac{43{,}2 \cdot 100}{237{,}5} = 18{,}2\ \%$

  – $\text{Deckungsgrad I} = \dfrac{\text{Eigenkapital} \cdot 100}{\text{Anlagevermögen}} = \dfrac{43{,}2 \cdot 100}{109{,}8} = 39{,}3\ \%$

  – $\text{Deckungsgrad II} = \dfrac{(\text{EK} + \text{langfr. FK}) \cdot 100}{\text{AV}} = \dfrac{(43{,}2 + 100) \cdot 100}{109{,}8} = 130{,}4\ \%$

  – $\text{Liquiditätsgrad} = \dfrac{(\text{Kasse, Bank} + \text{Wertpapiere} + \text{Forderungen}) \cdot 100}{\text{kurzfristiges Fremdkapital}}$

  $= \dfrac{(15{,}4 + 7{,}9 + 49{,}3) \cdot 100}{(92{,}8 + 1{,}5)} = 77{,}0\ \%$

- Beurteilung

  – Eigenkapitalquote:
  Die Eigenkapitalquote ist mit 18,2 % nicht zufriedenstellend. Die Unternehmung ist sehr stark auf die Finanzierung mit Fremdkapital angewiesen.

  – Deckungsgrad I:
  Beim Deckungsgrad I gilt der Richtwert von 100 %. Dieser wird hier bei Weitem nicht erreicht. Dies bestätigt die schlechte Ausstattung des Unternehmens mit Eigenkapital.

  – Deckungsgrad II:
  Beim Deckungsgrad II wird der Richtwert von 100 % übertroffen. Die Goldene Bilanzregel ist erfüllt, d. h., das Anlagevermögen wird durch langfristiges Kapital finanziert.

- Liquiditätsgrad II:
  Beim Liquiditätsgrad II wird der Richtwert von 100 % (one-to-one-ratio) nicht erfüllt. Das Unternehmen kann auf der Basis der einzugsbedingten Liquidität seine kurzfristigen Verbindlichkeiten nicht erfüllen. Dies lässt auf eine angespannte Liquiditätslage schließen.

3.2 Eine Erhöhung des Verschuldungsgrades führt zu einer Erhöhung der Eigenkapitalrentabilität, wenn der Fremdkapitalzinssatz niedriger als die Gesamtkapitalrendite ist.
Bei einer Verschlechterung der Gesamtkapitalrentabilität oder einer Erhöhung des Fremdkapitalzinssatzes ergibt sich das Risiko eines negativen Leverage-Effektes. Dies führt zu einer Verringerung der Eigenkapitalrentabilität.
Angesichts des bereits jetzt hohen Verschuldungsgrades und des damit verbundenen Risikos wird der Kreditgeber den Zinssatz erhöhen und/oder keine weiteren Kredite mehr zur Verfügung stellen.

3.3 Die Finanzierung aus den Pensionsrückstellungsgegenwerten stellt eine langfristige Fremdfinanzierung dar, bei der keine Zinszahlungen anfallen. Die mit der Rückstellungsbildung verbundenen Aufwendungen sind noch nicht auszahlungswirksam. Der ausgewiesene Gewinn wird geringer und die Rückstellungsbildung wirkt als Ausschüttungssperre. Durch die geringeren Gewinnsteuern werden zusätzliche liquide Mittel im Unternehmen belassen.

Allerdings führen die gegebenen Pensionszusagen in der Zukunft zu Auszahlungen, die dann die Liquidität der Unternehmung beeinflussen.

4.1 Das „Ergebnis der gewöhnlichen Geschäftstätigkeit“ beträgt lediglich 0,7 Mio. EUR. Auffällig ist die GuV-Position 11 „außerordentliche Erträge“ in Höhe von 5,7 Mio. EUR. Sie enthält einmalige Vorgänge, die verglichen mit dem Jahresüberschuss in dieser Periode sehr hoch sind. Dies ist nicht in jeder Periode wiederholbar. Bereinigt um diese Größe wäre der Jahresüberschuss negativ.

4.2.1

		in Mio. Euro
	Jahresüberschuss	3,1
+	a. o. Aufwendungen	0,7
–	a. o. Erträge	5,7
+	Ertragssteuern	2,1
+	Zinsaufwendungen	1,6
–	Zinserträge	0,4
=	EBIT	1,4

4.2.2 Durch das Herausrechnen

- der Steuern kann die Ertragskraft von Unternehmen verglichen werden, für die unterschiedliche Gewinnsteuersätze gelten (Unternehmensform, Land);
- von Zinsen können Unternehmen mit unterschiedlicher Kapitalausstattung und unterschiedlichen Fremdkapitalzinssätzen verglichen werden;
- von außerordentlichen Erträgen und Aufwendungen bleiben einmalige und zufällige Vorgänge unberücksichtigt.

Abituraufgaben 2014 (Aufgabe 2, teilweise)

3.1
- $LG\ II = \frac{(\text{liq. Mittel} + \text{kurzfr. Ford.}) \cdot 100}{\text{kurzfr. Verb.}} = \frac{(5.446.000 + 3.200.000) \cdot 100}{7.860.000} = 110\ \%$
- $AD\ II = \frac{(\text{Eigenkapital} + \text{langfr. FK}) \cdot 100}{\text{Anlagevermögen}} = \frac{(5.700.000 + 15.300.000) \cdot 100}{14.000.000} = 150\ \%$
- $EKR = \frac{\text{Jahresüberschuss} \cdot 100}{\text{Eigenkapital}} = \frac{399.000 \cdot 100}{5.700.000} = 7\ \%$
- $GKR = \frac{(\text{JÜ} + \text{FKZ}) \cdot 100}{\text{Gesamtkapital}} = \frac{(399.000 + 2.198.400) \cdot 100}{28.860.000} = 9\ \%$

3.2 Die ermittelten Bilanzkennzahlen übertreffen die geforderten Soll-Werte von jeweils 100 %.

Der Liquiditätsgrad II der Südtex AG zeigt, dass sie mit ihrem monetären Umlaufvermögen den kurzfristigen Verbindlichkeiten nachkommen kann.

Die Anlagendeckung II zeigt eine fristenkongruente Finanzierung des Anlagevermögens, was auf eine stabile Unternehmung hinweist.
Die Goldene Bilanzregel ist erfüllt.

3.3
- Die Ergebnisse aus der Analyse der Bilanzkennzahlen aus Aufgabe 3.2 lassen einen Spielraum für eine weitere Verschuldung der Südtex AG erkennen.
- Die Analyse der Rentabilitätskennzahlen zeigt jedoch eine negative Wirkung des Leverage-Effekts bei der Südtex AG: Die Gesamtkapitalrentabilität liegt um 2 Prozentpunkte über der Eigenkapitalrentabilität. Dies ist darauf zurückzuführen, dass der durchschnittliche Fremdkapitalzinssatz über der Gesamtkapitalrentabilität liegt. Folglich würde eine weitere Aufnahme von Fremdkapital zu den bisherigen Bedingungen zu einer weiteren Verschlechterung der Eigenkapitalrentabilität führen. Deshalb ist von einer weiteren Verschuldung der Südtex AG abzuraten (Begründung auch mit rechnerischer Ermittlung des durchschnittlichen Fremdkapitalzinssatzes, ca. 9,49 %, möglich).

Abituraufgaben 2016 (Aufgabe 3, teilweise)

2.1 $\text{Eigenkapitalquote} = \frac{312.000{,}00 \cdot 100}{650.000{,}00} = 48\ \%$

$\text{Anlagendeckungsgrad II} = \frac{(312.000{,}00 + 202.500{,}00) \cdot 100}{490.000{,}00} = 105\ \%$

Die Eigenkapitalquote ist gut und liegt deutlich über dem Branchendurchschnitt.
Das Unternehmen kann als stabil und krisensicher bezeichnet werden.

Das Anlagevermögen ist vollständig durch langfristiges Kapital gedeckt. Die Goldene Bilanzregel mit dem Richtwert von 100 % wird sogar leicht übertroffen.

2.2 x = maximale zusätzliche Fremdfinanzierung in Mio. Euro
$(x + 650) \cdot 0{,}4 = 312$
$x = 130$ Mio. EUR

Wenn die Eigenkapitalquote nach der Darlehensfinanzierung nicht unter 40 % zurückgehen soll, darf die Darlehenshöhe maximal 130 Mio. EUR betragen.

2.3 Auswirkung auf die Eigenkapitalrentabilität:
Da ein höherer Zinssatz zu höheren Zinsaufwendungen führt, sinkt der Jahresüberschuss und damit verringert sich die Eigenkapitalrentabilität.

Auswirkung auf die Gesamtkapitalrentabilität:
Ein höherer Darlehenszinssatz hat keine Auswirkungen auf die Gesamtkapitalrentabilität, da die Summe aus Fremdkapitalzinsen und Jahresüberschuss unverändert bleibt.

2.4
- Umsatzrentabilität $= \frac{32.000.000 \cdot 100}{400.000.000} = 8\ \%$
- Die ESS Maschinenbau AG hat geringere Fertigungskosten und erzielt daher bei ähnlichen Verkaufspreisen einen höheren Gewinn als die Wettbewerber. Die ESS Maschinenbau AG kann aufgrund ihrer Unternehmensgröße Vorteile nutzen, wie z. B. günstigere Einkaufsbedingungen beim Fertigungsmaterial.

3.1 Mögliche Zielformulierung:
„Der durchschnittliche Energieverbrauch unserer Produkte geht bis 2020 um 10 % zurück."

Nur durch Operationalisierung hinsichtlich Inhalt, Zeit und Erfüllungsgrad kann die Zielerreichung bzw. deren Abweichung überprüft werden.

3.2 Zielharmonie zwischen „Gewinnmaximierung" und „hohe Energieeffizienz":
Maschinen mit hoher Energieeffizienz sparen Kosten während der Laufzeit und haben ein besseres Image. Die Maschinen können somit besser verkauft werden, wodurch sich Umsatz und Gewinn erhöhen.

Zielkonflikt zwischen „Gewinnmaximierung" und „hohe Energieeffizienz":
Die Entwicklung neuer energieeffizienter Maschinen verursacht zunächst zusätzliche Aufwendungen, die den Gewinn verringern und somit dem Ziel der Gewinnmaximierung entgegenstehen.

21 Unternehmensführung und Controlling

21.7 Aufgaben (Grundwissen)

1. a) **Umsatz- und Gewinnverlauf im Produktlebenszyklus (idealtypisch)**

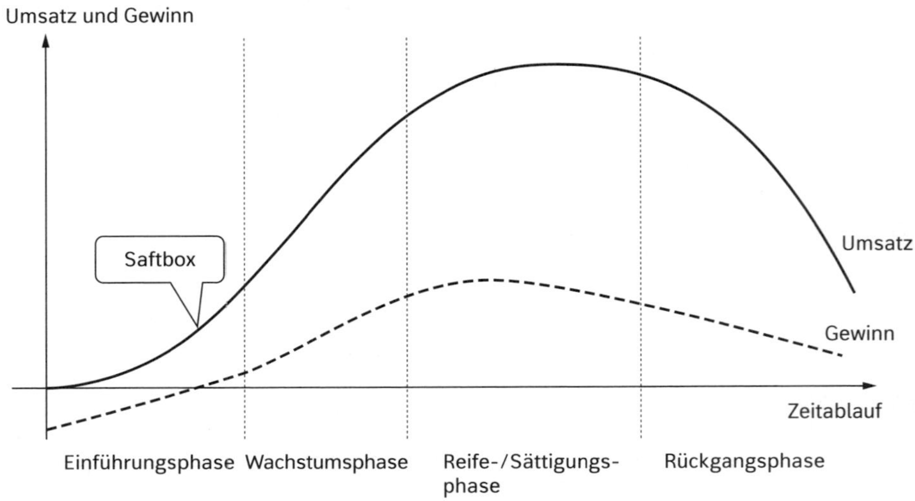

- Produkt befindet sich in der Einführungsphase.
- Die Einführungsphase ist gekennzeichnet durch hohe Kosten für Einführungswerbung, geringe Absatzmengen und damit verbunden geringe Umsätze. Nach Anfangsverlusten kann bei steigenden Absatzzahlen die Gewinnschwelle erreicht werden.

b) • Question mark:

hohes Marktwachstum und ein relativ geringer Marktanteil

- Offensivstrategie:

Investitionen in diesem Bereich besonders stark fördern, neue Märkte und Zielgruppen erschließen, offensive Kommunikationspolitik anwenden

2. a) Portfolioanalyse = Instrument zur Unternehmensführung. Es zeigt, wie sich das Produktionsprogramm eines Unternehmens hinsichtlich Marktwachstum, Marktanteil und Umsatz im Moment verhält.

Produkt 1 und 2:	starkes Marktwachstum, noch relativ wenig Umsatz, geringer Marktanteil (question mark)
Produkt 3:	noch starkes Marktwachstum, hoher Marktanteil, hoher Umsatz (star)
Produkt 4:	geringes Marktwachstum, noch hoher Marktanteil, noch hoher Umsatz (cash cow)
Produkt 5:	geringes Marktwachstum, geringer Marktanteil, geringer Umsatz (poor dog)

Beurteilung:
Ausgewogenes Portfolio, da Produkt 4 genügend finanzielle Mittel erbringt, um Produkte 1 und 2 offensiv zu fördern.

b) Question mark: Erfordert selektive Vorgehensweise.
Je nach Risikoeinschätzung: Offensiv- oder Desinvestitionsstrategie

Beurteilung:
Produkt 4 erwirtschaftet finanzielle Mittel, um Produkte 1 und 2 offensiv zu fördern. Produkt 5 sollte mittelfristig vom Markt genommen werden. Produkt 3 sollte sich zur cash cow entwickeln. Insgesamt relativ ausgewogen.

c) **Umsatz- und Gewinnverlauf im Produktlebenszyklus (idealtypisch)**

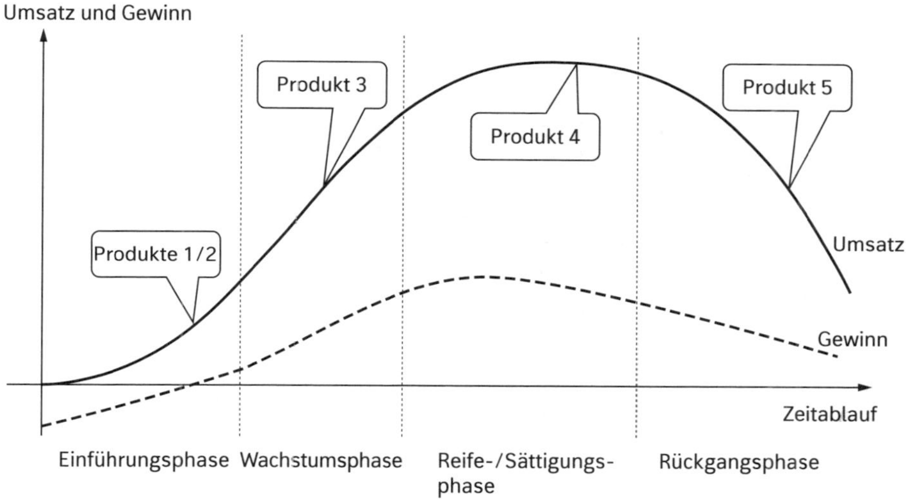

21.8 Abituraufgaben

Abituraufgaben 2009 (Aufgabe 1, Teil 1)

1.1 **Ökonomische Ziele** dominieren das Leitbild der DRUMA AG:
Halten/Erweiterung der weltweiten Marktanteile, hohe Kundenzufriedenheit, hoher Qualitätsstandard der Produkte, Prozessoptimierung, Kostenreduktion. Diese wirken sich auf das Oberziel eines maximalen bzw. angemessenen Gewinns aus.

Das **ökologische Ziel** „schonender Einsatz von Ressourcen" nimmt auf Belange des Umweltschutzes Rücksicht.

Das **soziale Ziel** „Sicherung von Arbeitsplätzen" stärkt die Stellung der Mitarbeiter im Unternehmen.

1.2 Möglicher **Zielkonflikt:** z. B. Kostenreduktion und Erhöhung des Marktanteils. Eine Erhöhung des weltweiten Marktanteils könnte verstärkte Werbemaßnahmen, Errichtung von Absatzstützpunkten in Übersee usw. erfordern; beide Maßnahmen wirken kostenerhöhend.

Mögliche **Zielharmonie:** z. B. hohe Qualitätsstandards und hohe Kundenzufriedenheit. Gleichbleibend hohe Qualität verhindert Häufung von Kundenreklamationen.

1.3 Beim **Shareholder-Value-Konzept** stehen bei der Formulierung der Unternehmensziele die Interessen der Kapitaleigner (z. B. Kurssteigerung, hohe Rendite) im Vordergrund.

Beim **Stakeholder-Konzept** werden neben den Interessen der Kapitaleigner auch die Interessen anderer Anspruchsgruppen (Kunden, Öffentlichkeit, Mitarbeiter, Lieferanten, Gewerkschaften usw.) berücksichtigt.

Abituraufgaben 2016 (Aufgabe 3, teilweise)

3.1 Mögliche Zielformulierung:
„Der durchschnittliche Energieverbrauch unserer Produkte geht bis 2020 um 10 % zurück."

Nur durch Operationalisierung hinsichtlich Inhalt, Zeit und Erfüllungsgrad kann die Zielerreichung bzw. deren Abweichung überprüft werden.

3.2 Zielharmonie zwischen „Gewinnmaximierung" und „hohe Energieeffizienz":
Maschinen mit hoher Energieeffizienz sparen Kosten während der Laufzeit und haben ein besseres Image. Die Maschinen können somit besser verkauft werden, wodurch sich Umsatz und Gewinn erhöhen.

Zielkonflikt zwischen „Gewinnmaximierung" und „hohe Energieeffizienz":
Die Entwicklung neuer energieeffizienter Maschinen verursacht zunächst zusätzliche Aufwendungen, die den Gewinn verringern und somit dem Ziel der Gewinnmaximierung entgegenstehen.

22 Preisbildung

22.1 Nachfrage und Angebot

1. **Individuelle Nachfrage:** Nachfrage eines einzelnen Haushaltes nach einem bestimmten Gut bei verschiedenen Preisen

   Marktnachfrage: Summe aller individuellen Nachfragen nach einem Gut (Addition = Aggregation aller individuellen Nachfragekurven zur Gesamtnachfragekurve = Marktnachfragekurve)

2. **Bestimmungsgründe Nachfrage:** Preis, Bedürfnisstruktur, Einkommen, Vermögen, Preise anderer Güter (Substitutions-, Komplementärgüter), Zukunftserwartungen, Nachfragerzahl

3. Unterstellung: Die Nachfragemenge ist lediglich vom Preis abhängig. Die anderen Bestimmungsfaktoren (Einkommen usw.) werden konstant gesetzt, verändern sich also nicht.

4. Wie ändert sich die Nachfragemenge, wenn sich der Preis ändert?
   Ursache also: Preisänderung. Wirkung: Nachfragemengenänderung.

5. a) **Gesetz der Nachfrage:** Steigender Preis bewirkt sinkende Nachfrage und umgekehrt. Es handelt sich um Bewegungen auf der Kurve.

   b) 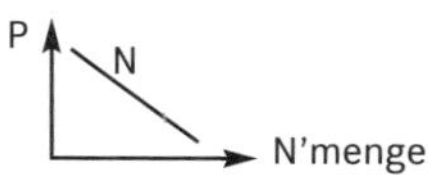

6. a) durch Marktforschung

   b) Nein. Es sind Schätzungen, die auf mehr oder weniger exakten Marktanalysen bzw. Marktbeobachtungen basieren.

7. Wenn sich mindestens einer der konstant gesetzten Bestimmungsfaktoren der Nachfrage ändert (z. B. Einkommen).

8. • Nachfragerzahl steigt
   • steigende Einkommen
   • steigende Bedürfnisse
   • Nachfrager erwarten Preissteigerungen
   • sinkende Preise bei Komplementärgütern
   • steigende Preise bei Substitutionsgütern

9. • Nachfragerzahl sinkt
   • sinkende Einkommen
   • sinkende Bedürfnisse
   • Nachfrager erwarten Preissenkungen
   • steigende Preise bei Komplementärgütern
   • sinkende Preise bei Substitutionsgütern

10. a) Komplementärgüter: sich ergänzende Güter. Güter, die nur gemeinsam genutzt werden können. Beispiele: Lampe/Birne, Auto/Reifen.

    b) Substitutionsgüter: austauschbare Güter. Beispiele: Holz/Kunststoff, Margarine/Butter.

11. a) Nachfrage steigt. b) Nachfrage steigt.

12. Die Nachfrage nach Autos wird sinken, somit sinkt auch die Nachfrage nach dem Komplementärgut Autoreifen.

13. Die Nachfrage nach Gut A a) sinkt, b) steigt.

14. Die Nachfrage nach Gut A a) steigt, b) sinkt.

15. a) Nachfrage sinkt, weil Haushalte aus Risikovorsorge größere Teile ihres Einkommens sparen. b)

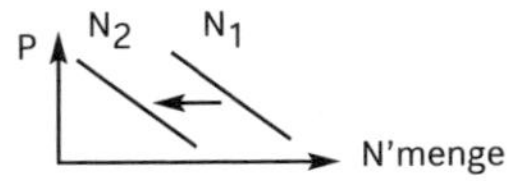

16. a) Steigende Nachfrage, um den Preissteigerungen zuvorzukommen. b)

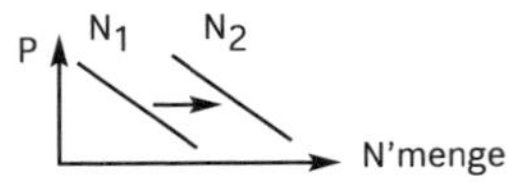

17. Keine Nachfrageänderung, da Insulin für den Käufer lebensnotwendig ist; vollkommen unelastische Nachfrage.

18. Es handelt sich um die sog. **anomale Nachfrage**. Ein hoher Preis erweckt beim Nachfrager den Eindruck hoher Qualität. Das Produkt wird also bevorzugt gekauft, weil es teurer ist **(Preis als Qualitätsmaßstab)**.

Alternativerklärung: Man kauft bevorzugt teurere Güter, um sich aus der Gemeinschaft herauszuheben und Güter zu besitzen, die sich andere nicht leisten können **(Snob-Effekt)**.

19. • private Haushalte: privater Konsum (Verbrauch) • Ausland: Export
• Unternehmen: Investitionsgüternachfrage • Staat: Staatskonsum

20. Die Höhe der Gesamtnachfrage bestimmt den Konjunkturverlauf. Steigende Nachfrage nach Konsumgütern bzw. steigende Auslandsnachfrage (Exporte) bewirken steigende Beschäftigung, steigende Investitionen und somit steigendes Inlandsprodukt (Konjunkturaufschwung, Wachstum).

21. Aufgrund der zusätzlichen Nachfrage aus den neuen Bundesländern wird mit einem weiteren Konjunkturaufschwung sowie steigendem Wirtschaftswachstum bei entsprechender Investitionsbereitschaft der Unternehmen gerechnet.

22. **Elastische Nachfrage:** Eine relativ (prozentual) kleine Preisänderung bewirkt eine relativ (prozentual) große Nachfragemengenänderung.

Unelastische Nachfrage: Eine relativ (prozentual) große Preisänderung bewirkt eine relativ (prozentual) kleine Nachfragemengenänderung.

23. a, b) 1. elastisch 2. unelastisch 3. unelastisch (relativ große Preisänderung bewirkt relativ kleine Mengenänderung)

c) Umsatz sinkt, Nachfragemenge sinkt

d) $\text{Elastizität} = \frac{dx \cdot p}{dp \cdot x} = \frac{-60 \cdot 70}{+20 \cdot 140} = \mathbf{-1{,}5}$

24. a) $\text{Elastizität} = \frac{dx \cdot p}{dp \cdot x} = \frac{-4 \cdot 8}{-2 \cdot 60} = \mathbf{+0{,}267}$; unelastisch, da < 1; anomal, da positiv

b) $\text{Elastizität} = \frac{dx \cdot p}{dp \cdot x} = \frac{-2 \cdot 2}{+2 \cdot 8} = \mathbf{-0{,}25}$; unelastisch, da < 1

c) $\text{Elastizität} = \frac{dx \cdot p}{dp \cdot x} = \frac{-30 \cdot 12}{+2 \cdot 60} = \mathbf{-3}$; elastisch, da > 1

25. Bei anomaler Nachfrage (Snob-Effekt ...): vgl. 18.

26. P · x = U bzw. x = U : P; mengenmäßige Nachfrage somit: 10 – 9 – 8 – 7 – 6

Elastizität $= \frac{dx \cdot p}{dp \cdot x} = \frac{-1 \cdot 8}{+2 \cdot 7} = $ **–0,57;** unelastisch, da < 1

27. a) Elastischer Bereich; eine Preiserhöhung würde eine Umsatzsenkung, eine Preissenkung eine Umsatzerhöhung bewirken.

b) Unelastische Nachfrage: Eine Preiserhöhung würde eine Umsatzerhöhung, eine Preissenkung eine Umsatzsenkung bewirken.

28. **Vollkommen elastische Nachfrage:** Nachfragekurve verläuft parallel zur x-Achse; zu dem betreffenden Preis würde jede Menge gekauft werden.

Vollkommen unelastische Nachfrage: Nachfragekurve verläuft parallel zur y-Achse; eine Preisänderung bewirkt keine Nachfragemengenänderung.

29. Kreuzpreiselastizität $= \frac{dx_B \cdot p_A}{dp_A \cdot x_B} = \frac{-2 \cdot 12}{-3 \cdot 10} = $ **+0,8;** Substitutionsgüter, da positiv

30. a) Kreuzpreiselastizität $= \frac{dx_B \cdot p_A}{dp_A \cdot x_B} = \frac{-500 \cdot 210}{15 \cdot 3.500} = $ **–2** b) Komplementärelastizität, da negativ

31. Zu ergänzen: „Nachfragemenge nach Gut B“

Kreuzpreiselastizität $= \frac{dx_B \cdot p_A}{dp_A \cdot x_B} = \frac{4 \cdot 4}{3 \cdot 2} = $ **+2,66;** Substitutionselastizität, da positiv

32. a) Komplementärgüter, da die Kreuzpreiselastizität negativ ist.

b) Kreuzpreiselastizität $= \frac{dx_A \cdot p_B}{dp_B \cdot x_A} = -0{,}625 = \frac{dx_A \cdot 100}{20 \cdot 800}$ → $dx_A = -100$

Nachfragezeitpunkt 2: 800 – 100 = **700 Stück**

33. **Individuelles Angebot:** Angebot eines bestimmten Gutes durch einen einzelnen Anbieter bei verschiedenen Preisen.

Marktangebot: Summe aller individuellen Angebote eines bestimmten Gutes (Addition = Aggregation aller individuellen Angebotskurven zur Gesamtangebotskurve = Marktangebotskurve)

34. **Bestimmungsgründe Angebot:** Preis, Kosten und Kapazitäten des Anbieters, Zukunftserwartungen, Konkurrenzlage (Marktstellung d. Anbieters, Zahl der Anbieter), Konjunkturlage.

35. Unterstellung: Die Angebotsmenge ist lediglich vom Preis abhängig. Die anderen Bestimmungsfaktoren (Kosten, Konjunktur ...) werden konstant gesetzt, verändern sich also nicht.

36. Wie ändert sich die Angebotsmenge, wenn sich der Preis ändert?
Ursache also: Preisänderung. Wirkung: Angebotsmengenänderung.

37. a) **Gesetz des Angebots:** Steigender Preis bewirkt steigendes Angebot und umgekehrt. Es handelt sich um Bewegungen auf der Kurve.

b) 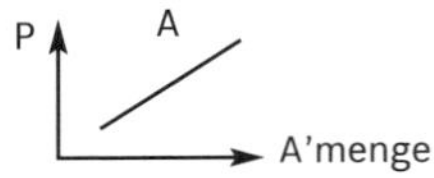

38. Wenn sich mindestens einer der konstant gesetzten Bestimmungsfaktoren des Angebots ändert (z. B. Kostensituation, Konjunkturlage).

39. • Anbieterzahl steigt.
• Kosten der Anbieter sinken.
• steigende Kapazitäten
• optimistische Zukunftserwartungen

40. • Anbieterzahl sinkt.
• Kosten der Anbieter steigen.
• sinkende Kapazitäten
• pessimistische Zukunftserwartungen

41. a) Verschiebung der Angebotskurve nach links, weil jede Menge zu einem höheren Preis angeboten werden muss.

b) 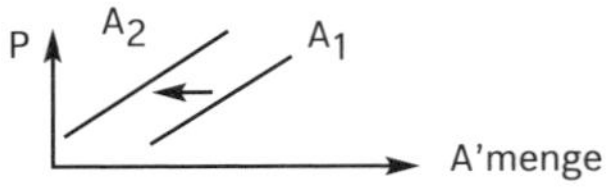

42. Rationalisierung bedeutet Kapazitätsausweitung und Kostensenkung. Somit steigt das Angebot. Verschiebung der Angebotsfunktion nach rechts.

43. Güter, die einen hohen Preis erzielen und relativ geringe Kosten verursachen, die also hohe Gewinnchancen versprechen.

44. **Konsumentensouveränität:** In marktwirtschaftlich orientierten Wirtschaftssystemen entscheidet letztlich der Konsument (Nachfrager) darüber, welche Güter produziert werden. Wenn Bedarf nach einem Gut vorhanden ist, wird es Unternehmer geben, die diese Marktlücke schließen wollen, da sich entsprechende neue Verdienstquellen öffnen. Das Angebot richtet sich also letztlich nach der Nachfrage – der Konsument (Nachfrager) ist „souverän".

45. a) 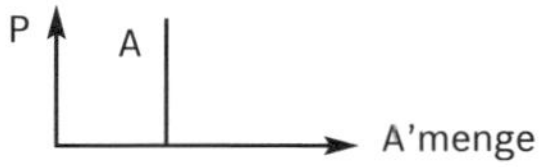

b) • Ein Anbieter muss innerhalb kürzester Zeit sein Lager mit verderblichen Waren räumen.

• Ein Wertpapierinhaber befürchtet einen starken Kursverfall. Er bietet daher seine Wertpapiere unlimitiert (egal zu welchem Kurs = Preis) an.

22.2 Marktformen/vollkommener, unvollkommener Markt

1. a) **Markt** = jedes Zusammentreffen von Angebot und Nachfrage

b) Durch das Zusammentreffen von Angebot und Nachfrage wird ein Güteraustausch möglich.

2. a) **Polypol:** viele Anbieter, viele Nachfrager

b) **Oligopol:** wenige Anbieter bzw. Nachfrager

c) **Monopol:** ein Anbieter bzw. Nachfrager

3. Zunahme von Großunternehmen bei gleichzeitigem Rückgang der kleineren Unternehmen. Anbieterzahl sinkt, ihre Marktmacht steigt.

4. a) Patent b) Mineralölindustrie c) Bauindustrie

5. • keine räumlichen Unterschiede (Punktmarkt)
   • keine sachlichen Unterschiede (homogene = gleichartige Güter)
   • keine persönlichen Präferenzen
   • keine zeitlichen Unterschiede (gleiche Lieferfristen)
   • vollkommene Marktübersicht (= vollkommene Markttransparenz)

6. Wenn mindestens eine der Bedingungen des vollkommenen Marktes nicht erfüllt ist. Verschiedene Preise für ein Gut.

7. Ein bestimmtes Gut wird zu einem einheitlichen Preis angeboten. Begründung: Verlangt ein Anbieter einen höheren Preis als die anderen, wird keiner mehr bei ihm kaufen. Bei einer Preissenkung unter den Preis der anderen könnte er die auf ihn sich konzentrierende Gesamtnachfrage aufgrund seiner zu geringen Kapazität nicht befriedigen.

8. a) **Homogenität:** Gleichartigkeit der Güter

   b) **Transparenter Markt:** übersichtlicher Markt, jeder Marktteilnehmer kennt Preise, Konditionen, Lieferfristen usw. aller Beteiligten.

   c) **Punktmarkt:** theoretischer Grenzfall: keine räumlichen Unterschiede, alle Marktteilnehmer treffen sich an einem bestimmten Ort zu einer bestimmten Zeit und haben somit den gesamten Überblick über das Marktgeschehen.

   d) **Präferenzen:** eine Vorliebe für etwas haben, etwas bevorzugen

9. Der Markt ist lediglich zeitweise (temporär) unvollkommen. Durch allmähliche „Entschleierung" (allmählich eintretende vollkommene Information durch „Herumsprechen") wird der Markt überschaubar (transparent) und somit vollkommen.

10. Der unvollkommene Markt ist zu vielschichtig, sodass man hier nur schwer zu eindeutigen Aussagen über Marktvorgänge kommen kann. Somit wird als Modell (= vereinfachtes Abbild der Realität) der vollkommene Markt untersucht, wobei man versucht, die gewonnenen Erkenntnisse auf komplexere Sachverhalte anzuwenden bzw. auszudehnen.

11. Börse

12. a) Vollkommener Markt, da alle Bedingungen erfüllt sind (vgl. 9.).

    b) unvollk. Markt, da insbesondere räumliche Unterschiede, fehlende Markttransparenz ...

    c) Unvollkommener Markt, da keine Bedingung des vollkommenen Marktes erfüllt ist.

    d) Unvollkommener Markt, da insbesondere fehlende Homogenität bei Äpfeln besteht.

    e) Vollkommener Markt, da alle Bedingungen annähernd erfüllt sind.

13. Nicht erfüllte Bedingung:
    a) „keine sachlichen Unterschiede"
    c) „keine räumlichen Unterschiede"
    b) „keine zeitlichen Unterschiede"
    d) „keine persönlichen Präferenzen"

14. Es liegt ein Punktmarkt vor (keine räumlichen und zeitlichen Unterschiede). Wertpapiere (z. B. Aktien von BMW) sind homogen (keine sachlichen Unterschiede). Keine persönlichen Präferenzen. Es herrscht (fast) vollkommene Marktübersicht (Markttransparenz).

15. Richtig sind: b, c, f, g

22.8 Polypol – vollkommener Markt

1. Vgl. Stofftelegramm.

2. a) **Angebotsüberhang:** Angebot übersteigt Nachfrage, Lagerbildungen, starker Wettbewerb unter Anbietern, Tendenz zur Preissenkung, weil die Anbieter ihre Waren loswerden wollen.

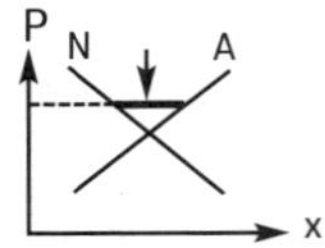

   b) **Nachfrageüberhang:** Nachfrage übersteigt Angebot, starker Wettbewerb unter den Nachfragern, Tendenz zur Preiserhöhung.

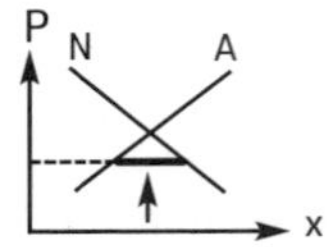

3. a) **Käufermarkt:** Angebotsüberhang. Die Käufer (Nachfrager) sind preisverhandlungsmäßig im Vorteil. Tendenz: Preissenkung.

   b) **Verkäufermarkt:** Nachfrageüberhang. Die Verkäufer (Anbieter) sind preisverhandlungsmäßig im Vorteil. Tendenz: Preiserhöhung.

4. 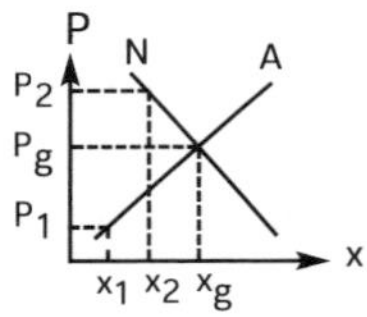

   Absatz bei P_1: x_1

   Absatz bei P_2: x_2

   Absatz bei P_g: x_g (= Absatzmaximum)

5. a) 16,00 EUR — Begründung: Angebot = Nachfrage

   b) P = 10,00 EUR: Nachfrageüberhang, Nachfrageüberschuss, Angebotslücke, Verkäufermarkt, Anbietermarkt, Ungleichgewicht

   P = 16,00 EUR: Gleichgewichtspreis, Marktgleichgewicht, Absatzmaximum

   P = 20,00 EUR: Angebotsüberhang, Angebotsüberschuss, Nachfragelücke, Käufermarkt, Nachfragermarkt, Ungleichgewicht

   c) 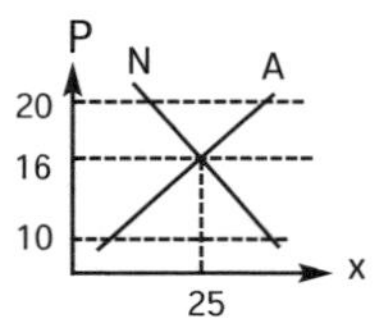

d) U = p · x =		16,00 · 25	=	**400,00 EUR**
e) P = 10,00 EUR:	U =	10,00 · 16	=	**160,00 EUR**
P = 12,00 EUR:	U =	12,00 · 19	=	**228,00 EUR**
P = 20,00 EUR:	U =	20,00 · 15	=	**300,00 EUR**
P = 22,00 EUR:	U =	22,00 · 10	=	**220,00 EUR**

6. 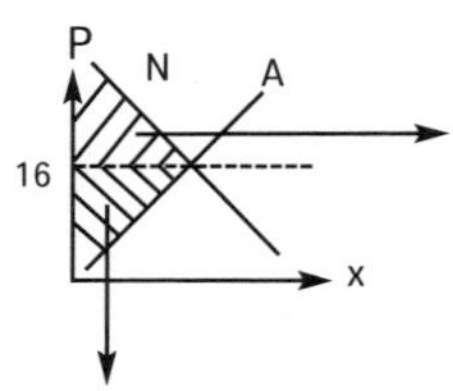

   Konsumentenrente: Die Differenz zwischen dem Preis, den ein Käufer (Konsument) zu zahlen bereit ist, und dem tatsächlich gezahlten Marktpreis (Gleichgewichtspreis). Die Konsumentenrente ist also ein nicht ausgegebener Betrag bzw. eine Art (psychologischer) Gewinn für den Käufer.

   Produzentenrente: Die Differenz zwischen dem vom Verkäufer (Produzenten) erzielten Gleichgewichtspreis und dem niedrigeren Preis, zu dem er gerade noch angeboten hätte. Die Produzentenrente ist also eine Art zusätzlicher Gewinn für den Anbieter.

7. Bei Preisen, die über bzw. unter dem Gleichgewichtspreis liegen, sind Ungleichgewichte zwischen Angebot und Nachfrage gegeben.

Preise über dem Gleichgew.preis:	Angebotsüberhang mit sinkender Preistendenz (s. o.)
Preise unter dem Gleichgew.preis:	Nachfrageüberhang mit steigender Preistendenz (s. o.)
Gleichgewichtssituation:	Angebot = Nachfrage, keine Preisänderungstendenzen sowie größtmöglicher Absatz

8. Nein! Zum Zuge kommen:

   1. alle Anbieter, die maximal den Gleichgewichtspreis verlangen,
   2. alle Nachfrager, die mindestens den Gleichgewichtspreis zahlen wollen.

   Nicht zum Zuge kommen:

   1. alle Anbieter, die über dem Gleichgewichtspreis anbieten,
   2. alle Nachfrager, die weniger als den Gleichgewichtspreis zahlen wollen.

9.
   - Jeder Polypolist bietet zum Gleichgewichtspreis (Marktpreis) an (**„Preisnehmer“**). Der Marktpreis ist für ihn ein „Datum“ (vorgegeben). Preispolitik ist nicht möglich.
   - **Höhere Preise** kann er nicht durchsetzen, weil er aufgrund der Bedingungen des vollkommenen Marktes seinen gesamten Absatz verlieren würde.
   - **Niedrigere Preise** als den Gleichgewichtspreis würden ihn bezüglich seiner Kapazität überfordern.
   - Bei vorgegebenem Preis wird er die Menge anbieten, bei der er sein Gewinnmaximum erzielt (**Mengenanpasser**). Dies ist üblicherweise die Menge, bei der gilt: Grenzkosten = Preis.

10. Der Gleichgewichtspreis garantiert den größtmöglichen Absatz. Somit wird die größtmögliche Gütermenge (Angebotsmenge) umgesetzt. Angebot und Nachfrage werden zum Ausgleich gebracht, es gibt keine Lagerbildung. Der Bedarf ist optimal gedeckt.

11. a) Angebotsüberhang b) Nachfrageüberhang c) Gleichgewichtspreis

12. a) Preis steigt b) Preis steigt c) Preis sinkt d) Preis sinkt

13.

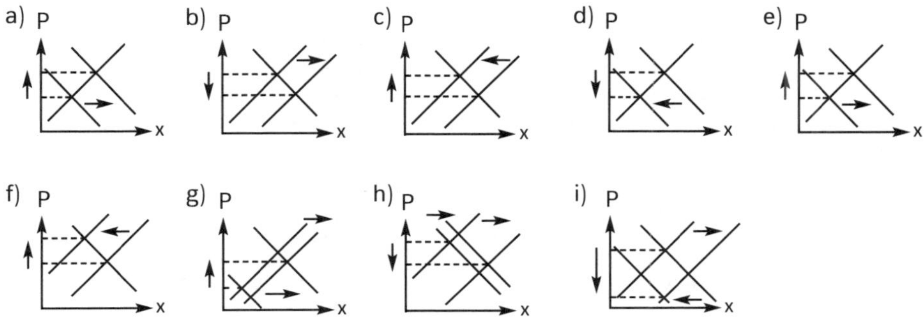

14. Nachfrage- und Angebotskurve verschieben sich nach rechts.

    <u>Alternative 1:</u> Nachfrage- und Angebotsänderung in gleichem Umfang: keine Änderung des Gleichgewichtspreises

    <u>Alternative 2:</u> Die Nachfrage steigt stärker als das Angebot: Der Gleichgewichtspreis steigt.

    <u>Alternative 3:</u> Das Angebot steigt stärker als die Nachfrage: Der Gleichgewichtspreis sinkt.

Alternative 1

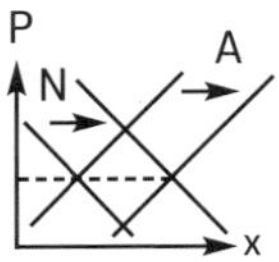

Alternative 2

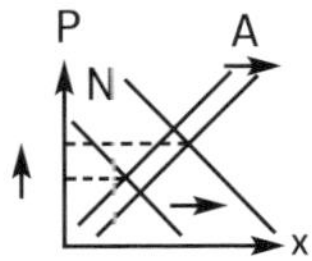

Alternative 3

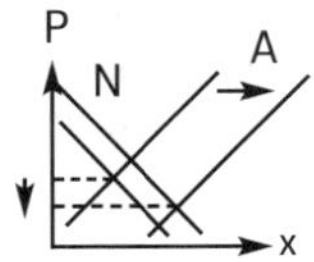

15. Steigendes Angebot allein bedeutet sinkender Preis. Ist der Preis dennoch gestiegen, so ist dies auf relativ stark gestiegene Nachfrage zurückzuführen.

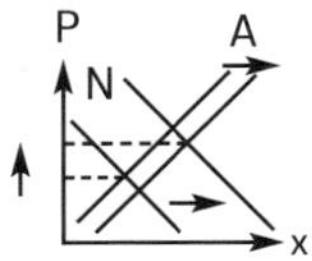

16. Nachfragekurve verschiebt sich nach links, da die verfügbaren Einkommen und damit die Nachfrage sinken. Gleichgewichtspreis und Menge sinken.

17. **Ausgleichsfunktion:** Der Marktpreis bringt Nachfrage und Angebot zum Ausgleich. Er „räumt“ den Markt = größtmöglicher Absatz.

Signalfunktion: Der Marktpreis zeigt den Knappheitsgrad eines Gutes an. Preissteigerungen signalisieren, dass das Gut relativ knapper geworden ist: Entweder ist das Angebot bei gleichbleibender Nachfrage gesunken oder die Nachfrage bei gleichbleibendem Angebot gestiegen. Preissenkungen: analog.

Lenkungsfunktion: Der Marktpreis lenkt das Angebot auf diejenigen Märkte, auf denen eine große Nachfrage herrscht und somit hohe Marktpreise und Gewinne erzielbar sind. Einsatz der Produktionsfaktoren in den Bereichen mit hohen Gewinnchancen. Vgl. „Konsumentensouveränität“.

Erziehungsfunktion: Der Preis auf dem vollkommen polypolistischen. Markt ist bei allen Anbietern gleich. Der Preis zwingt (erzieht) die Anbieter zur Kostensenkung, wenn sie ihren Gewinn maximieren wollen. Die Nachfrager werden dahingehend erzogen, preisgünstigste Einkaufsmöglichkeiten zu suchen, wenn sie ihren Nutzen maximieren wollen.

18. a) Substitutionsgüter

b) Sinkende Nachfrage bei Holzfenstern bewirkt hier einen sinkenden Marktpreis. Steigende Nachfrage bei Kunststofffenstern bewirkt hier einen steigenden Marktpreis. Umso mehr sich die Preise angleichen, umso weniger Nachfrager werden auf Kunststofffenster umsteigen. Möglicherweise wird die Preissteigerungstendenz bei Kunststofffenstern gebremst durch neue Anbieter, die aufgrund der hohen Preise angezogen werden.

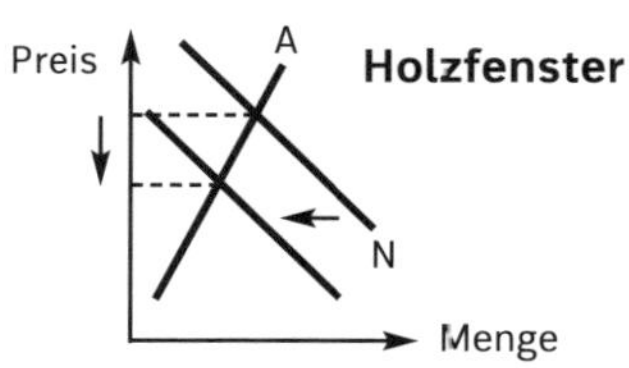

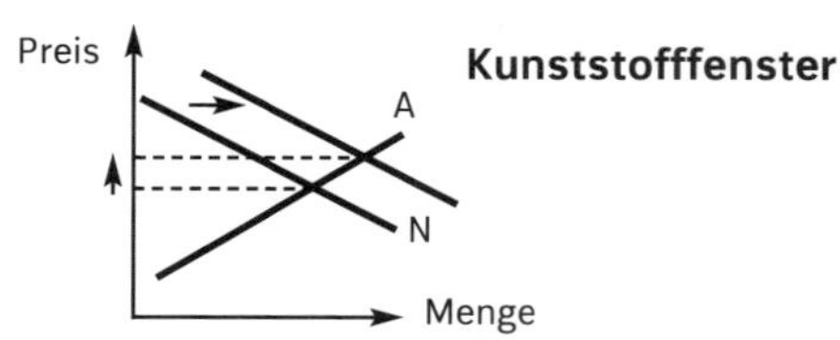

c) **Ausgleichsfunktion:** Es spielt sich stets ein Marktpreis ein, der Angebot und Nachfrage zum Ausgleich bringt.

Signalfunktion: Die Preissteigerung bei Kunststofffenstern signalisiert, dass sie relativ knapper geworden sind. Die Preissenkung bei Holzfenstern signalisiert, dass sie relativ weniger knapp geworden sind.

Lenkungsfunktion: Aufgrund der Preissteigerungen bei Kunststofffenstern – ausgelöst durch vermehrte Nachfrage – sowie sinkender Preise bei Holzfenstern werden bisherige Anbieter von Holzfenstern vermehrt auf Kunststofffensterproduktion umsteigen. Der gestiegene Preis zieht also neue Anbieter an – die Produktion wird in den Bereich „gelenkt", der nachfragemäßig begünstigt ist.
Vgl. „Konsumentensouveränität": Der Konsument bestimmt letztlich, was angeboten wird.

Erziehungsfunktion: Die Nachfrager richten sich nach preisgünstigsten Einkaufsmöglichkeiten, steigen also bei entsprechendem Preisabstand auf Kunststofffenster um (Nutzenmaximierung). Anbieter handeln nach dem Gewinnmaximierungsprinzip und lassen sich durch steigende Nachfrage und Preise zur Kunststofffensterproduktion bewegen.

19. Der Polypolist auf dem vollkommenen Markt kann keine Preispolitik betreiben, weil der Marktpreis für alle Marktteilnehmer vorgegeben ist. Somit wird er bei gegebenen Preisen die Menge anbieten, bei der er sein Gewinnmaximum erzielt.

20.

Wertpapierbörse:	Automarkt:
• Polypol	• Angebotsoligopol
• am ehesten vollk. Markt	• weniger vollk. Markt (heterogene Produkte ...)
• strenge Regeln	• praktisch keine Regelungen
• zentralisierter Markt	• dezentralisierter Markt

21. a) Die unterschiedliche Kosten- und Nutzenstruktur kommt im Verlauf der Angebots- und Nachfragekurven zum Ausdruck. Im vollkommenen Markt besteht Transparenz über das Verhalten aller Marktteilnehmer; jeder kennt den Marktpreis. Jeder Kauf oder Verkauf zu einem anderen Preis würde dem Grundsatz des rationalen Verhaltens widersprechen.

b) U 1 bezieht eine größere Produzentenrente als U 2 (Produzentenrente = Differenz zwischen dem für den Anbieter noch ausreichendem Preis und dem Marktpreis).
N 1 bezieht eine Konsumentenrente, d. h., es besteht eine Differenz zwischen geplanten und tatsächlichen Aufwendungen für das Gut. N 2: erzielt keine Konsumentenrente.

22.9 Polypol – unvollkommener Markt

1. • Alle fünf Bedingungen des vollkommenen Marktes sind nur selten erfüllt, sodass der vollkommene Markt in der Realität kaum vorkommt (Ausnahme Börse).

Ein unvollkommener Markt liegt vor, wenn eine oder mehrere Bedingungen des vollkommenen Marktes nicht erfüllt sind. Unvollkommener Markt ist daher realitätsnah.

• vollkommener Markt: Einheitspreis • unvollkommener Markt: Preisunterschiede

2. • Aufgrund räumlicher, zeitlicher, sachlicher, persönlicher Unterschiede oder fehlender Markttransparenz hat der einzelne Anbieter die Möglichkeit, innerhalb bestimmter Grenzen **Preispolitik** zu betreiben (monopolistischer Spielraum), ohne dass Kunden oder Konkurrenten gleich reagieren.

• Durch absatzpolitische Maßnahmen wie Werbung, Qualitäts- und Verpackungsverbesserung usw. versucht der Polypolist, seine Preisspielräume zu vergrößern.

3. Der unvollkommene Markt entspricht der Realität, sodass unbegrenzt Beispiele genannt werden können: Videokameras, Lampen ... desselben Typs zu unterschiedlichen Preisen in verschiedenen Geschäften.

4. Er will möglichst viele Präferenzen (zeitlich, räumlich, sachlich, persönlich) für sich gewinnen, um sich von anderen Anbietern abzuheben und ggf. höhere Preise zu erzielen.

5. In beiden Marktformen kann begrenzt Preispolitik betrieben werden.

22.10 Wohlfahrtsveränderungen durch staatliche Eingriffe in die Preisbildung

1. Vgl. Stofftelegramm.

2. a)

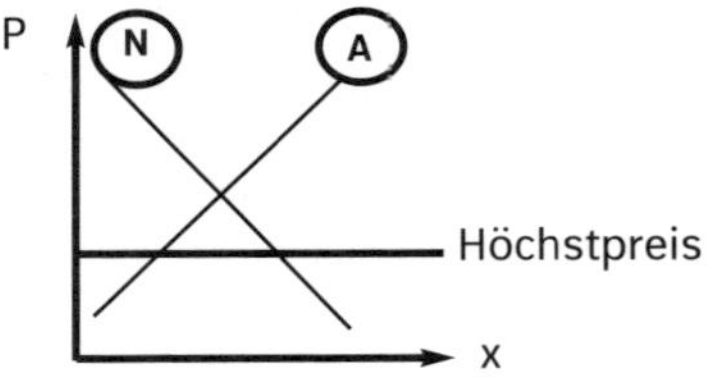

b) Schutz des Verbrauchers. Der Gleichgewichtspreis, der sich ohne Höchstpreis bilden würde, wird als zu hoch betrachtet.

c) Es entsteht ein Nachfrageüberhang: Viele Nachfrager kommen nicht zum Zuge.

Eventuelle Probleme:

- Schwarzmarkt: Produkte werden „unter dem Tisch" über dem Höchstpreis angeboten.
- Rationierung: planmäßige Verteilung des zu geringen Angebots auf die Nachfrager
- Schließung der Angebotslücke möglich durch
  - zwangsweise Vergrößerung des Angebots (Produktionsauflagen),
  - Staat als zusätzlichen Anbieter,
  - Zuschüsse an Anbieter, damit diese vermehrt produzieren.

3. a)

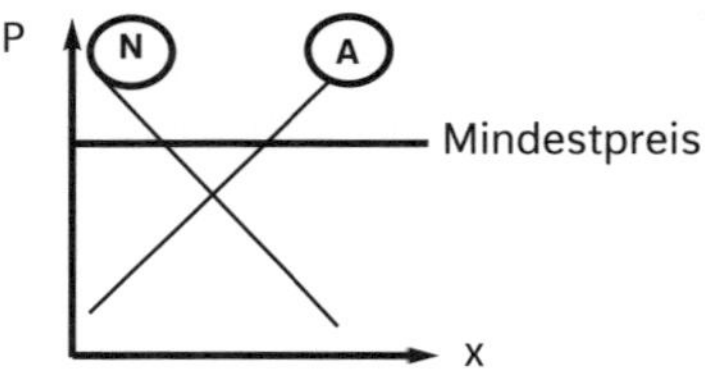

b) Schutz des Produzenten. Der Gleichgewichtspreis, der sich ohne Mindestpreis bildet, wird als zu niedrig betrachtet, evtl. nicht einmal kostendeckend.

c) Es entsteht ein Angebotsüberhang: Die Anbieter bleiben z. T. „auf ihren Produkten sitzen". Mögliche Staatsmaßnahmen:

- Produktionsbeschränkung erzwingen
- Aufkauf Überschüsse + lagern, vernichten, zweckentfremden oder Verkauf ins Ausland. Eventuelle Probleme: Lager- bzw. Vernichtungskosten

4. a) Mindestpreis festlegen b) Höchstpreis festlegen

5. Nachfrageverringerung: Staatsaufträge kürzen, Steuererhöhungen für Nachfrager, Streichung von Subventionen für Nachfrager.

   Angebotserhöhung: Zollsenkungen (Importe steigen), Investitionszulagen, Abschreibungsvergünstigungen, Steuererleichterungen für Anbieter.

6. a) m'konform b) m'konform c) m'konträr d) m'konform e) m'konträr
   f) m'konform g) m'konform h) m'konträr i) m'konträr

7. Marktkonforme Maßnahmen: Wohngeldgewährung

   Marktkonträre Maßnahmen: Höchstmiete, die unter der Marktmiete liegt

8. a) • Auftreten sozialer Missstände
• auftretende konjunkturelle Krisen

b) Im Rahmen des GWB: Kartellkontrolle, Fusionskontrolle, Fusionsverbot und Missbrauchsaufsicht bei marktbeherrschenden Unternehmen

ca) Marktkonforme Eingriffe, bei denen die Preisbildung indirekt über eine Angebots- und/oder Nachfragebeeinflussung gesteuert wird.

Beispiele: Subventionen, Zölle, Steuerpolitik, Staat als Nachfrager

Beispiel mit Wirkungsweise: Staat bewirkt einen niedrigeren Gleichgewichtspreis durch Einschränkung der eigenen Nachfrage.

cb) 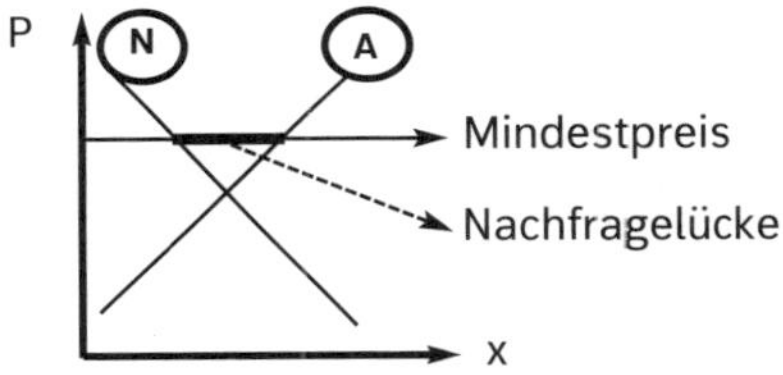

Keine Abstimmung mehr von Angebot und Nachfrage über den Preis. Es entsteht eine Nachfragelücke (Angebotsüberhang). Der Staat interveniert.

cc) „Verwaltung" des bestehenden Angebotsüberschusses (Lagerung, subventionierter Absatz, Vernichtung) und/oder Verringerung des Angebots zum geltenden Mindestpreis durchsetzen (Prämien für Betriebsstilllegungen ...).

9. a) Angebotslücken, Rationierung durch den Staat, Schwarzmarkt, Qualitätsverschlechterung der Waren.

b) In einer Marktwirtschaft sollen sich die Preise am Markt durch das Verhältnis von Angebot und Nachfrage bilden. Die Preisfestsetzung ist eine marktkonträre Maßnahme. Eventuell könnte die Festsetzung von Höchstpreisen in Verbindung mit einer Rationierung bei sehr hoher Inflationsrate dem Schutz des Verbrauchers dienen.

c) In der Bundesrepublik Deutschland gilt der Grundsatz der Tarifautonomie. Somit ist es nicht Aufgabe der Regierung, in die Verhandlungen zwischen Arbeitgebern und Gewerkschaften einzugreifen.

10. a) Markt A: Erlös ohne Eingriff: 2 GE · 4 Mio. t = 8 Mio. GE
Erlös nach Eingriff: 3 GE · 3 Mio. t = 9 Mio. GE

Markt B: Erlös ohne Eingriff: 2 GE · 8 Mio. t = 16 Mio. GE
Erlös nach Eingriff: 3 GE · 4 Mio. t = 12 Mio. GE

Auf dem Markt A tritt eine Erlössteigerung, auf dem Markt B eine Erlösminderung ein. Die Nachfrageelastizität auf dem Markt A ist geringer als auf dem Markt B.

b) Aufkauf der Überschussprodukte in Höhe von 2 Mio. t auf dem Markt A und 5 Mio. t auf dem Markt B; Einlagerung bzw. Vernichtung dieser Produkte.

Direkte Einkommenszahlungen an die Landwirte oder Subventionen an die Verbraucher.

c) Bei Produktionsbeschränkungen entstehen keine Aufwendungen für den Staat.

Hinweis: Folgende Berechnungen waren laut Aufgabenstellung nicht direkt verlangt!

Bei **Überschussaufkauf** entstehen folgende Aufwendungen (vgl. Skizzen!):

Produkt A:	Produktion	5 Mio. t · 3 GE	=	15 Mio. GE
	Nachfrage	3 Mio. t · 3 GE	=	9 Mio. GE
	Aufkauf (= Aufwand im Staatshaushalt)			6 Mio. GE
Produkt B:	Produktion	9 Mio. t · 3 GE	=	27 Mio. GE
	Nachfrage	4 Mio. t · 3 GE	=	12 Mio. GE
	Aufkauf (= Aufwand im Staatshaushalt)			15 Mio. GE

Bei **Subventionierung** entstehen ungefähr folgende Aufwendungen (vgl. Skizzen!):

Einnahmen der Anbieter von Produkt **A** bei Mindestpreis (s. o.)	15,00 Mio. GE
Aufgrund der Nachfrage erzielt Anbieter jedoch nur 5 Mio. t · 1 GE =	5,00 Mio. GE
Die Differenz müsste der Staat subventionieren	10,00 Mio. GE
Einnahmen der Anbieter von Produkt **B** bei Mindestpreis (s. o.)	27,00 Mio. GE
Aufgrund der Nachfrage erzielt Anbieter jedoch nur 9 Mio. t · 1,75 GE =	15,75 Mio. GE
Die Differenz müsste der Staat subventionieren	11,25 Mio. GE

Produkt A belastet insgesamt den Staatshaushalt bei staatlichen Maßnahmen weniger. Bei Aufkauf durch den Staat besteht die Gefahr, dass langfristig das Angebot immer mehr steigt und die Kosten (Einlagerung ...) wachsen.

11. a) Sinkende „Renten" bewirken einen Wohlfahrtsverlust, steigende einen Wohlfahrtsgewinn.

b) Verschiebung Angebotskurve nach links: Wohlfahrtsverlust („Renten" sinken)
Verschiebung Angebotskurve nach rechts: Wohlfahrtsgewinn („Renten" steigen)

c)

Konsumentenrente:	Wohlfahrtsgewinn	100 GE
Produzentenrente:	Wohlfahrtsverlust	50 GE
Wohlfahrtsverlust per Saldo		50 GE

d)

Konsumentenrente:	Wohlfahrtsverlust	250 GE
Produzentenrente:	Wohlfahrtsgewinn	400 GE
Staatsausgaben:	Wohlfahrtsverlust	350 GE
Wohlfahrtsverlust per Saldo		200 GE

22.11 Angebotsmonopol

1. Angebotsmonopol: ein Anbieter, viele Nachfrager

2. • Erfindung (Patent) • Unternehmenszusammenschlüsse

3. **Individualmonopole:** Einzelne Unternehmen, die nicht durch Unternehmenszusammenschlüsse entstanden sind.
Kollektivmonopole: Monopole, die durch Unternehmenszusammenschlüsse (Kartelle, Konzerne) entstanden sind.

4. • Wettbewerbsbeschränkung (-ausschaltung), Gewinnerhöhung
• Sicherung von Beschaffung und Absatz
• Verbesserung der Konkurrenzfähigkeit gegenüber Auslandskonzernen
• leichtere Finanzierbarkeit von Großprojekten sowie Forschungs- und Entwicklungsarbeiten
• Kostensenkung durch Massenproduktion

5. **Bedarfsdeckungsmonopole:** Öffentl. Monopole, die nach dem gemeinwirtschaftl. Prinzip arbeiten (Ziel: optimale Versorgung der Bevölkerung mit Gütern, möglichst kostendeckend).

Gewinnmaximierungsmonopole: Monopole, die nach dem erwerbswirtschaftlichen Prinzip arbeiten (Ziel: Gewinnmaximierung).

6. Nachfrage und Kosten

7. Der Monopolist kann Preis- und Mengenpolitik betreiben. Er verwirklicht die Preis-Mengen-Kombination, bei der er sein Gewinnmaximum erzielt (größte Differenz zwischen U und K).

8. Vgl. Stofftelegramm (im oberen System ist die Zone zwischen U und K als Gewinn zu schraffieren).

9. • Verringerung seiner Kosten (z. B. durch Rationalisierung) und/oder
• Nachfragebeeinflussung durch Marketingmaßnahmen (Werbung). Nachfragekurve verschiebt sich nach rechts, Preis und Umsatz steigen bei konstanten Kosten, Gewinn steigt.
• Unvollkommenes Monopol: Preisdifferenzierung

10. a)

Preis in Euro	Nachfr. (Stück)	Umsatz (Erlöse)	Fix-kosten	Variable Kosten	Gesamt-kosten	Gewinn/ Verlust	K'	E' (U')	DTK
3.500	0	0	20.000	0	20.000	–20.000			
3.250	5	16.250	20.000	5.000	25.000	–8.750	1.000	3.250	5.000
3.000	10	30.000	20.000	10.000	30.000	0	1.000	2.750	3.000
2.750	15	41.250	20.000	15.000	35.000	6.250	1.000	2.250	2.333
2.500	20	50.000	20.000	20.000	40.000	10.000	1.000	1.750	2.000
2.250	**25**	**56.250**	**20.000**	**25.000**	**45.000**	**11.250**	**1.000**	**1.250**	**1.800**
2.000	30	60.000	20.000	30.000	50.000	10.000	1.000	750	1.667
1.750	35	61.250	20.000	35.000	55.000	6.250	1.000	250	1.571
1.500	40	60.000	20.000	40.000	60.000	0	1.000	–250	1.500
1.250	45	56.250	20.000	45.000	65.000	–8.750	1.000	–750	1.444
1.000	50	50.000	20.000	50.000	70.000	–20.000	1.000	–1.250	1.400

Gewinnmaximum bei: P = 2.250,00 EUR : Menge = 25 Stück

b) Preis: 1.750,00 EUR : Menge: 35 Stück

c), d) Skizzen vgl. Stofftelegramm.
Vergleichen und kontrollieren Sie Ihre Grafik mit Ihren ermittelten Tabellenwerten.

11.
- Öffentliche Monopole, die nach dem gemeinwirtschaftlichen Prinzip handeln (Ziel: optimale Bedarfsdeckung bei Kostendeckung).
- öffentliche Kritik an überhöhten Monopolpreisen
- evtl. „Angst" vor dem Einschreiten des Kartellamts mit rufschädigender Wirkung
- Verhinderung des Auftretens neuer Konkurrenz, die von den hohen Preisen und damit hohen Gewinnen angezogen werden könnten.
- Verhinderung neuer Konkurrenz, die Substitutionsgüter anbietet.

12. Vgl. 11.!
- öffentliche Kritik, Verärgerung der Nachfrager
- Risiko des Auftretens neuer Konkurrenz
- evtl. „Angst" vor dem Einschreiten des Kartellamts (Angst vor Rufschädigung)

13. **Argumente gegen Monopole:**
1. Ausschaltung des Wettbewerbs
2. Angebotsverknappung
3. überhöhte Preise
4. evtl. Machtmissbrauch (Politiker beeinflussen)

Argumente für Monopole:

1. Größere Fertigungsanlagen in Verbindung mit der Massenproduktion bedeuten Kostenvorteile (sinkende Stückkosten), die über die Preise weitergegeben werden.
2. leichtere Finanzierung von Forschungs- und Entwicklungsarbeiten, somit Förderung des technischen Fortschritts
3. Verbesserung der Konkurrenzsituation gegenüber ausländischen Großunternehmen
4. Öffentliche Monopole gewährleisten auch in Verlustbereichen eine Marktversorgung zu angemessenen Preisen.

14. **Ausgleichsfunktion:** Funktion kommt nicht zum Tragen, weil der durch den Monopolisten fixierte Preis kein Gleichgewichtspreis ist (Angebots- und Nachfragelücken bleiben bestehen).

Signalfunktion: Aufgrund der autonomen Preisfixierung durch den Monopolisten signalisiert eine Preisänderung nicht unbedingt eine Änderung der Güterknappheit. Die Funktion gilt nur eingeschränkt.

Lenkungsfunktion: Gilt nur eingeschränkt. Sehr hohe Monopolpreise locken jedoch evtl. neue Konkurrenz an.

Erziehungsfunktion: gilt nur eingeschränkt. Der Monopolist ist – mangels Konkurrenz – nicht gezwungen, möglichst kostengünstig zu produzieren. Dennoch wird er – nicht zuletzt aufgrund des Risikos neu auftretender Konkurrenz – bestimmte Preise nicht überschreiten, sodass eine optimale Kostensituation auch für ihn wichtig ist.

15. a) Wenn eine oder mehrere Bedingungen des vollkommenen Marktes nicht erfüllt sind.

b) Der Monopolist kann für sein Produkt verschiedene Preise (z. B. in verschiedenen Regionen) verlangen (= sog. **Preisdifferenzierung**), um sein absolutes Gewinnmaximum zu erreichen. Er wird daher die Konsumentenrente möglichst weitgehend ausschöpfen, um sein absolutes Gewinnmaximum zu erreichen.

22.12 Angebotsoligopol

1. wenige Anbieter – viele Nachfrager

2. Auto-, Mineralöl-, Zigarettenindustrie

3. Nachfrage, Kosten, Verhalten der Konkurrenz

4. **Preiskampf (= ruinöse Konkurrenz = Oligopolkrieg):**

   Durch radikale Preissenkungen versucht ein Oligopolist, die Nachfrage auf sich zu vereinigen. Die anderen Anbieter senken entweder ebenfalls ihre Preise oder verlieren Marktanteile.

Ziel der Maßnahme:	Die anderen Anbieter sollen vom Markt verdrängt werden.
Probleme:	erhebliche Gewinneinbußen, Sieger ungewiss (hohes Risiko!)

   Abgestimmtes Verhalten (Gleichschrittverhalten):

   Gemeinsame Preisänderungen. Dies wird erreicht durch
   - stillschweigende Vereinbarung (Quasikartell),
   - Preisführerschaft eines Anbieters, dessen Preisänderungen die anderen übernehmen,
   - Kartellbildung (Preisabsprachen).

5. abgestimmtes Verhalten (Preisführerschaft oder stillschweigende Vereinbarung)

6. **„Bumerang-Charakter":** Führt ein Oligopolist eine „störende" Marktmaßnahme (z. B. Preissenkung) durch, muss er damit rechnen, dass seine Konkurrenten scharf reagieren. Der Bumerang kommt zurück.

7. Ein oligopolistischer Preiskrieg birgt hohe Risiken: evtl. hohe Gewinneinbußen, Ungewissheit über „Sieg" oder „Niederlage".

8. vom Durchhaltevermögen (Finanzstärke) der einzelnen Oligopolisten

9. Um keine Marktanteile zu verlieren, müssen sie reagieren mit Preissenkungen, absatzpolitischen Maßnahmen (Werbung, Qualitätsverbesserung, verbesserte Zahlungsbedingungen usw.) oder Androhung eines Preiskrieges.

10. Wenn sie Marktneulinge verdrängen wollen.

11. Aufgrund räumlicher, zeitlicher, sachlicher, persönlicher Unterschiede oder fehlender Markttransparenz kann der einzelne Anbieter innerhalb kleiner Grenzen Preispolitik betreiben, ohne dass die (wenigen) Konkurrenten reagieren. Durch absatzpolitische Maßnahmen wie Werbung, Qualitäts- und Verpackungsverbesserungen versucht er, den Wettbewerb auf „Nicht-Preis-Wettbewerbsformen" zu verlagern. Je vollkommener der Markt, umso eher muss er allerdings mit Konkurrenzreaktionen rechnen.

12. Die Funktionen des Preises wirken nur noch in eingeschränktem Umfang.
    Begründungen: Vgl. Aufg. 14 voriges Kapitel.

22.14 Abituraufgaben

Abituraufgaben 2012 (Aufgabe 4, teilweise)

1. [...]

2.1

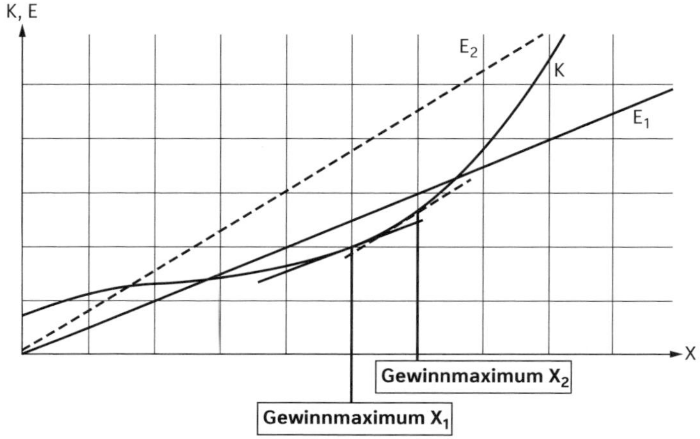

Bei einer Preiserhöhung verläuft die Erlöskurve steiler. Die gewinnmaximale Menge steigt.

2.2 Die angebotene Menge entspricht immer der gewinnmaximalen Menge. Bei steigendem Preis erhöht sich die gewinnmaximale Menge (siehe 2.1). Folglich steigt die angebotene Menge bei steigendem Preis.

2.3 Die gewinnmaximale Menge ändert sich nicht, da sich die Erhöhung der fixen Kosten nicht auf die Steigung der Gesamtkostenkurve und deshalb auch nicht auf den Verlauf der Grenzkostenkurve auswirkt. Die Gewinnmaximierungsbedingung Grenzerlös = Grenzkosten ist somit nach wie vor bei derselben Menge erfüllt wie vor der Kostenerhöhung.
Allerdings verschiebt sich die Stückkostenkurve nach oben. Das bedeutet, dass die im Betriebsoptimum beginnende langfristige Angebotskurve ihren Ausgangspunkt bei einer höheren langfristigen Preisuntergrenze und einer höheren Menge hat. Langfristig bietet Aierle daher erst ab einem höheren Preis an.
Das kurzfristige Angebotsverhalten ändert sich nicht, da das Betriebsminimum unverändert bleibt.

3. $$\text{Kreuzpreiselastizität} = \frac{\text{prozentuale Nachfrageänderung nach Sojaschrot}}{\text{prozentuale Preisänderung für Fischmehl}}$$

$= 42\ \% : 30\ \% = +1{,}4 > 0 \rightarrow$ Substitutionsgüter, d. h., bei der Hühnerfütterung kann Fischmehl durch Sojaschrot ersetzt werden.

Mögliche Folge (Beispiele):

- Rodung des tropischen Regenwaldes für Soja-Anbau
- Rückgang der Nachfrage nach Fischmehl wirkt der Überfischung entgegen.

4.1 • – Konsumentenrente: (10 Mio. · 0,1) : 2 = 0,5 Mio. EUR
+ Produzentenrente: (10 Mio. · 0,1) : 2 = 0,5 Mio. EUR
= Gesamtwohlfahrt = 1,0 Mio. EUR

- Gesamtwohlfahrt ist der insgesamt von Anbietern und Nachfragern erzielte Vorteil, der sich dadurch ergibt, dass
  - Nachfrager bereit gewesen wären, einen höheren Preis als den Marktpreis zu zahlen (Konsumentenrente),
  - Anbieter bereit gewesen wären, zu einem niedrigeren Preis als dem Marktpreis zu verkaufen (Produzentenrente).

4.2 Grafik 1

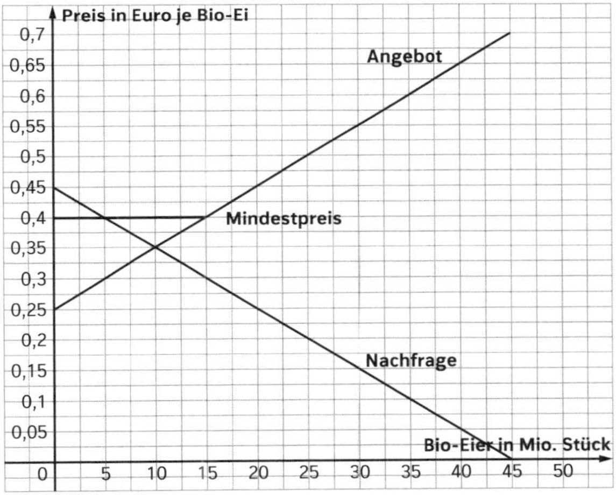

+	KR nach Mindestpreis	5 Mio. · (0,45 – 0,40) : 2	= 125.000,00 EUR
+	PR nach Mindestpreis	15 Mio. · (0,40 – 0,25) : 2	= 1.125.000,00 EUR
–	Aufkauf des Angebotsüberschusses	(15 Mio. – 5 Mio.) · 0,4	= 4.000.000,00 EUR
	Gesamtwohlfahrt nach Mindestpreis-Einführung		–2.750.000,00 EUR
–	KR und PR vor Mindestpreis (Aufgabe 4.1)	0,5 Mio. + 0,5 Mio.	1.000.000,00 EUR
	Wohlfahrtsminderung nach Mindestpreis-Einführung		–3.750.000,00 EUR

4.3 Grafik 2

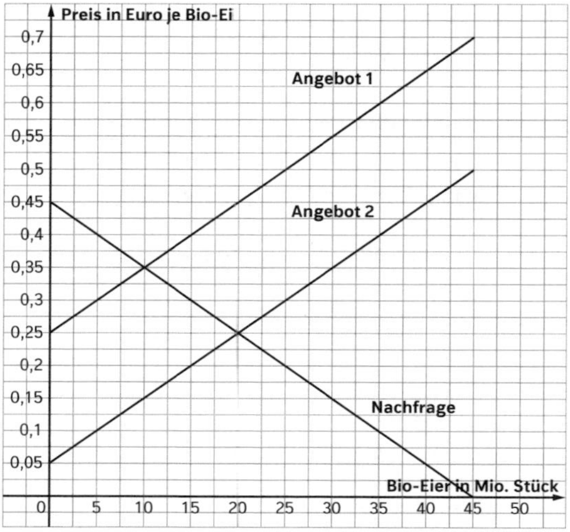

+	KR nach Subvention	20 Mio. · (0,45 – 0,25) : 2	= 2.000.000,00 EUR
+	PR nach Subvention	20 Mio. · (0,25 – 0,05) : 2	= 2.000.000,00 EUR
–	Staatsausgaben für Subventionen	20 Mio. · 0,2	= 4.000.000,00 EUR
	Gesamtwohlfahrt nach Subvention		0
–	KR und PR vor Subvention (Aufgabe 4.1)	0,5 Mio. + 0,5 Mio.	1.000.000,00 EUR
	Wohlfahrtsminderung nach Subvention		–1.000.000,00 EUR

4.4 • Mindestpreise setzen den Preismechanismus außer Kraft: marktkonträre Maßnahme. Subventionen setzen den Preismechanismus nicht außer Kraft: marktkonforme Maßnahme.

• Entscheidung für Subventionierung
Begründung:

– In beiden Fällen kommt es bei gleicher Belastung für den Staatshaushalt (4 Mio. EUR) zu einer Wohlfahrtsminderung. Diese ist aber bei Subventionierung geringer als bei der Einführung eines Mindestpreises (vgl. 4.2 und 4.3).

– Bei der Subventionierung kommt es zu einem neuen Gleichgewicht bei niedrigerem Preis und höherer Menge. Bei der Festsetzung eines Mindestpreises ist der Preis dagegen höher und die Versorgung der Konsumenten schlechter als vorher.

4.5 Zum Beispiel:

- Einkommenssicherung von Bio-Eier-Produzenten, um deren Wettbewerbsfähigkeit zu verbessern
- Volksgesundheit: Verzehr von Bio-Produkten positiv; für Legehennen ist nur ökologisch unbedenkliches Futter zulässig
- Verringerung der Absatzchancen für genmanipuliertes und synthetisches Futter
- Tierschutzgedanke: artgerechte Tierhaltung

(zwei Argumente verlangt)

Abituraufgaben 2013 (Aufgabe 4)

1.1

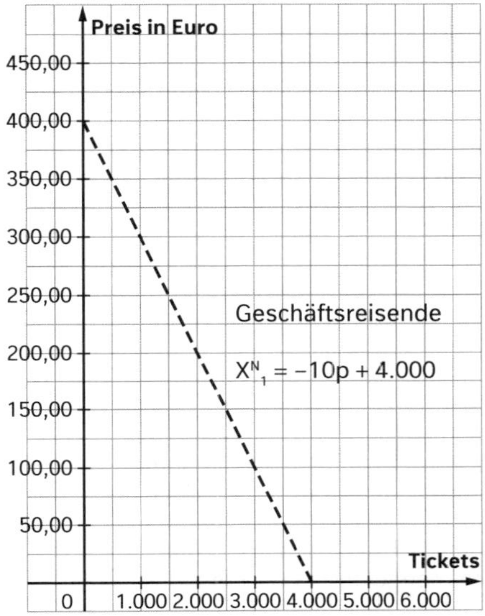

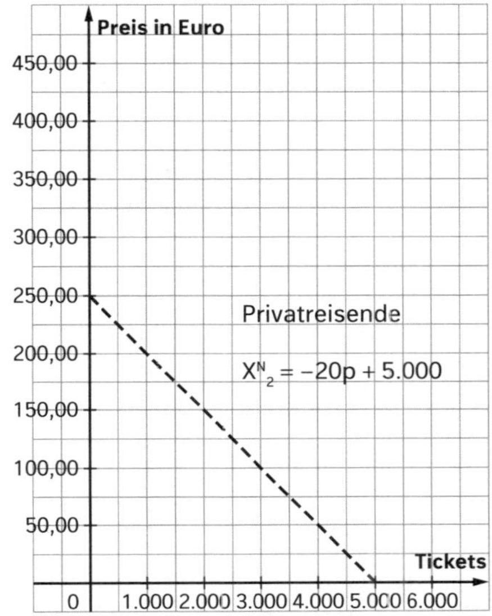

1.2

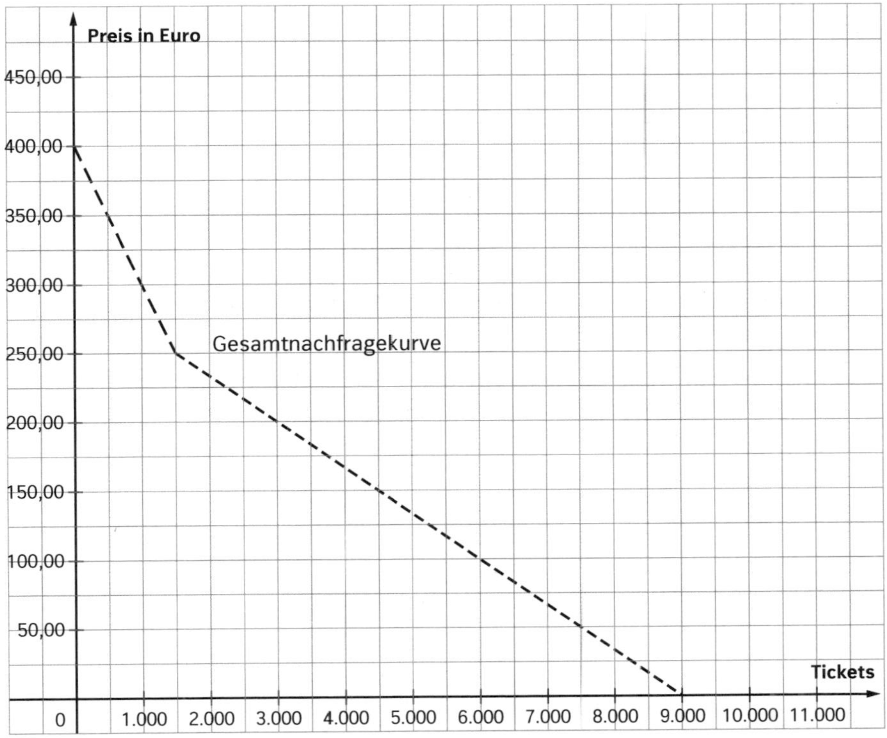

1.3 Es handelt sich um die Kombination des Nachfrageverhaltens von zwei unterschiedlichen Gruppen, für die jeweils ein anderer Prohibitivpreis gilt. Deshalb weist die Gesamtnachfragekurve einen Knick auf.

1.4 • Berechnung

Geschäftsreisen:

$$El_{dir} = \frac{\text{Nachfrageänderung bei Flugreisen in \%}}{\text{Preisänderung in \%}} = |-20/33{,}33| = 0{,}6$$

Privatreisen:

$$El_{dir} = \frac{\text{Nachfrageänderung bei Flugreisen in \%}}{\text{Preisänderung in \%}} = |-50/33{,}33| = 1{,}5$$

• Erläuterung:

Geschäftsreisende reagieren im vorliegenden Fall unelastisch: Eine Preiserhöhung um 1 % führt zu einem Sinken der nachgefragten Menge an Tickets um 0,6 %.

Privatreisende reagieren im vorliegenden Fall elastisch: Eine Preiserhöhung um 1 % führt zu einem Sinken der nachgefragten Menge an Tickets um 1,5 %.

Begründung:

Privatreisende weichen bei einer Preiserhöhung eher auf alternative Verkehrsmittel aus oder verzichten auf die Reise. Für sie spielt die Zeitersparnis im Vergleich zu den Geschäftsreisenden eine geringere Rolle. Zudem ist ihre Bedürfnisintensität in Bezug auf Berlinreisen geringer als bei Geschäftsreisenden.

1.5 • Es handelt sich hier um eine indirekte Preiselastizität der Nachfrage.

$$El_{ind} = \frac{\text{Nachfrageänderung bei Flugreisen in \%}}{\text{Preisänderungen bei Bahnreisen in \%}} = 25 : 15 = +1{,}67$$

Es handelt sich um Substitutionsgüter. Daher ist die Elastizitätskennzahl positiv.

Dies bedeutet, dass bei einer Erhöhung der Bahnpreise um 1 % die nachgefragte Menge an Flugtickets um 1,67 % steigt.

• Die Gesamtnachfragekurve für Flugtickets verschiebt sich nach rechts, d. h., bei jedem Preis werden mehr Flugtickets nachgefragt.

2.1

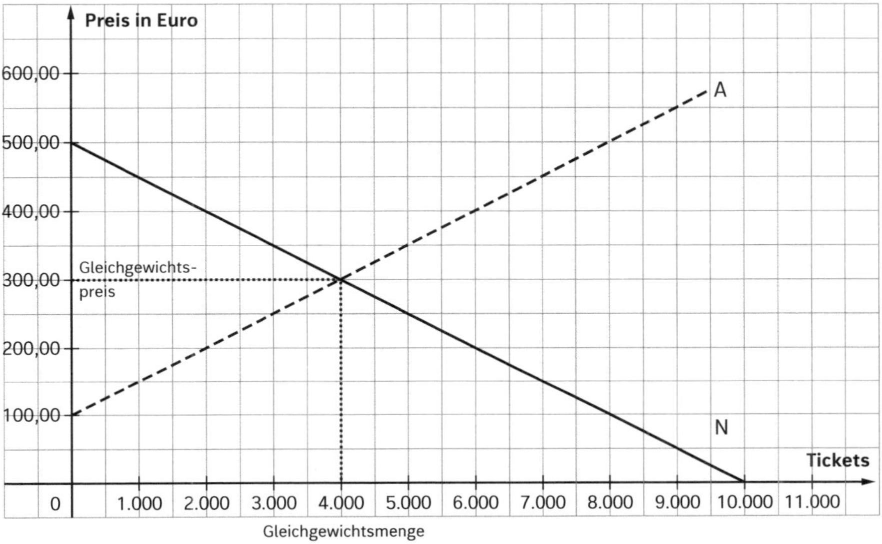

→ Gleichgewichtspreis: 300,00 EUR; Gleichgewichtsmenge: 4.000 Tickets
Gesamterlös = 300,00 EUR · 4.000 Tickets = 1.200.000,00 EUR

2.2.1 Form des Markteingriffs:
Im vorliegenden Fall handelt es sich um eine marktkonforme Maßnahme, da der Staat auch weiterhin die Preisbildung dem Markt überlässt. Es kommt zu einem neuen Marktgleichgewicht.

Absichten der Regierung:

- Die Reisenden sollen durch die zu erwartende Preissteigerung bei Flugtickets veranlasst werden, vom klimaschädigenden Luftverkehr auf umweltverträglichere Bahnreisen umzusteigen.
- Die Maßnahme dient u. U. auch der Sanierung des Bundeshaushalts.

2.2.2 •

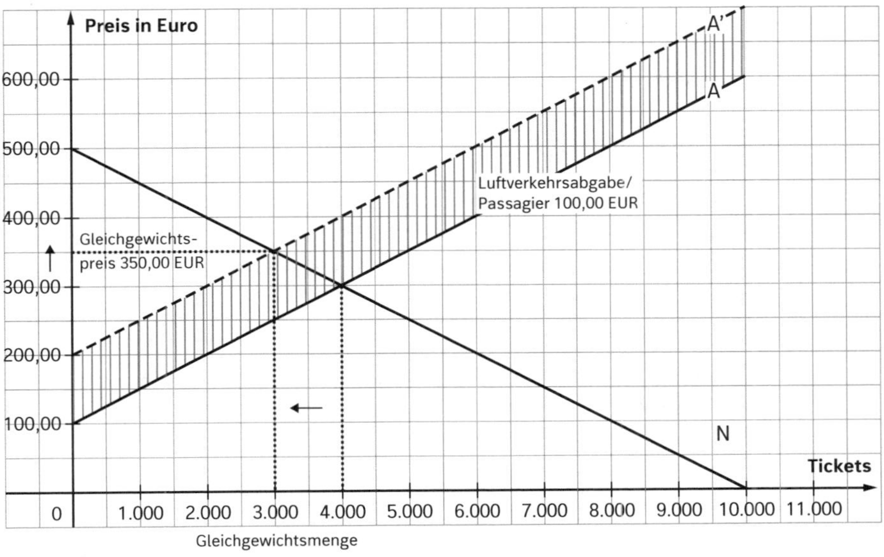

- Die Erhebung der Luftverkehrsabgabe von 100,00 EUR bedeutet für die Fluggesellschaften eine Erhöhung der Kosten pro beförderten Passagier. Dies bewirkt eine Verschiebung der Angebotskurve nach links. Beim ursprünglichen Gleichgewichtspreis von 300,00 EUR liegt ein Nachfrageüberhang in Höhe von 2.000 Tickets vor. Das führt zu einem Preisüberbietungsprozess der Nachfrager. Als Folge davon steigt die angebotene Menge (Bewegung auf der neuen Angebotskurve nach rechts oben). Gleichzeitig sinkt die nachgefragte Menge (Bewegung auf der Nachfragekurve nach links oben). Dieser Prozess hält so lange an, bis sich ein neues Gleichgewicht bei höherem Preis (350,00 EUR) und niedrigerer Menge (3.000 Tickets) eingestellt hat.

- Wie beabsichtigt, ist die Zahl der verkauften Tickets zurückgegangen (im vorliegenden Fall von 4.000 auf 3.000 täglich). Wenn dadurch auch die Zahl der Flüge zurückgeht, wird ein Beitrag zur Erreichung der umweltpolitischen Zielsetzung geleistet.

2.2.3 Die Möglichkeit der Überwälzung ist in hohem Maße abhängig von der Preiselastizität der Nachfrage. Je unelastischer die Nachfrager auf Preiserhöhungen reagieren, desto leichter gelingt die Überwälzung.

2.2.4

	Produzentenrente in Euro	Konsumentenrente in Euro	Luftverkehrsabgabe in Euro	Gesamtwohlfahrt in Euro
Ausgangssituation	4.000,00 · 200,00 : 2,00 = 400.000,00	4.000,00 · 200,00 : 2,00 = 400.000,00	0	800.000,00
Situation mit Luftverkehrsabgabe	3.000,00 · 150,00 : 2,00 = 225.000,00	3.000,00 · 150,00 : 2,00 = 225.000,00	3.000,00 · 100,00 = 300.000,00	750.000,00
Änderung gegenüber der Ausgangssituation	−175.000,00	−175.000,00	300.000,00	-50.000,00

(auch grafische Lösung möglich)

Die Netto-Wohlfahrt ist gesunken. Dem steht aber gegenüber, dass

- es möglicherweise wegen reduzierten Flugverkehrs zu einer Umweltentlastung kommt,
- der Staat jetzt über höhere Einnahmen verfügt, mit denen weitere umweltpolitische und/oder andere gesamtgesellschaftliche Ziele verfolgt werden können.

Abituraufgaben 2014 (Aufgabe 4, verändert)

1.1
- Es liegt ein Angebotsoligopol vor, d. h., wenige Anbieter und eine große Zahl von Nachfragern stehen sich gegenüber.
- Der Markt ist unvollkommen, da es unterschiedliche Preise u. a. aufgrund von Präferenzen der Nachfrager gibt.

1.2 Voraussichtliche Reaktion der Konkurrenten auf eine

- Preiserhöhung von Apple: Keine Erhöhung der Preise, da sie dann die preisgünstigeren Anbieter wären und ihren Absatz zulasten von Apple erhöhen könnten. Weil Apple dieses Verhalten der Konkurrenten vermutet, wird Apple seine Preise nicht erhöhen.

- Preissenkung von Apple: Senkung der Preise, da sie sonst die teureren Anbieter wären und sich ihr Absatz zugunsten von Apple verringern würde. Das würde zu einem Preisunterbietungswettbewerb (ruinöse Konkurrenz) führen. Weil Apple dieses Verhalten der Konkurrenten vermutet, wird Apple seine Preise nicht senken.

Das Ergebnis ist eine relative Preisstarrheit auf dem oligopolistischen Markt.

1.3 Voraussichtliche Preisstrategie von Apple: Niedrigpreisstrategie, um Konkurrenten vom Markt zu verdrängen.

- Die Konkurrenten können bei Preissenkungen wegen ihrer ungünstigeren Kostensituation auf Dauer nicht mithalten. Mittelfristig scheiden die Konkurrenten aus dem Markt aus (Verdrängungswettbewerb, ruinöse Konkurrenz), sodass Apple eine monopolähnliche Stellung mit entsprechendem Preiserhöhungsspielraum erreicht.
- Folgen für die Nachfrager:
  - Kurzfristig: niedrigere Preise
  - Mittel-/langfristig: steigende Preise, da Monopolsituation

2.1
- Fehlende Markttransparenz: Die Käufer wissen nicht, dass gleichwertige Produkte anderswo günstiger zu erhalten sind.
- Präferenzen: Originalzubehör wird No-Name-Produkten vorgezogen.

2.2 + 2.4

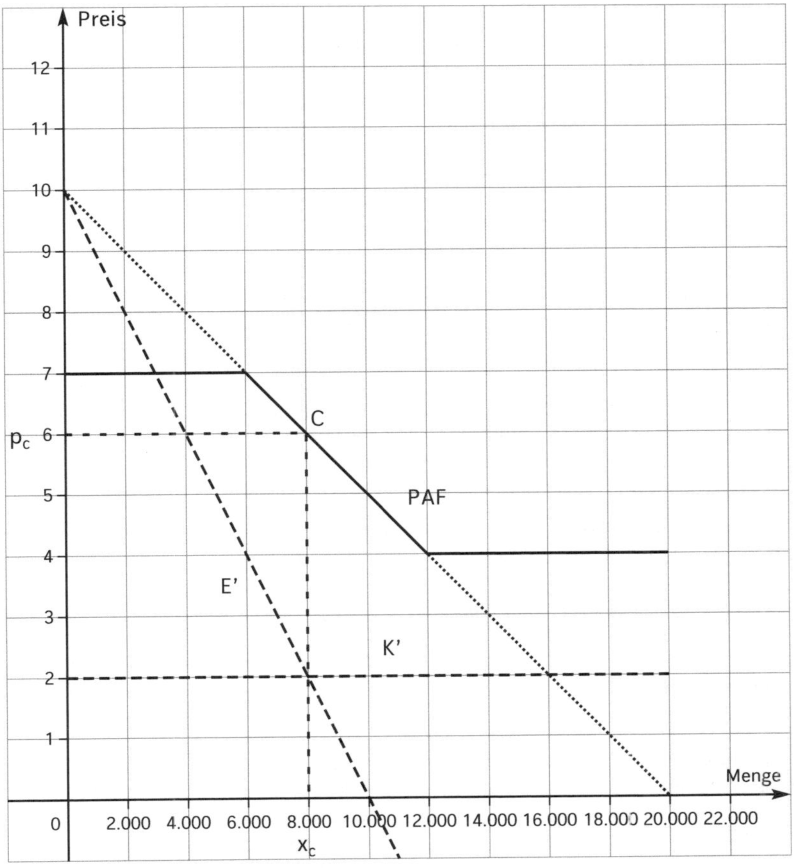

2.3 $G = E - K$

$G = 4 \cdot 15.000 - 12.000 - 2 \cdot 15.000 = 18.000$ GE

2.4 • Cournotscher Punkt: $E' = K'$

Erlös: $E = -0{,}0005x^2 + 10x$
$E' = -0{,}001x + 10$

Kosten: $K = 12.000 + 2x$
$K' = 2$

$E' = K'$: $-0{,}001x + 10 = 2$
$x = 8.000$

Preis: $p = -0{,}0005 \cdot 8.000 + 10$
$p = 6$

Zeichnung siehe 2.2

• $G = E - K$
$G = 6 \cdot 8.000 - 12.000 - 2 \cdot 8.000 = 20.000$ GE

Beschäftigungsgrad = 8.000 · 100 : 15.000 = 53,33 %

2.5 Preis-Mengen-Kombination der Kapazitätsgrenze:

- Sicht des Unternehmens: geringerer Gewinn, höherer Marktanteil
- Sicht der Arbeitnehmer: Es werden in diesem Unternehmen mehr bzw. stabilere Arbeitsplätze geschaffen.
- Sicht der Nachfrager: Verbesserung der Marktversorgung durch dieses Unternehmen bei gleichzeitig niedrigerem Preis

2.6 • Der Erlös steigt, da der Cournotsche Punkt immer im elastischen Bereich der Preis-Absatz-Kurve liegt. Das bedeutet: Eine Preissenkung um 1 % führt zu einer Erhöhung der Absatzmenge um mehr als 1 %.

- Eine Abweichung vom Cournotschen Punkt führt in jedem Fall zu einer Gewinnminderung. Bei einer Preissenkung mit der Folge einer Absatzsteigerung ist dies dadurch bedingt, dass die Kosten stärker als der Erlös steigen.

2.7 Gewinnmaximierungsbedingung: $E' = K'$

- Steigen die variablen Kosten, steigen demzufolge die Grenzkosten. Dies hat grafisch bei linearem Gesamtkostenverlauf eine Parallelverschiebung der Grenzkostenkurve nach oben zur Folge. Daraus ergibt sich eine Verschiebung des Cournotschen Punkts mit dem Ergebnis eines höheren Preises und einer geringeren Menge.
- Die Erhöhung der fixen Kosten hat keine Auswirkung auf die gewinnmaximale Preis-Mengen-Kombination, da diese von Mengenänderungen unabhängig ist.

3.

	Monopol	**Oligopol**	**Polypol**
selbst beeinflussbare Größen	Preis oder Menge	Preis oder Menge	nur Menge (Mengenanpasser)
zu berücksichtigende Größen	eigene Kostenstruktur, Nachfrageverhalten	eigene Kostenstruktur, Nachfrageverhalten, Konkurrenzverhalten	eigene Kostenstruktur, Marktpreis (= Datum)

Abituraufgaben 2015 (Aufgabe 4)

1.
- Bedürfnisstruktur: Mobile Computer gewinnen an Bedeutung. Häufig verfügt eine Person über mehrere Computer, mit denen auf einen einheitlichen Datenbestand zugegriffen werden soll.
- Preis des Gutes: Der Preis für Cloudspeicher ist gesunken.
- Preise anderer Güter: Smartphones, Tablets, Laptops werden preisgünstiger und bedingen zum Teil die Nutzung von Cloudspeichern.

2.1

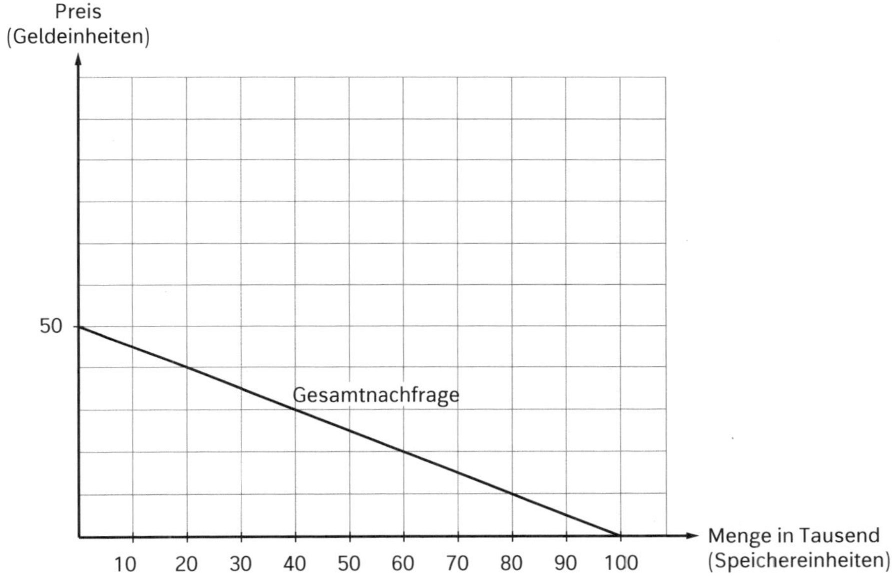

- Schnittpunkt mit der y-Achse:
  Bei diesem Preis wird das Gut nicht mehr nachgefragt, da der Preis den Nachfragern zu hoch ist (Prohibitivpreis).

- Schnittpunkt mit der x-Achse:
  Diese Menge wird nicht überschritten, selbst wenn die Nachfrager das Gut kostenlos erhalten (Sättigungsmenge).

2.2.1 $EL_{dir} = \frac{dx}{dp} \cdot \frac{P}{x} = \left| \frac{20}{-10} \cdot \frac{45}{10} \right| \rightarrow EL_{dir} = 9 > 1$

Die Nachfrage reagiert elastisch. Eine Preissenkung um 1 % auf dem Gesamtmarkt führt zu einer Erhöhung der Nachfragemenge um 9 %. Dadurch erhöht sich der Gesamtumsatz.

2.2.2 Bei unverändertem Nachfrageverhalten kann es nur zu einer Veränderung auf der Angebotsseite gekommen sein.
Das Angebot hat zugenommen, weil z. B. die Anzahl der Anbieter gestiegen ist oder die Kosten der Anbieter gesunken sind.

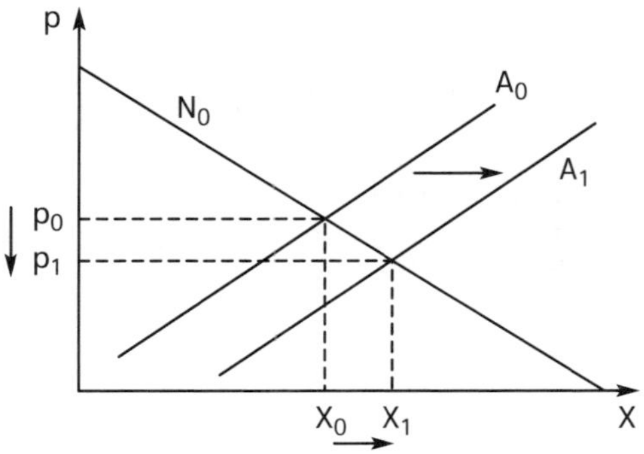

2.2.3 Die indirekte Preiselastizität der Nachfrage ist positiv; es handelt sich um Substitutionsgüter (austauschbare Güter).

$$EL_{indir} = \frac{dx_B}{dp_A} \cdot \frac{p_A}{x_B} \quad \rightarrow 3 = \frac{dx_B}{-10} \cdot \frac{45}{15.000} \rightarrow dx_B = -10.000 \text{ Stück}$$

→ neue absetzbare Menge = 15.000 Stück – 10.000 Stück = 5.000 Stück

3.1 Es handelt sich um einen s-förmigen Gesamtkostenverlauf.

Die variablen Stückkosten verändern sich in Abhängigkeit von der Produktionsmenge: zuerst sinkende, dann steigende variable Stückkosten.

(Analoge Begründung über Stückkosten bzw. Grenzkosten möglich.)

3.2

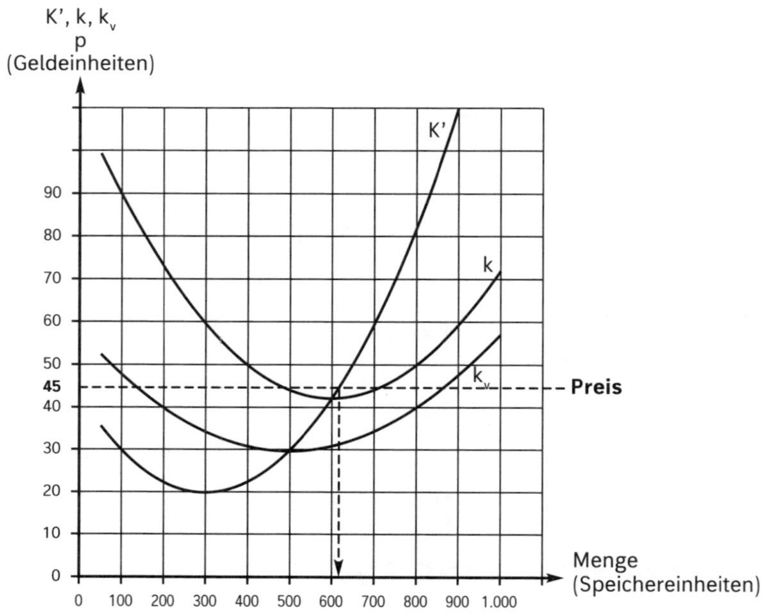

Solange der zusätzliche Erlös durch den Verkauf einer zusätzlichen Mengeneinheit (Grenzerlös) größer ist als die zusätzlichen Kosten dieser Mengeneinheit (Grenzkosten), lässt sich der Gewinn durch eine weitere Erhöhung der Menge noch steigern.

Bei Überschreiten der gewinnmaximalen Menge sind die Grenzkosten größer als die Grenzerlöse, sodass der Gewinn bei einer weiteren Erhöhung der Menge wieder sinken würde.

3.3 Kurzfristige Betrachtung: Der aktuelle Marktpreis von 35 GE liegt über der kurzfristigen Preisuntergrenze des Anbieters. Somit wird zusätzlich zu den variablen Stückkosten noch ein Teil der Fixkosten gedeckt. Kurzfristig kann der Anbieter bei diesem Preis bestehen. Bei einem weiteren Preisverfall besteht die Gefahr, unter die kurzfristige Preisuntergrenze zu geraten.

Langfristige Betrachtung: Der aktuelle Marktpreis von 35 GE liegt unter der langfristigen Preisuntergrenze des Anbieters. Somit befindet sich der Anbieter in der Verlustzone. Langfristig muss der Anbieter aus dem Markt scheiden. → Die Sorge des Anbieters ist berechtigt.

4.1 Bei diesem Kartell handelt es sich um ein Kollektivmonopol.
Es ist zu erwarten, dass die verbleibenden Anbieter daher gemeinsam den Preis festlegen (Preisfixierer), um den Gewinn zu maximieren.

4.2 Das Kartell führt zu einer machtbedingten Preiserhöhung. Gleichzeitig kommt es zu einer künstlichen Angebotsverknappung.
Dies bedeutet eine schlechtere Versorgung für die Nachfrager.

Abituraufgaben 2016 (Aufgabe 4)

1.1 •

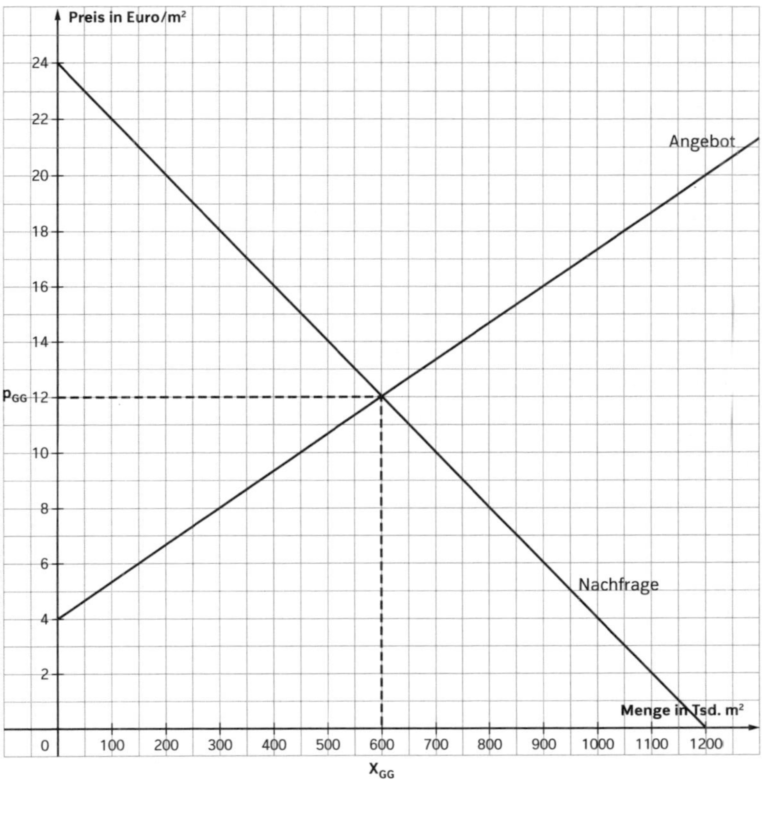

- Bedingung: $x^A = x^N$

$$75p - 300 = 1200 - 50p$$
$$125p = 1500$$
$$p = 12 \qquad x = 75 \cdot 12 - 300 = 600$$

Gleichgewichtspreis pro m² = 12,00 EUR
Gleichgewichtsmenge = 600.000 m²

1.2

Marktteilnehmer	Vertragsabschluss	Begründung
Anbieter Brugger	ja	Preisvorstellung liegt unterhalb des Gleichgewichtspreises.
Anbieter Schulz	ja	Preisvorstellung entspricht dem Gleichgewichtspreis.
Nachfrager Braun	nein	Preisvorstellung liegt unterhalb des Gleichgewichtspreises.
Nachfrager Müller	ja	Preisvorstellung liegt oberhalb des Gleichgewichtspreises.

1.3 Die Gesamtwohlfahrt setzt sich zusammen aus Produzentenrente und Konsumentenrente.

Konsumentenrente: Wohnungsnachfrager, deren Zahlungsbereitschaft über dem Marktpreis liegt, haben geringere Ausgaben (Einsparung in Euro).

Produzentenrente: Wohnungsanbieter, die zu einem geringeren Preis als dem Marktpreis vermietet hätten, erzielen höhere Einnahmen (Gewinnerhöhung in Euro).

1.4
- Markttransparenz liegt nicht vor, da nicht alle Mietgesuche und Mietangebote bekannt sind.
- Homogenität der Güter ist nicht gegeben, da Wohnungen unterschiedlich sind, z. B. Ausstattung.
- Präferenzen sind vorhanden, z. B. einzelne Vermieter bevorzugen bestimmte Mieter.

Es handelt sich beim Wohnungsmarkt nicht um einen vollkommenen Markt.

2.1
- Durch die gestiegenen Kosten verringert sich das Angebot;
  die Angebotskurve verschiebt sich nach links.
- Es kommt zu einem neuen Marktgleichgewicht: Der Gleichgewichtspreis ist gestiegen, die Gleichgewichtsmenge ist gesunken.
- Durch den höheren Gleichgewichtspreis und die geringere Gleichgewichtsmenge sinken sowohl die Konsumentenrente als auch die Produzentenrente und daher auch die Gesamtwohlfahrt.

2.2
- $El_{indir} = 5\,\% : 10\,\% = 0{,}5$ (positives Vorzeichen)

- Aufgrund der gestiegenen Mietpreise für Stadtwohnungen entscheiden sich Mietsuchende vermehrt für eine Wohnung im ländlichen Raum. Daher handelt es sich um Substitutionsgüter.

3.1

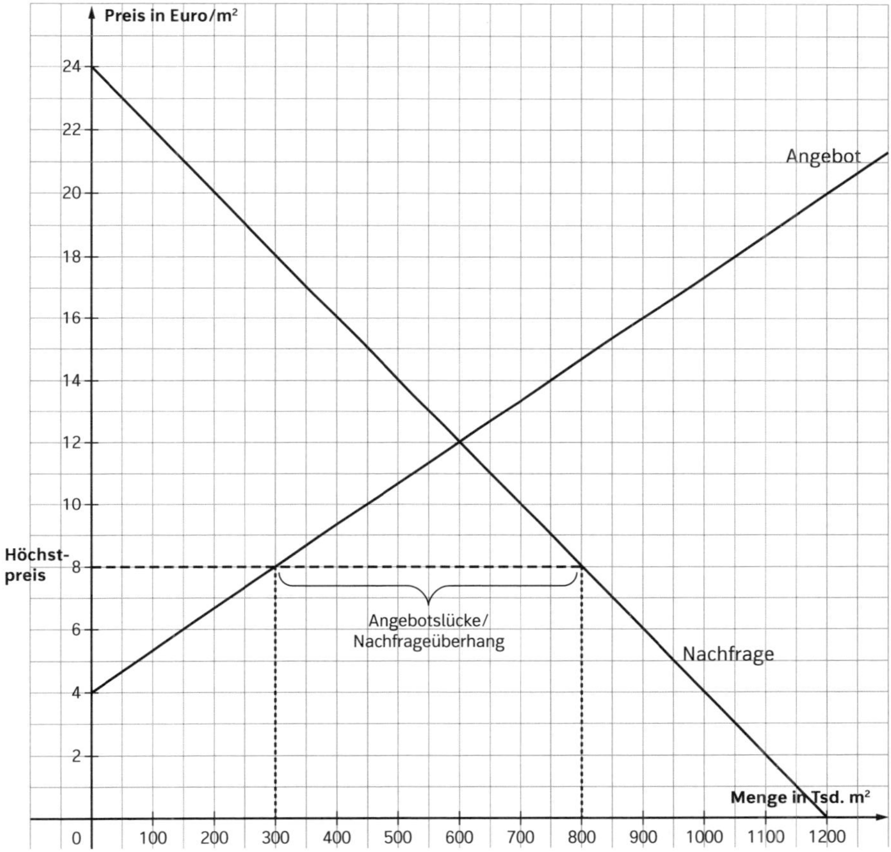

Interpretation:
Bei der Festlegung des Höchstpreises ergibt sich eine nachgefragte Menge in Höhe von 800.000 m² bei einer angebotenen Menge von 300.000 m². Daraus ergibt sich eine Angebotslücke bzw. ein Nachfrageüberhang.

- Die Versorgung mit Wohnraum hat sich verschlechtert (Versorgungsproblem).
- Zum staatlich festgelegten Höchstpreis erhalten nicht alle Mieter, die 8,00 EUR je m² bezahlen wollen, eine Wohnung (Verteilungsproblem).

3.2 •

Produzentenrente$_{alt}$	= (12 – 4) · 600.000,00/2	= 2.400.000,00 EUR
– Produzentenrente$_{neu}$	= (8 – 4) · 300.000,00/2	= 600.000,00 EUR
= Differenz		= 1.800.000,00 EUR

Prozentuale Veränderung = – 1.800.000,00 : 2.400.000,00 · 100 = – 75 %

- Alle Anbieter werden nach Einführung der Mietpreisbremse schlechter gestellt. Ein Teil der Anbieter wird trotzdem zu einem Mietpreis bis zu 8,00 EUR pro m² Wohnungen anbieten. Der andere Teil wird seine Wohnungen nicht mehr vermieten.

3.3 Durch die Festlegung von maximal 8,00 EUR pro m² Wohnfläche wird der Preismechanismus außer Kraft gesetzt. Der Preis bildet sich nicht mehr durch Angebot und Nachfrage. Es handelt sich um einen marktkonträren Staatseingriff.

3.4
- Der Staat tritt selbst als Anbieter von Wohnraum am Markt auf (Sozialer Wohnungsbau).
- Die Angebotskurve verschiebt sich nach rechts.
  → Der Mietpreis sinkt und die Zahl der vermieteten Wohnungen steigt.

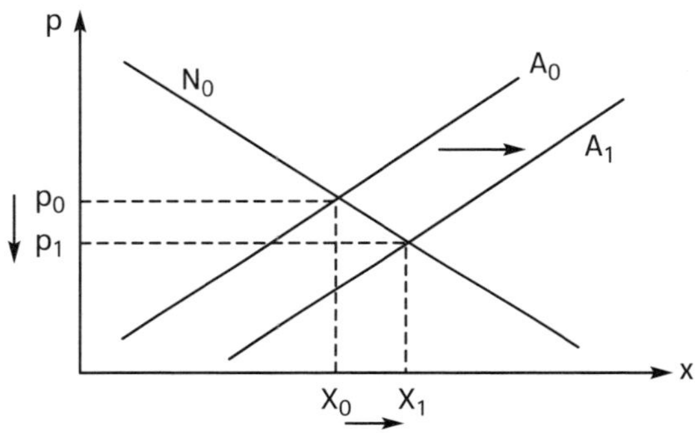

Abituraufgaben 2017 (Aufgabe 4)

1.1

Gewinn	=	Erlöse – Kosten
Erlöse	=	$600 \cdot 0{,}6 \cdot 5 = 1.800{,}00$ EUR
Kosten	=	$200 + 360 \cdot 2 = 920{,}00$ EUR
Gewinn	=	$1.800 - 920 = 880{,}00$ EUR
Spende	=	$360 \cdot 1 = 360{,}00$ EUR

1.2
- Der Gewinn wird zunehmen, da das Kino für jeden zusätzlichen Besucher einen positiven Deckungsbetrag (Eintrittspreis > variable Stückkosten) erzielt. Da mehr Besucher kommen werden, nimmt die Höhe der Spende zu.
- Verbesserung des Service; Änderung der Programmzeiten

2.1

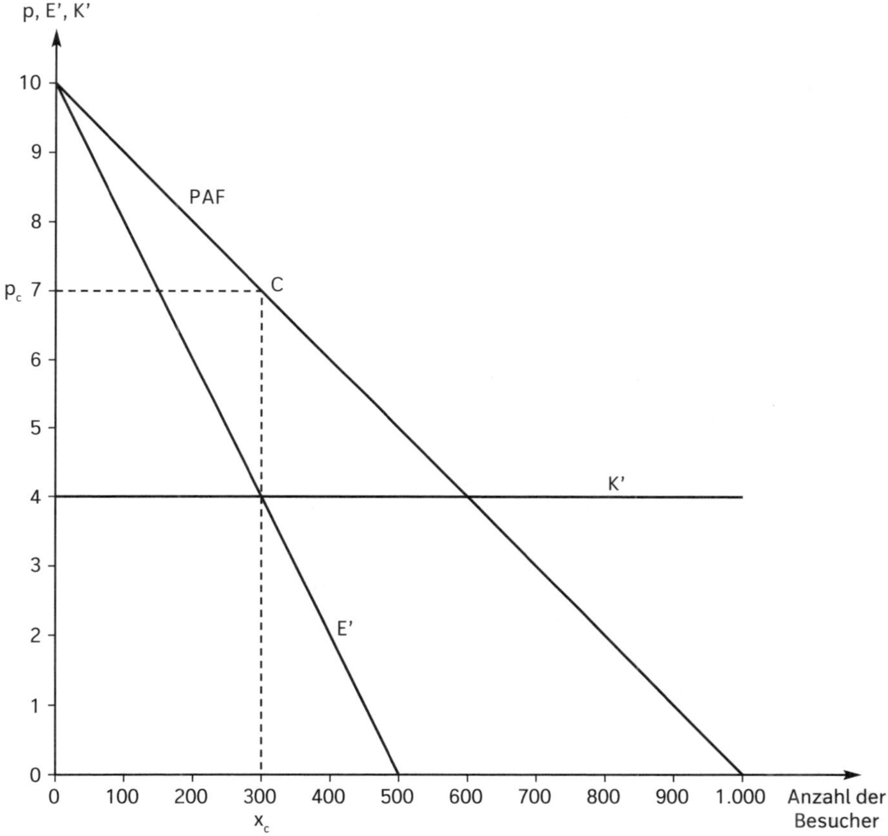

gewinnmaximierende Menge = 300 Zuschauer
gewinnmaximierender Preis = 7,00 EUR

2.2

- Kapazitätsauslastung = 300 : 600 · 100 = 50 %

Gewinn	=	Erlöse – Kosten		
Erlöse	=	300 · 7	=	2.100,00 EUR
Kosten	=	300 + 300 · 4	=	1.500,00 EUR
Gewinn	=	2.100 – 1.500	=	600,00 EUR
Spende	=	600 · 0,10	=	60,00 EUR

- Die Auslastung des Kinos hat sich verschlechtert.
  Dies könnte zu einem geringeren Bekanntheitsgrad führen.

  Die Höhe der Spende hat sich deutlich verringert.
  Dies könnte zu einem Imageverlust führen.

2.3.1 • Es handelt sich hier um eine sachliche Preisdifferenzierung, da die Sitzplätze nach unterschiedlichen Qualitäten (z. B. Sicht) eingeteilt werden.

• Zeitliche Preisdifferenzierung: Die Eintrittskarten werden im Vorverkauf günstiger angeboten als an der Abendkasse.
Persönliche Preisdifferenzierung: Die Eintrittskarten für Schüler und Studenten werden günstiger angeboten als für Erwachsene.

2.3.2 • $\text{Konsumentenrente}_{alt} = (10 - 7) \cdot 300 : 2 = 450{,}00$ EUR

$\text{Konsumentenrente}_{neu} = (10 - 8) \cdot 200 : 2$
$+ (8 - 7) \cdot 100 : 2$
$+ (7 - 4) \cdot 300 : 2 = 700{,}00$ EUR

Veränderung der Konsumentenrente = + 250,00 EUR

• Da sich die Konsumentenrente erhöht, ist die Kritik aus wohlfahrtstheoretischen Überlegungen nicht berechtigt.
Besucher mit einer höheren Zahlungsbereitschaft subventionieren Besucher mit einer geringeren Zahlungsbereitschaft (Umverteilung).

3.1 Es handelt sich um ein Polypol, da es auf der Nachfrageseite viele Kinobesucher gibt. Der Getränkestand muss mit vielen weiteren Anbietern in der näheren Umgebung konkurrieren, da auch Getränke zur Vorstellung mitgebracht werden dürfen.

Es handelt sich um einen unvollkommenen Markt, da bereits eine Bedingung des vollkommenen Marktes nicht erfüllt wird. Zum Beispiel haben einige Kinobesucher räumliche Präferenzen gegenüber dem Getränkestand.

3.2

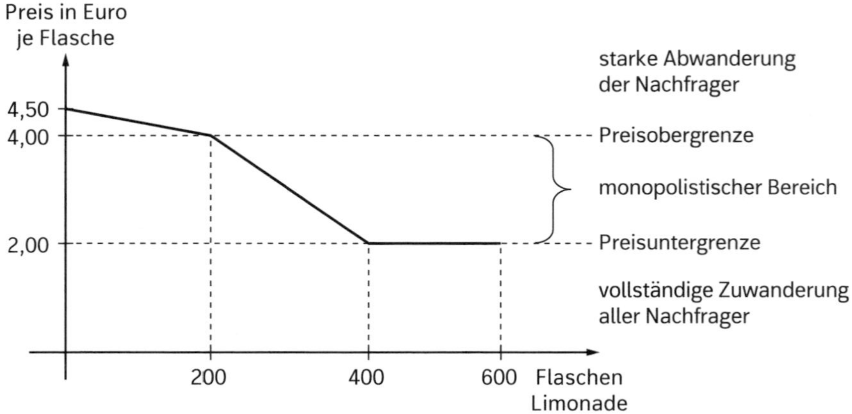

3.3 Die Preis-Absatz-Kurve stellt aus der Sicht eines Anbieters den Teil der Gesamtnachfrage dar, die er bei unterschiedlichen Preisen auf sich vereint. Die Gesamtnachfrage beinhaltet das Nachfrageverhalten aller Nachfrager nach einem bestimmten Gut.

23 Ziele und Zielkonflikte der Wirtschaftspolitik

23.1 Grundlagen der Wirtschaftspolitik

1. Gesetz zur Förderung der Stabilität und des Wachstums der Wirtschaft, kurz: Stabilitätsgesetz
2. Beachtung des gesamtwirtschaftlichen Gleichgewichts
3. Ziele des magischen Vierecks laut Stabilitätsgesetz:
   - **Preisniveaustabilität:** Die Preissteigerungsrate sollte ca. 2 % nicht überschreiten.
   - **Hoher Beschäftigungsstand (Vollbeschäftigung):** Die Arbeitslosenquote sollte ca. 2 % bis 3 % nicht übersteigen. Diese sog. „Sockelarbeitslosigkeit“ kann auch in Zeiten guter Konjunkturlage nicht unterschritten werden. Ursachen der „Sockelarbeitslosigkeit“:
     - Friktionelle Arbeitslosigkeit: Sie tritt auf, wenn Arbeitskräfte kündigen bzw. entlassen werden und kurzfristig bis zum Antritt der neuen Stelle nicht beschäftigt sind („Sucharbeitslosigkeit“ bzw. „Fluktuationsarbeitslosigkeit“).
     - Saisonale Arbeitslosigkeit: Sie ist Folge jahreszeitlicher (saisonaler) Produktionsschwankungen (z. B. Landwirtschaft, Bauwirtschaft) und ist kaum bekämpfbar.
   - **Außenwirtschaftliches Gleichgewicht:** Die Leistungsbilanz soll langfristig ausgeglichen sein (Exporte = Importe).
   - **Stetiges und angemessenes Wirtschaftswachstum:** Stetiges Wirtschaftswachstum bedeutet kontinuierliches Steigen des realen Bruttosozialproduktes (Bruttoinlandproduktes) ohne größere Konjunkturausschläge nach oben oder unten. Ein Wirtschaftswachstum von ca. 2 % bis 3 % wird als angemessen bezeichnet.
4. **Arbeitslosenquote** $= \dfrac{\text{registrierte Arbeitslose} \cdot 100}{\text{(abhängige) Erwerbspersonen}}$
5. Vgl. Aufgabe 3.
6. gerechte Einkommens- und Vermögensverteilung; Erhaltung einer lebenswerten Umwelt
7. **Zielkonflikt 1: Vollbeschäftigung – Preisniveaustabilität:**

Ausgangsbasis:	Rezession (Unterbeschäftigung, Arbeitslosigkeit)
Ziel:	Vollbeschäftigung
Maßnahmen Staat:	Exportförderung, Erhöh. Staatsnachfrage, Förderung priv. Nachfrage
Folge evtl.:	Vollbeschäftigung, jedoch Preissteigerungen

Zielkonflikt 2: Vollbeschäftigung – außenwirtschaftliches Gleichgewicht:

Ausgangsbasis:	Rezession
Ziel:	Vollbeschäftigung
Maßnahmen Staat:	u. a. Exportförderung
Folge evtl.:	Vollbeschäftigung, jedoch evtl. Exportüberschuss

Zielkonflikt 3: Preisniveaustabilität – Wirtschaftswachstum:

Zunehmendes Wirtschaftswachstum bei Überbeschäftigung kann zu erheblichen Preissteigerungsraten führen.

Zielkonflikt 4: Wirtschaftswachstum – Umweltschutz:

Rein quantitatives Wirtschaftswachstum bedeutet Umweltbelastung.

8. 1. Arbeitslosengeld relativ niedrig: Einkommensverluste führen zu sinkender Nachfrage und damit sinkendem Wirtschaftswachstum.

   2. sinkende Steuereinnahmen des Staates (Arbeitslose zahlen keine Lohn- bzw. Einkommensteuer, Gewinnverringerung bei Unternehmen)

   3. keine Sozialversicherungsbeiträge der Arbeitslosen

   4. hohe Arbeitslosengeldzahlungen durch Arbeitslosenversicherung

   5. evtl. zunehmende Schwarzarbeit durch Arbeitslose

9. • Nachfrage steigt stärker als das Angebot = Nachfrageinflation
   • Angebotsverknappung
   • Kostensteigerungen (z. B. Löhne, Steuern) = Kosteninflation
   • zunehmende Konzentration mit nachgeschalteten Preiserhöhungen
   • willkürliche Preiserhöhungen durch Monopole und Oligopole = Gewinninflation ...

10. • Nachfrage der privaten Haushalte, Unternehmen und des Staates sinkt
   • Nachfrage des Auslands nach Inlandsgütern (Exporte) sinkt
   • stark zunehmende Zinssätze
   • Standortverlagerungen ins kostengünstigere Ausland
   • zunehmende Rationalisierung (Ersatz Mensch – Maschine)
   • Strukturwandel in verschiedenen Branchen (z. B. Kohle, Stahl) ...

11. • Inlandspreise niedriger als Auslandspreise
   • steigende Einkommen im Ausland, die eine steigende Nachfrage nach Inlandsgütern nach sich ziehen
   • Standortvorteile betr. Bodenschätze, Verkehrslage ...
   • Inlandsprodukte sind technisch den Auslandsprodukten überlegen ...

23.2 Abituraufgaben

Abituraufgaben 2016 (Aufgabe 5, teilweise)

3.1 Erhöhung der Staatsausgaben z. B. durch öffentliche Investitionen in Infrastruktur; der Staat tritt selbst als Nachfrager auf, um die Konjunktur anzukurbeln.

3.2
- Konjunkturprogramme können zu einer Erhöhung der Staatsverschuldung führen (Deficit-Spending).
- Konjunkturbeeinflussende Maßnahmen können aufgrund ihrer zeitlich verzögerten Wirkung zu prozyklischen Effekten führen (Timelag).

4.1 Ein marktwirtschaftliches System ist grundsätzlich stabil, wenn der Wettbewerb auf den Märkten funktioniert (Stabilitätshypothese). Instabilität ist die Folge von staatlichen Eingriffen in den Wirtschaftsprozess. Deshalb soll der Staat nicht aktiv in das Wirtschaftsgeschehen eingreifen (liberalistische Staatsauffassung), sondern sich auf die Schaffung von günstigen Rahmenbedingungen für die Angebots- bzw. Unternehmensseite beschränken.

4.2 Lockerung des Kündigungsschutzes
Erhoffte Wirkung: Positive Beschäftigungseffekte, da Bereitschaft zu Neueinstellungen steigt.

Flexiblere Arbeitszeitregelungen
Erhoffte Wirkung: Finanzielle Entlastung der Arbeitgeber, da diese auf Beschäftigungsschwankungen flexibler reagieren können.

5. Preisniveaustabilität gilt als erreicht, wenn die Inflationsrate unter, aber nahe 2 % liegt. Die Inflationsrate in Deutschland betrug 2012 2 % und im Jahr 2013 1,5 %; für diese Jahre kann das Ziel der Preisniveaustabilität annähernd als erreicht gelten. 2014 betrug die Inflationsrate 0,9 %; somit wurde das vorgegebene Ziel in diesem Jahr verfehlt.

24 Konjunktur und Konjunkturpolitik

24.4 Aufgaben zu den Kapiteln 24.1–24.3

1. **Konjunktur** = wellenförmige Auf- und Abwärtsbewegungen der Wirtschaftstätigkeit (Konjunkturschwankungen, Konjunkturwellen) = Schwankungen des realen Bruttosozialprodukts (Bruttoinlandsprodukts)

2. **Beschäftigung:** Grad der Kapazitätsauslastung der Volkswirtschaft. Messung der Beschäftigung v. a. anhand der Arbeitslosenquote.

3. **Arbeitslosenquote** = $\frac{\text{registrierte Arbeitslose} \cdot 100}{\text{zivile Erwerbspersonen}}$

4. Vollbeschäftigung, Unterbeschäftigung und Überbeschäftigung (vgl. Stofftelegramm)

5. Es handelt sich um eine Art „Sockelarbeitslosigkeit", die auch in Zeiten guter Konjunkturentwicklung nicht unterschritten werden kann. Ursachen:

   - **Friktionelle Arbeitslosigkeit:** Sie tritt auf, wenn Arbeitskräfte kündigen bzw. entlassen werden und kurzfristig bis zum Antritt der neuen Stelle nicht beschäftigt sind („Sucharbeitslosigkeit" bzw. „Fluktuationsarbeitslosigkeit").
   - **Saisonale Arbeitslosigkeit:** Sie ist Folge jahreszeitlicher (saisonaler) Produktionsschwankungen (z. B. Landwirtschaft, Bauwirtschaft) und ist kaum bekämpfbar.

6. Konjunkturzyklen:
   - Hochkonjunktur (Boom)
   - Abschwung (Rezession)
   - Tiefstand (Depression)
   - Aufschwung (Expansion)

7. Vgl. Stofftelegramm Kapitel 24.2 „Der Konjunkturzyklus".

8. a) **Gründe für Konjunkturabschwung:**
   - Nachfrage der privaten Haushalte nach Konsumgütern sinkt.
   - Nachfrage der Unternehmen nach Investitionsgütern sinkt.
   - Nachfrage des Staates sinkt (Ausgabenkürzungen).
   - Nachfrage des Auslands nach Inlandsgütern (Exporte) sinkt.
   - stark steigende Zinssätze (restriktive Bundesbankpolitik)
   - sinkende Motivation der Marktteilnehmer

   b) **Gründe für Konjunkturaufschwung:** vgl. a) umgekehrt formuliert.

9. Vgl. Stofftelegramm.

10. Eventuelle negative Auswirkungen der Hochkonjunktur:
    - hohe Preissteigerungsraten
    - starke Umweltbelastungen
    - Überbeanspruchung von Mensch/Maschine
    - hohe Zinsen (ungünstig für Schuldner)
    - abnehmende Produktqualitäten
    - Abwerbung von Arbeitskräften

11. **Konjunkturindikatoren:** Anzeiger für den gegenwärtigen und zukünftigen Konjunkturverlauf. Beispiel: Arbeitsmarkt, Zahl der Kurzarbeiter ... (vgl. Stofftelegramm)

12. Erhöhungen des nominalen Bruttosozialprodukts können möglicherweise nur auf Preissteigerungen beruhen, ohne dass sich die reale Güterproduktion erhöht hat.

Beim realen Bruttosozialprodukt wird diese Problematik ausgeschaltet, indem Preissteigerungsraten herausgerechnet werden. Eine Zunahme des realen Bruttosozialprodukts signalisiert somit eine tatsächliche Mehrleistung der Volkswirtschaft.

13. **Saisonale Schwankungen:**

- jahreszeitlich bedingte Nachfrageänderungen (z. B. Ski im Winter, Surfbretter im Sommer; Weihnachtsgeschäft ...)
- vorhersehbare, regelmäßige Schwankungen, somit planbar
- betreffen nur einige Wirtschaftszweige

Konjunkturelle Schwankungen:

- wellenförmige Auf- und Abwärtsbewegungen der Wirtschaftstätigkeit im mehrjährigen Rhythmus – bereinigt um saisonale Schwankungen
- nicht vorhersehbare Schwankungen, somit schwer planbar
- betreffen nahezu die gesamte Wirtschaft

14. a) Vollbeschäftigung b) Rezession/Depression c) Vollbeschäftigung
d) Aufschwung (Expansion) e) Depression f), g) Vollbeschäftigung

15.
- **Saisonale Arbeitslosigkeit:** Sie ist Folge jahreszeitlicher (saisonaler) Produktionsschwankungen (z. B. Landwirtschaft, Bauwirtschaft) und ist kaum bekämpfbar.
- **Strukturelle Arbeitslosigkeit:** Arbeitslosigkeit in best. Regionen, Branchen und/oder Berufen durch strukturellen Wandel auf diesen Teilarbeitsmärkten (z. B. Landwirtschaft, Arbeitslosigkeit durch Rationalisierung ...)
- **Konjunkturelle Arbeitslosigkeit:** Durch gesamtwirtschaftlichen Beschäftigungsrückgang hervorgerufene Arbeitslosigkeit (Rezessions- bzw. Depressionsphase).
- **Friktionelle Arbeitslosigkeit:** Sie tritt auf, wenn Arbeitskräfte kündigen bzw. entlassen werden und kurzfristig bis zum Antritt der neuen Stelle nicht beschäftigt sind („Sucharbeitslosigkeit" bzw. „Fluktuationsarbeitslosigkeit"). Ebenso wie die saisonale Arbeitslosigkeit zählt sie zur sog. „Sockelarbeitslosigkeit", die auch in Zeiten guter Konjunktur nicht unterschritten werden kann.

16. Durch sinkende Gewinne und relativ geringe Lohnsteigerungen **sinkende Steuereinnahmen**. Gleichzeitig evtl. **steigende Staatsausgaben**, um die Konjunktur wieder anzukurbeln.

24.5 Konjunkturpolitik (allgemein)

1. **Fiskalpolitik** = staatliche Konjunkturpolitik (Einnahmen- und Ausgabenpolitik)

2. Vgl. Stofftelegramm.

3. a) „**Deficit-Spending**": staatliche Verschuldung zwecks Belebung der Konjunktur (Finanzierung von staatlichen Investitionen)

   b) Rezession, Depression

4. a) **Antizyklische Finanzpolitik:** Der Staat senkt in der Hochkonjunktur die Ausgaben und erhöht sie in der Rezession.

b)

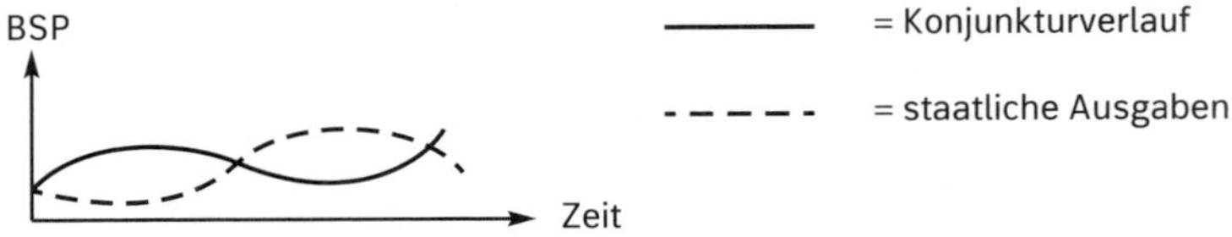

5. a) <u>Hochkonjunktur:</u> Einnahmenerhöhung des Staates (z. B. Steuererhöhungen) verschlechtern die Liquidität der Marktteilnehmer – Nachfrage sinkt – Preissteigerungsraten sinken. Werden die zusätzlichen Mittel einer Konjunkturausgleichsrücklage (vgl. § 7 StabG) bei der Bundesbank zugeführt („kaltgestellt"), sinkt die Geldmenge – Preisdämpfung.

   b) <u>Rezession:</u> Einnahmensenkungen des Staates (z. B. Steuersenkungen) verbessern die Liquidität der Marktteilnehmer – Nachfrage steigt – Konjunkturbelebung.

6. <u>Bildung:</u> In Zeiten der Hochkonjunktur (durch Steuererhöhungen erzielte Mehreinnahmen werden bei der Bundesbank hinterlegt, um die Hochkonjunktur abzuschwächen).
   <u>Auflösung:</u> In Zeiten der Rezession, um die erforderliche Erhöhung der Staatsnachfrage (staatliche Investitionen) zu fördern.

7. konjunkturbelebend = „+", k'dämpfend = „–" a) + b) – c) + d) + e) – f) – g) – h) +

8. **Im Boom:** Lohnforderungen, die über den Produktivitätsfortschritt hinausgehen, führen zu Preissteigerungen, da die Unternehmen aufgrund der hohen Nachfrage die höheren Lohnkosten problemlos auf die Preise abwälzen können. Dies widerspricht der Stabilitätspolitik in dieser Phase.

   In der Rezession: Gewerkschaften sollten mit Lohnforderungen zurückhaltend sein, damit die Gewinne der Unternehmen steigen und sich dadurch ihre Investitionsbereitschaft erhöht. Gewerkschaften argumentieren im Gegensatz dazu, dass erst aufgrund hoher Lohnerhöhungen über steigende Nachfrage die Konjunktur stimuliert wird.

9. Die **Arbeitslosenquote** erfasst nur solche Arbeitnehmer, die sich beim Arbeitsamt als arbeitslos registrieren lassen. Es werden diejenigen nicht berücksichtigt, die resigniert haben und sich gar nicht mehr um eine Arbeitsstelle bemühen.

   Die **Zahl der offenen Stellen** darf auf keinen Fall mit der Nachfrage der Unternehmen nach Arbeitskräften gleichgesetzt werden. Viele Unternehmen suchen sich ihre Arbeitskräfte nicht über das Arbeitsamt, sondern über Inserate oder Werbeaktionen.

10. **Strukturelle Arbeitslosigkeit:** Kann durch den Niedergang bestimmter Wirtschaftszweige oder durch tiefgreifende Wandlungen in der Bevölkerungsstruktur hervorgerufen werden. Diese Art von Arbeitslosigkeit kann gedämpft und bekämpft werden durch Subventionen an die noch vorhandenen Unternehmen zur Verhinderung weiterer Stilllegungen, Unterbringung der Arbeitslosen in anderen Branchen bzw. Schaffung neuer Produktionsstätten und damit neuer Arbeitsplätze.
    Konjunkturelle Arbeitslosigkeit: Arbeitslosigkeit ist auf eine allgemeine Wachstumsschwäche zurückzuführen. Die zu treffenden Maßnahmen müssen demnach die gesamte Wirtschaft als Ziel haben. Problem der Maßnahmen: Preisniveaustabilität gefährdet.

11. a) Investitionsförderungsgesetz, Zuschüsse für Investitionen, Steuervergünstigungen

    b) • Investitionsanreize und damit Einfluss auf Wachstum und Beschäftigung.
       • Der Erfolg ist von den Zukunftserwartungen der Unternehmen abhängig. Bei pessimistischer Zukunftseinschätzung ist die Investitionsbereitschaft trotz Förderungsmaßnahmen gering.

24.6 Wirtschaftspolitische Konzeptionen

1. a) Nachfrageorientierte und angebotsorientierte Wirtschaftspolitik

1. Unterscheidungsmerkmal: Grundauffassung

- Nachfrageorientiert: Marktwirtschaftliches System ist instabil; keine automatische Tendenz zum Gleichgewicht. Die gesamtwirtschaftliche Nachfrage bestimmt die Höhe von BIP und Beschäftigung. Staat muss eingreifen, um gesamtwirtschaftliche Nachfrage zu beeinflussen.

- Angebotsorientiert: Staat soll nicht in das Wirtschaftsgeschehen eingreifen; das marktwirtschaftliche System hat die Tendenz zum Gleichgewicht auf allen Märkten, auch auf dem Arbeitsmarkt.
Ungleichgewichte sind die Folge von Staatseingriffen und von zu wenig Wettbewerb.

2. Unterscheidungsmerkmal: wirtschaftspolitische Maßnahmen

- Nachfrageorientiert: Staat soll die gesamtwirtschaftliche Nachfrage durch antizyklische Ausgaben- und Einnahmenpolitik steuern.

- Angebotsorientiert: Staat muss Voraussetzungen für optimales Funktionieren des Marktsystems schaffen, Abbau von Wettbewerbshemmnissen, Deregulierung, Privatisierung.

b) Beide Konzepte verlangen Steuersenkungen. Die Begründung und die erhoffte Wirkungsweise sind aber unterschiedlich:

- Nachfrageorientiert: Steuersenkung (z. B. Einkommensteuer) zur Erhöhung der privaten Nachfrage und damit der Beschäftigung. Das setzt aber voraus, dass trotz sinkenden Steueraufkommens der Staat seine Ausgaben (= Nachfrage des Staates) nicht reduziert, da andernfalls die gesamtwirtschaftliche Nachfrage nicht steigen würde. Das staatliche Haushaltsdefizit muss durch die Auflösung einer Konjunkturausgleichsrücklage oder durch Kreditaufnahme gedeckt werden.

- Angebotsorientiert: Senkung der Unternehmenssteuern, um mehr Leistungs- und Investitionsanreize zu bieten und damit die Nachfrage nach Arbeitskräften zu steigern.

c) <u>Probleme der nachfrageorientierten Wirtschaftspolitik:</u>

- Steigende Staatsverschuldung; Schulden werden aus politischen Gründen (Vermeidung von Leistungskürzungen bei den Bürgern) nicht zurückgeführt.
- Die Stop-and-Go-Politik (ständiger Wechsel zwischen expansiven und kontraktiven Maßnahmen) wirkt nur kurzfristig und mit Zeitverzögerung.

<u>Probleme der angebotsorientieren Wirtschaftspolitik:</u>

- Die Instrumente der Steuer- und Geldpolitik können unwirksam sein, da z. B. die Investitionsneigung von anderen Faktoren als niedrigen Steuern und Zinsen beeinflusst werden kann. Die Verbesserung der wirtschaftlichen Rahmenbedingungen durch die Politik ist nur langfristig möglich.

- Die Maßnahmen sind mit Sozialabbau, Senkung der Reallöhne, Lockerung von Kündigungsschutz usw. verbunden und daher politisch nur schwer durchsetzbar.

2. 1. Versorgung mit öffentlichen Gütern:

Ohne Staatseingriffe stehen in einer Marktwirtschaft zu wenig öffentliche Güter zur Verfügung (Gesundheitswesen, Bildung, Infrastruktur), da diese Güter i. d. R. nicht in ausreichendem Maße von privaten Anbietern über den Markt bereitgestellt werden.

2. Arbeitsmarkt

Auf einem völlig unregulierten Arbeitsmarkt kann sich ein aus sozialen Gründen nicht erwünschtes Lohnniveau unterhalb des Existenzminimums einstellen. Der Staat muss dies durch geeignete arbeitsmarktpolitische (z. B. Mindestlöhne) und sozialpolitische Maßnahmen (z. B. Kindergeld, Wohngeld) korrigieren.

24.7 Abituraufgaben

Abituraufgaben 2012 (Aufgabe 5, teilweise)

1.1 Das BIP gibt den Wert aller in einer bestimmten Periode hergestellten Güter an.
Es ist somit ein Spiegelbild der wirtschaftlichen Aktivität eines Landes und wird daher als wichtiger Gegenwartsindikator zur Charakterisierung der Konjunkturlage angesehen.

1.2

Zeitraum Q = Quartal	Merkmale	Konjunkturphase
Q1 2007 bis Q3 2008	hohe Quartals-BIP-Zuwachsraten (sowohl im Vergleich zum Vorquartal als auch im Vergleich zum entsprechenden Vorjahresquartal)	→ Boom
Q4 2008 (Ausbruch der Finanzkrise) bis Q4 2009	negative BIP-Veränderung gegenüber dem Vorjahr	→ Rezession/ Depression
Q1 2010 bis Q3 2010	steigende (positive) BIP-Zuwachsraten (sowohl im Vergleich zum Vorquartal als auch im Vergleich zum entsprechenden Vorjahresquartal)	→ Aufschwung

1.3
- Nachfrageorientierte Wirtschaftspolitik, da die Konjunktur über eine Erhöhung der gesamtwirtschaftlichen Nachfrage gefördert werden soll:

  Senkung der Einkommensteuer
  → Konsum (private Haushalte)
  staatliche Investitionen in die Infrastruktur
  → Staatsnachfrage

- Senkung der Einkommensteuer (mindestens vier Schritte):

  - Steuerbelastung der privaten Haushalte sinkt
  - verfügbares Einkommen der privaten Haushalte steigt
  - Konsumausgaben steigen/Erlöse der Unternehmen steigen
  - Produktionstätigkeit steigt

- BIP steigt (Wachstum)
- Beschäftigung steigt/Arbeitslosigkeit sinkt

1.4 Zum Beispiel:

- Konjunkturprogramme führen zu einer Erhöhung der Staatsverschuldung.
- Konjunkturprogramme sind nur ein „Strohfeuer“, weil die eigentlichen Ursachen nicht bekämpft werden.
- Konjunkturprogramme verunsichern die Märkte („Stop-and-go-Politik“).

(zwei Argumente verlangt)

2.1 Marktkonforme Maßnahme, da der Preismechanismus nicht außer Kraft gesetzt wird.

2.2 • Die Abwrackprämie führt zu einer Zunahme der Nachfrage nach Neuwagen.

→ Rechtsverschiebung der Nachfragekurve.
Wenn die Kapazitätsauslastung im Bereich I liegt (Unterbeschäftigung), führt eine Zunahme der Nachfrage (gestrichelte Linie) nicht zwangsläufig zu Preiserhöhungen.

- Skizze:

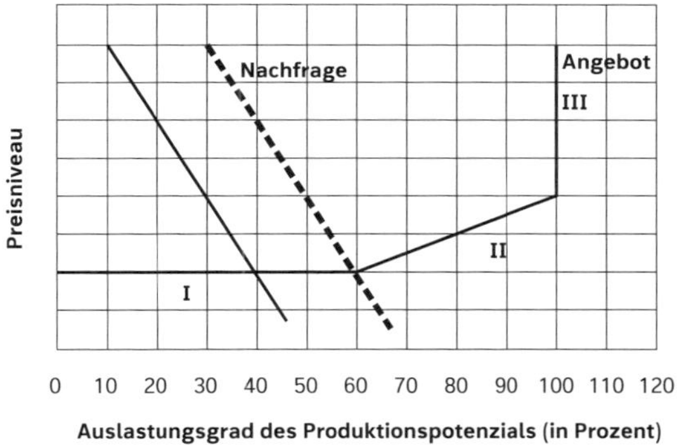

2.3 Zum Beispiel:

- Die Abwrackprämie hatte nur Angebotscharakter. Eine Neuanschaffung wurde u. U. trotz eines staatlichen Zuschusses nicht getätigt.
- Mitnahmeeffekte bei Käufern, die ohnehin eine Neuanschaffung geplant hatten.
- Inländische Anbieter profitierten von dieser Maßnahme möglicherweise weniger als die ausländischen Anbieter, da die Maßnahme eher auf Kleinwagen zielte, die größtenteils importiert werden.

(zwei Wirkungshemmnisse)

2.4 Positive Auswirkung der Abwrackprämie auf die Umwelt:
Neuwagen haben deutlich geringere Emissionswerte.

Negative Auswirkungen der Abwrackprämie auf die Umwelt:

- Verschrottung/Entsorgung der „Altwagen“
- „Fahrtüchtige“ Altwagen werden nur wegen der Prämie verschrottet.
- Ressourcenverbrauch durch Neuproduktion

2.5 $El_{dir} = \frac{30\ \%}{\Delta p \text{ in } \%} = (-)1{,}6 \rightarrow \Delta p \text{ in } \% = \frac{30\ \%}{(-)1{,}6} = (-)18{,}75\ \%$

Abituraufgaben 2016 (Aufgabe 5, teilweise)

1.1 Im Verlauf der Jahre 2006 bis 2009 weisen zunächst fallende, dann eine negative Wachstumsrate des BIP auf einen Konjunkturabschwung (Rezession) hin. 2010 und 2011 kam es zu einem Aufschwung mit hohen Wachstumsraten des BIP (Boom). In den Jahren 2012 und 2013 zeigen sich sehr niedrige Wachstumsraten. Ab 2014 sind wieder deutlich positive Wachstumsraten zu erkennen (Aufschwung).

1.2 Ziel: stetiges und angemessenes Wirtschaftswachstum
Zielvorgabe: jährliches Wachstum des realen BIP um 2 %–3 %
Zielerreichung 2013: Die Zielvorgabe wird nicht erreicht.

1.3 Das BIP gibt den Wert aller innerhalb eines Landes in einer Periode hergestellten Güter (Waren und Dienstleistungen) an. Es spiegelt daher im Vergleich zu anderen Messgrößen die wirtschaftliche Leistung eines Landes besser wider.

1.4 Zum Beispiel Auftragseingang: Dieser Frühindikator zeigt die zukünftige Entwicklung des Konjunkturverlaufs an und ermöglicht den politischen Entscheidungsträgern, rechtzeitig konjunkturpolitische Maßnahmen zu ergreifen.

25 Geldtheorie und Geldpolitik

25.1 Deutsche Bundesbank

1. Organ = Vorstand der Bundesbank (Präsident, Vizepräsident und vier Mitglieder)

   Hauptaufgaben:

   - Durchführung der Offenmarktgeschäfte, der Mindestreservepolitik und der ständigen Fazilitäten
   - Bank des Staates
   - Bank der Banken
   - Währungsreserven verwalten
   - Geldversorgung (Banknoten)
   - Forschung und Analyse der Geldpolitik

2. Bundesbank ist **unabhängig** von den Weisungen der Bundesregierung.

3. Unterstützung der Wirtschaftspolitik, Beratung in Währungsfragen

25.2 Das Europäische System der Zentralbanken (ESZB)

1. ESZB = Europäisches System der Zentralbanken = Zusammenschluss der Europäischen Zentralbank und aller nationaler Zentralbanken.

2. Aufgaben:

   - **Preissteigerungsrate unter, aber nahe der Zweiprozentmarke halten**
   - Einheitliche Währungs-(Geld-)Politik: Leitzinsen festlegen, Geldmenge steuern, ...
   - Devisengeschäfte durchführen
   - Verwaltung der Währungsreserven der Mitgliedstaaten
   - reibungslosen Zahlungsverkehr im Euroland organisieren
   - Banknotenausgabe (Eurogeld)
   - Höhe der Münzausgabe steuern
   - Überwachung des Kreditwesens
   - Unterstützung der Wirtschaftspolitik der Regierungen, sofern keine Gefährdung der Preisstabilität

3. Die EZB ist unabhängig in ihren Entscheidungen von den nationalen Regierungen der EU.

4. - Europäischer Zentralbankrat der EZB
   - Direktorium
   - ZB-Präsidenten aller Euroländer

25.3 Arten des Geldes/Geldmengenbegriff

1. **Gesetzliches Zahlungsmittel:** Bargeld und Buchgeld (Giralgeld)

2. a) **M1** = Bargeldumlauf + tägl. fällige Einlagen

   M2 = Bargeldumlauf + tägl. fällige Einlagen **+ Einlagen mit Laufzeit bis 2 Jahre**
   + Einlagen mit vereinb. Künd.frist bis 3 Monate

   M3 = Bargeldumlauf + tägl. fällige Einlagen + Einlagen mit Laufzeit bis 2 Jahre
   + Einlagen mit vereinb. Künd.frist bis 3 Monate
   + von MFIs ausgegebene Geldmengensubstitute

   Merke: Vom Bargeldbestand sind stets die Kassenbestände der Banken abzuziehen!

   b) M3-Wachstumsziel 2001: maximal 4,5 %

3. a)

	Sit. 1	Sit. 2
Notenumlauf	250	244
– Kassen Banken	78	76
+ Sichteinlagen	290	300
+ Spar- und Termineinl.	–	30
M3	462	498

M3-Erhöhung um 36.

b) Nur Aktivseite betrachten!

	Sit. 1	Sit. 2	Änderung
Guthaben ZB	52	56	4 (k)
Kreditforder.	130	160	30 (e)
Devisen	30	38	8 (e)
Kasse	78	76	2 (e)

Expansiv: 30 + 8 + 2 = 40; kontraktiv: 4
M3-Erhöhung um 36.

4. a) M3 sinkt. b) M3 konstant c) M3 konstant d) M3 sinkt. e) M3 steigt.

5. a) M2 steigt. b) M2 steigt. c) M2 sinkt. d) M2 sinkt. e) M2 steigt. f) M2 konstant

25.4 Binnenwert des Geldes und seine Messung

1. a) **Kaufkraft:** Wie viel Güter kann man für eine Geldeinheit kaufen?

   Preisniveau: Wie hoch ist der Preis für ein Gut?

   b) Reziprokes (umgekehrtes) Verhältnis, d. h.,

   - steigendes Preisniveau bedeutet sinkende Kaufkraft,
   - sinkendes Preisniveau bedeutet steigende Kaufkraft.

2. - Betrachtung der jährlichen prozentualen Veränderungen (Preissteigerungsrate)
   - Berechnung von Preisindizes. Der Kaufpreis des Warenkorbs wird im Basisjahr mit 100 Punkten angesetzt und fortgeschrieben.

3. a) Preissteigerungsrate: 100,00 EUR = 100 %
   10,00 EUR = **10 %**

   b) Kaufkraftverlust: 110,00 EUR = 100 %
   10,00 EUR = **9,09 %**

4. Alter Preis: 100,00 EUR   108,00 EUR = 100 %
Neuer Preis: 108,00 EUR   8,00 EUR = 7,4 % Kaufkraftverlust

5. 100 % – 6 % = 94 %   94 % = 100,00 EUR
100 % = 106,38 EUR   Preissteigerungsrate 6,38 %

6. • Preisindex für die Lebenshaltung der priv. Haushalte
• Index der Erzeugerpreise gewerblicher Produkte
• Baupreisindex
• Index der Einzelhandelspreise

7. **Warenkorb:** Ausgewählte (repräsentative) Güter und Leistungen, die von einem durchschnittlichen Haushalt üblicherweise gekauft werden. Der Kaufpreis für den Warenkorb (ca. 750 Güterarten) wird in einem bestimmten Jahr (Basisjahr) mit 100 Punkten (%) angesetzt und in den Folgejahren fortgeschrieben, sodass die Preisentwicklung dieses Warenkorbes ersichtlich wird.

Basisjahr: Das Jahr, in dem das Gütersortiment des Warenkorbs festgelegt wird. Der Kaufpreis des Warenkorbs wird mit 100 Punkten (%) festgelegt und in den Folgejahren fortgeschrieben. Momentanes Basisjahr vgl. Stofftelegramm.

8. Entwicklung der Kaufkraft seines Geldeinkommens bzw. Geldvermögens im Zeitablauf. Er ist also eine Art „Inflationsbarometer“.

9. Wegen Änderungen im Güterangebot und Ausgabeverhalten.

10. a) 2.000 = 100 %
40 = **2 %**
b) 2.040 = 100 %
61 = **3 %**
c) 2.101 = 100 %
105 = **5 %**
d) **100 %**
e) 2.000 = 100 (%)
2.040 = **102 (%)**
f) 2.000 = 100 (%)
2.101 = **105,1 (%)**
g) 2.000 = 100 (%)
2.206 = **110,3 (%)**

11. **Nominallohn:** gezahlter Lohn – ohne Berücksichtigung der Kaufkraft

Reallohn: Die Menge von Konsumgütern, die mit einem bestimmten Nominallohn gekauft werden kann. Die Kaufkraft des Geldes wird also berücksichtigt: Der Teil der Lohnerhöhung, der durch Preissteigerungen wieder „vernichtet“ wird, wird herausgerechnet.
Kurz: Reallohn = um die Preissteigerungsrate berichtigter Nominallohn.

12. a) Preissteigerungen b) Preissenkungen c) Preisniveaustabilität

13.

Jahr	01	02	03	04	05	06
Index	100	102,6	105,68	108,85	113,42	117,05

Rechenweg: 100 · 102,6 % = 102,6 · 103 % = 105,68 · 103 % = 108,85 ...

14. Geldmenge M, Preisniveau P, Umlaufgeschwindigkeit des Geldes U, Handelsvolumen H

15. $M \cdot U = H \cdot P$

16. a) Preisniveau sinkt, Geldwert steigt
b) P steigt, Geldwert sinkt
c) P steigt, Geldwert sinkt

17. **Kritik an der Aussagekraft der Verkehrsgleichung des Geldes:**

1. Kritik an der Aussage: Geldmenge steigt – Preise steigen

- Bei Vollbeschäftigung ist die Aussage gültig: Steigende Geldmenge bewirkt steigende Einkommen, steigende Nachfrage und damit steigende Preise.
- Bei Unterbeschäftigung gilt die Verkehrsgleichung nicht unbedingt: Steigende Geldmenge führt nicht unbedingt zu steigenden Preisen, weil die Unternehmer trotz ansteigender Nachfrage nicht sofort die Preise erhöhen (Mehrangebot auch ohne Preiserhöhung).

2. Kritik an der Aussage: Geldmenge sinkt – Preise sinken

Sinkende Geldmenge bewirkt sinkende Einkommen und sinkende Nachfrage. Die Beschäftigung sinkt. Probleme:

1. Kosten sinken nicht in gleichem Maße, wie sie bei steigender Beschäftigung zunehmen (vgl. Problem der Kostenremanenz – Kostenrechnung).
2. Sinkende Beschäftigung bewirkt steigende Stückkosten (Gesetz der Massenprodukt.).
3. Lohnkosten sind aufgrund von Tarifverträgen nur schwer reduzierbar.

Aufgrund der drei genannten Punkte existiert eine Starrheit der Güterpreise nach unten! Die Verkehrsgleichung gilt insofern nicht in vollem Umfang.

3. Weiterer Kritikpunkt:

Verkehrsgleichung sagt nichts aus über die kausalen Beziehungen zwischen M, H, P, und U! Sie ist eine reine Identitätsgleichung.

18. a) Bei Inflation und gleichbleibenden Nominallöhnen sinkt der Reallohn. Die Einkommen der Lohnempfänger bleiben unverändert, während der Wert des Geldes abnimmt.

ba) Ein solcher Durchschnittspreis würde die unterschiedliche Gewichtung der nachgefragten Güter unberücksichtigt lassen. Daher fallen Preisänderungen auch verschieden stark ins Gewicht.
Eine Erhebung aller Preise einer Volkswirtschaft wäre wegen der Vielzahl der Daten nicht möglich. Daher werden nur bestimmte Güter der Lebenshaltung ausgewählt, und nur deren Preise sind für die Indexermittlung der Lebenshaltungskosten von Bedeutung.

bb) Mit steigendem Einkommen nehmen die Ausgaben für Nahrungsmittel relativ ab. Da die lebensnotwendigen Bedürfnisse befriedigt sind, verwenden Haushalte immer mehr Teile ihres Einkommens für andere Zwecke.

bc)

Veränderung des Preisniveaus:	106,5	=	100,00 %	
	4,4	=	**4,13** %	Preisniveauanstieg
Veränderung der Kaufkraft:	104,13	=	100,00 %	
	4,13	=	**3,97 %**	Kaufkraftminderung
Alternativrechnung:	110,9	=	100,00 %	
	4,4	=	**3,97 %**	

c) Anhaltend hohe Exportüberschüsse, die insbesondere bei höherer Auslandsinflationsrate entstehen können, führen zur Geldmengensteigerung im Inland und somit zu Preissteigerungen (importierte Inflation).
Hohe Kreditaufnahmen (Haushalte, Untern., Staat) für Nachfragezwecke (Nachfrageinflation).

25.5 Inflation und Deflation (Geldwertschwankungen)

1. **Inflation** = anhaltendes Steigen des Preisniveaus (Geldentwertung)

2. **Ursachen der Inflation:**
   - Nachfrage steigt stärker als das Angebot = **Nachfrageinflation**
   - Angebotsverknappung
   - Kostensteigerungen (z. B. Löhne, Steuern) = **Kosteninflation**
   - übermäßige Geldschöpfung der Kreditbanken und der Zentralbank
   - importierte Inflation (vgl. Aufgabe 3!)
   - zunehmende Konzentration mit nachgeschalteten Preiserhöhungen
   - willkürliche Preiserhöhungen durch Monopole und Oligopole = **Gewinninflation**

3. **Importierte Inflation:** Ausgangsbasis: Inflationsrate des Auslands ist höher als die des Inlands. Folge: Exporte steigen, da inländische Waren für Ausländer billiger werden.

   Möglicherweise entsteht im Inland ein Exportüberschuss (positiver Außenbeitrag), sodass durch die vermehrten Zahlungszuflüsse die Geldmenge steigt. Entsprechend steigen die Preise im Inland. Die Inflation des Auslands wurde also praktisch importiert.

4. **Lohn-Preis-Spirale:** Es liegt ein Doppeleffekt vor:

   - Lohnerhöhungen bedeuten erhöhte Kosten, die in die Preise kalkuliert werden (Löhne steigen – Kosten steigen – Preise steigen).
   - Lohnerhöhungen bedeuten evtl. steigende Nachfrage, was wiederum Preissteigerungen zur Folge haben kann (Löhne steigen – Nachfrage steigt – Preise steigen).
   - Die gestiegenen Preise führen häufig wieder zu erhöhten Lohnforderungen, sodass sich Löhne und Preise gegenseitig nach oben treiben (Spiralwirkung).

5. **Auswirkungen der Inflation:**

   - sinkende Kaufkraft
   - sinkendes Vertrauen in die Währung
   - Vorteile für Schuldner: Rückzahlung des nominalen, vereinbarten Geldbetrages; der reale Betrag sinkt mit zunehmender Inflation
   - Nachteile für Gläubiger: sinkender realer Wert des Rückzahlungsbetrages
   - Flucht in die Sachwerte: Eigentümer von Sachvermögen erhalten ihren Vermögenswert im Gegensatz zu Eigentümern von Geldvermögen
   - Evtl. Stagflation (Inflation bei Stagnation): steigende Arbeitslosigkeit bei steigenden Preisen

6. a) **Stagflation: Stag**nation bei gleichzeitiger In**flation**
   (Stagnation = stagnierende, stationäre Wirtschaft; kein Wachstum)

   b) • Maßnahmen zur Bekämpfung der Stagnation (Ankurbelung der Wirtschaft z. B. durch Förderung der Nachfrage) wirken inflatorisch.

   • Maßnahmen zur Dämpfung der Inflation (z. B. Verringerung der Staatsnachfrage) verschärfen die Stagnation.

7. **Offene Inflation:** Die Inflation ist für alle erkennbar.

   Verdeckte Inflation: Die Inflation wird durch staatl. Fixierung von Höchst- oder Festpreisen (Preisstopp) oder Lohnstopp verhindert.
   Problem: Nachfrageüberschuss

8. **Schleichende Inflation:** langsames, aber länger anhaltendes Steigen der Preise

   Galoppierende Inflation: hohe Preissteigerungsraten

9. **Deflation:** anhaltendes Sinken des Preisniveaus

10. **Ursachen der Deflation:**
    - Kürzung der Staatsausgaben
    - pessimistische Zukunftserwartungen: geringe Nachfrage, hohes Sparen, geringe Investitionsneigung

11. **Auswirkungen der Deflation:**
    - Flucht in die Geldwerte
    - Nachteile für Schuldner, Vorteile für Gläubiger
    - Betriebsstilllegungen, Kurzarbeit, Arbeitslosigkeit wegen sinkender Nachfrage
    - Steuereinnahmen sinken, öffentliche Nachfrage sinkt ...

12. a) Schleichende Inflation
    b) Schleichende Inflation durch:
    - Exportüberschüsse
    - Lohn-Preis-Spirale
    - Kostensteigerungen (Erdöl ...)
    - steigende Staatsverschuldung

25.6 Geldschöpfung der EZB (primäre Geldschöpfung)

1. Primäre Geldschöpfung: Geldschöpfung der Zentralbank
   Sekundäre Geldschöpfung: Geldschöpfung der Kreditbanken

2. Vgl. Stofftelegramm.

3. a) Devisen steigen, Notenumlauf steigt
   b) Kredite steigen, Notenumlauf steigt
   c) Wertpapiere steigen, Notenumlauf steigt

4.

	Situation 1	Situation 2	Veränderung der Geldmenge
Gold, Devisen	95	90	–5
Wechsel	12	18	+6
Kredite Staat	14	12	–2
Wertpapiere	6	18	+12
sonst. Aktiva	40	40	-----

25.7 Geldschöpfung der Geschäftsbanken (sekundäre Geldschöpfung)

1.
   - Höhe der Sichteinlagen
   - Mindestreservesatz
   - Barreservesatz
   - Kreditnachfrage
   - Bargeldquote
   - Zentralbankpolitik

2.
   - Bank A erhält Sichteinlage.
   - Nach Abzug der Mindest- und Barreserve (Liquiditätsreserve) verbleibt eine Überschussreserve, die zur Geldschöpfung (Kreditgewährung) zur Verfügung steht.
   - Kreditgewährung
   - Zufluss der Mittel bei anderer Bank B (Bank B erhält Sichteinlage) ...

3. Bargeldquote = prozentualer Anteil der Gesamtgeldmenge, der nicht wieder ins Bankensystem zurückfließt, sondern im Nichtbankensektor verbleibt

4. Je höher die Bargeldquote, desto niedriger sind die Kreditschöpfungsmöglichkeiten.

5. a) 400.000,00 EUR

   b) Maximale Kreditschöpfung = Ü : R = 400.000,00 : 0,18 = 2.222.222,22 EUR

   c) Geldschöpfungsmultiplikator = 1 : R = 1 : 0,18 = 5,555,

      d. h., das Bankensystem kann das 5,555-Fache der ersten Überschussreserve an Geld schöpfen:
      5,555 · 400.000,00 = 2,222 Mio. EUR

   d) Der Geld- bzw. Kreditschöpfungsprozess hängt letztlich auch von der Kreditnachfrage ab. Fehlt diese, dann bleiben die Banken auf ihren Überschussreserven sitzen.

6. 1 Mio. EUR – 16 % = 840.000,00 EUR Überschussreserve. GS = 840.000,00 : 0,16 = 5,25 Mio. EUR

7. Weil das Recht zur Notenausgabe allein bei der Zentralbank liegt.

25.8 Geldpolitik der EZB

25.8.1 Offenmarktgeschäfte der EZB

1. • Offenmarktgeschäfte
   • ständige Fazilitäten
   • Mindestreservepolitik

2. Vgl. Stofftelegramm.

3. Zinssätze und Liquidität am Markt steuern, Signale setzen.

4./5. Vgl. Stofftelegramm.

6. Zuteilungssatz: 250 = 100 %
   200 = 80 %

   Zuteilungen (80 %):
   Bank 1: 56
   Bank 2: 64
   Bank 3: 80

7.

Beträge in Millionen Euro

Zinssatz (%)	Bank 1	Bank 2	Bank 3	Gebote insges.	Kumulative Gebote
3,10				**0**	**0**
3,05	5			**5**	**5**
3,04	5	5		**10**	**15**
3,03	5	5		**10**	**25**
3,02	10	10	10	**30**	**55**
3,01	10	15	15	**40**	**95**
3,00	15	10	20	**45**	**140**
2,99	10		10	**20**	**160**
2,98	10		10	**20**	**180**
insges.	70	45	65	**180**	

Zuteilungssatz bei 2,99 %:

20 Gebote insges. = 100 %
10 Zuteilungen = x %

x = 50 %

Beispiel Bank 1 (Zuteilung):

Zuteilung zu 2,99 %:
50 % von 10 = 5

weitere Zuteilung (für die Gebote 3,05 % bis 3,00 %): 50

Zuteilung insgesamt: 55

Beträge in Millionen Euro

Geschäftspartner	Bank 1	Bank 2	Bank 3	Insges.
Gebote insgesamt	70,0	45,0	65,0	180
Zuteilung insges.	**55,0**	**45,0**	**50,0**	**150**

25.8.6 Aufgaben

1. **Mindestreserve:** Sichteinlagen, die Banken in liquider Form bei der Zentralbank anlegen müssen

Leitzinsen: Entscheidender Leitzinssatz ist der Zinssatz für die Hauptrefinanzierungsgeschäfte.
Oft werden auch die Zinssätze für die Spitzenrefinanzierungsfazilität sowie Einlagefazilität als weitere Leitzinsen genannt.
Bei Änderung signalisiert die EZB den Banken ihre geplante Politik und erwartet ein gleichgerichtetes Verhalten.

Signalwirkung: Mit einer Leitzinsänderung (siehe oben) signalisiert die EZB den Banken ihre geplante Politik und erwartet ein gleichgerichtetes Verhalten.

Spitzenrefinanzierungsfazilität:
- Übernachtkredit der EZB an die Banken
- Laufzeit: ein Geschäftstag
- kurzfristige Deckung von Liquiditätsüberschüssen bei der Zentralbank über Nacht

Einlagefazilität:
- Übernachtanlage bei der EZB
- Laufzeit: ein Geschäftstag
- kurzfristige Anlage von Liquiditätsüberschüssen bei der Zentralbank über Nacht

Pfand-Pool:
- sämtliche von einer Bank bei der Zentralbank hinterlegte Sicherheiten
- Pfand-Pool dient „en bloc" der Besicherung aller Notenbankkredite.

2. **Offenmarktpolitik:**
   - Hauptrefinanzierungssatz erhöhen
   - vermehrt Wertpapierverkäufe durch die EZB

   Ständige Fazilitäten:
   - Fazilitätssätze erhöhen

   (**Mindestreservepolitik:** Mindestreservesätze erhöhen)

   Wirkungen: Zinsen steigen → Kreditnachfrage sinkt → Geldmenge sinkt → Nachfrage sinkt → Konjunkturdämpfung → (hoffentlich) stabile(re) Preise

3. Analog (umgekehrt) wie bei 2. mit dem Endresultat: evtl. sinkende Arbeitslosigkeit.

4. Vgl. Stofftelegramm.

5. a) 2 %

   b) 2 % aus:
   - Einlagen + ausgegebenen Schuldverschreibungen bis 2 Jahre Laufzeit
   - ausgegebenen Geldmarktpapieren
   - nicht: Einlagen aus Repogeschäften

   c)
   - Stabilisierung der Geldmarktsätze
   - Herbeiführung oder Vergrößerung einer strukturellen Liquiditätsknappheit

6. Die einzelnen Pfänder brauchen substanziell und zeitlich nicht bestimmten Refinanzierungsgeschäften zugeordnet zu werden.

7. a) Der Verbraucherpreisindex erfasst die Preisveränderungen von ca. 750 Waren und Dienstleistungen (Warenkorb), die von den privaten Haushalten durchschnittlich gekauft werden. Die Gütergruppen werden im Warenkorb entsprechend den Verbrauchergewohnheiten gewichtet einbezogen. Der Warenkorb wird alle fünf Jahre neu ermittelt und auf ein neues Basisjahr umgestellt, um neu hinzugekommene Produkte zu berücksichtigen und unbedeutend gewordene Produkte aus dem Warenkorb zu entfernen.

   Die Diskrepanz zwischen der von Verbrauchern subjektiv wahrgenommenen Inflationsentwicklung und der vom Statistischen Bundesamt errechneten Inflationsrate lässt sich auf Preiserhöhungen bei bestimmten Waren und Dienstleistungen zurückführen, z. B. die Preise für frische Nahrungsmittel oder in der Gastronomie. Den Verbrauchern ist das Preisniveau solcher Güter eher bewusst als das ganze Spektrum des Warenkorbs. Wenn die Preisentwicklung dieser Produkte merklich von der Entwicklung der Preise aller Produkte des Warenkorbs abweicht, erhalten die Verbraucher ein nicht repräsentatives und subjektiv empfundenes Bild des breit gefächerten Warenkorbs.

   b) Wenn die Inflationsrate höher empfunden wird, als sie tatsächlich ist, so kann dies beim Verbraucher zu Konsumeinschränkungen führen. Der private Konsum ist aber eine wichtige Konjunkturstütze. Die Kaufzurückhaltung führt zu geringeren Umsätzen bei Handels- und Dienstleistungsbetrieben und in der Industrie. Mangelnde Nachfrage wirkt sich somit negativ auf das Wirtschaftswachstum und die Beschäftigungslage aus.

8. a) 103,5 = 100 %
   1,1 = x % → x = 1,06 % Preisniveauanstieg

   Für August 2018 wurde die Zielvorgabe der EZB (Inflationsrate unter 2 %) erreicht.

   b) 104,6 = 100 %
   4,6 = x % → x = 4,4 % Kaufkraftverlust

   Ein Kaufkraftverlust in dieser Höhe innerhalb eines Zeitraums von fast drei Jahren ist im Hinblick auf das Ziel der Preisniveaustabilität bzw. der Kaufkraftsicherung vertretbar.

9. a) Liquiditätszufluss der Geschäftsbank B steigt um 1 Mio. GE. Davon sind 100.000,00 GE als Reserve in Form von Zentralbankgeld zu halten. Die sich daraus ergebende Überschussreserve von 900.000,00 GE kann als Kredit gegeben werden.

   b) Überschussreserve des Geschäftsbankensystems 1.000.000,00 GE, da Liquidität direkt von der Zentralbank

   maximale Kreditschöpfung = Überschussreserve 1 : Reservesatz
   = 1.000.000,00 : 0,1 = 10.000.000,00 GE

   c) Die EZB kann den Geschäftsbanken vorschreiben, dass diese einen Teil ihrer Einlagen bei ihr anlegen. Je höher der MR-Satz, umso kleiner der Geldschöpfungsmultiplikator und umgekehrt. Instrument der EZB zur Beeinflussung der Geldmenge. Bei dem derzeit relativ konstanten MR-Satz erreicht die EZB damit eine Kontinuität in der Gelddisposition der Geschäftsbanken. Damit werden stärkere Schwankungen des Zinssatzes auf dem Geldmarkt verhindert. Eine aktive Mindestreservepolitik zur Steuerung der Geldmenge wurde von der EZB in dem zu beurteilenden Zeitraum nicht betrieben.

10. a) Hauptrefinanzierungsgeschäfte: Dem Geschäftsbankensystem wird für eine Woche Liquidität im vorgesehenen Umfang zugeführt.

   Spitzenrefinanzierungsfazilität: Übernachtkredite an Banken, deren Liquidität an diesem Tag nicht zum Ausgleich der Verrechnungsspitzen ausgereicht hat. Der Zinssatz stellt damit die Obergrenze für den Geldmarktzins dar.

   Einlagefazilität: Die Kreditinstitute können über Nacht überschüssige Liquidität zu dem angegebenen Zinssatz bei der Zentralbank anlegen. Dieser Zinssatz wirkt deshalb wie eine Preisuntergrenze für den Geldmarkt.

   Mit dieser Differenzierung wird ein Gesamtrahmen (Zinskanal) für die Entwicklung des Geldmarktzinses als der von der Zentralbank zu beeinflussenden Größe gegeben.

   ba)

Kumulierte Bietungsbeträge in Mio. Euro	Bietungssätze in %
39.513	3,29
62.487	3,28

   Der marginale Zinssatz beträgt 3,28 % = niedrigster, noch zum Zuge kommender Zinssatz.

   bb)

Bietergruppe	Bietungsbeträge in Mio. Euro	Bietungssätze in %
B	21.300	3,29
C	18.213	3,29
F	5.937 (50 %)	3,28
A	5.550 (50 %)	3,28
D	keine Zuteilung	
E	keine Zuteilung	

bc)

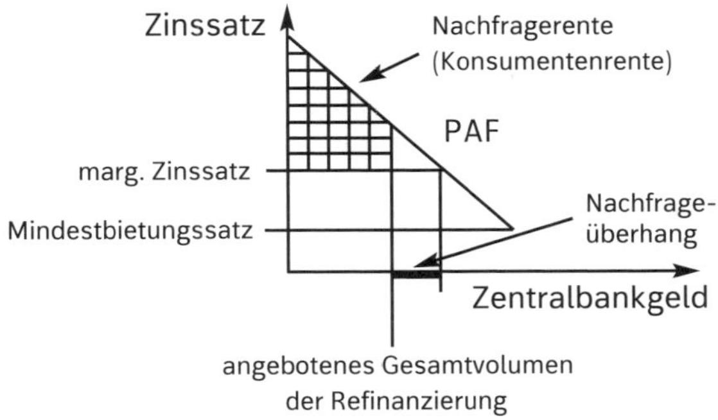

Aus den Geboten der Geschäftsbanken ergibt sich für die EZB als Angebotsmonopolisten eine Preis-Absatz-Funktion. Die EZB legt zu einem bestimmten Preis (marg. Zinssatz) die Menge (Gesamtvolumen der Refinanzierung) fest. Wenn das von der EZB festgelegte Gesamtvolumen der Refinanzierung zu gering ist, um alle Gebote, die zum marg. Zinssatz abgegeben wurden, befriedigen zu können, ergibt sich beim marg. Zinssatz ein Nachfrageüberhang, der eine Repartierung nötig macht. Beim amerikanischen Verfahren schöpft die EZB durch Preisdifferenzierung die Nachfragerente (Konsumentenrente) bei den bietenden Banken vollständig ab.

bd) Senkung des Basiszinssatzes → Kreditinstitute können sich verbilligt Zentralbankgeld beschaffen → Kreditinstitute geben diese Zinssenkung an ihre Kunden weiter → Unternehmen nehmen mehr Kredite für Investitionen auf/Haushalte mehr für den Konsum → kreditfinanzierte Güternachfrage steigt → Gesamtnachfrage auf den Gütermärkten steigt → Konjunktur wird belebt.

- zeitliche Verzögerung (time lag) bis zum Wirksamwerden der Maßnahmen
- Geschäftsbanken geben die Zinssenkung nicht an ihre Kunden weiter, sondern nutzen sie zur Verbesserung der eigenen Ertragslage.
- Gesunkene Zinsen verbilligen zwar die Kredite, die Unternehmen können aber zur Kreditaufnahme und zu Investitionen nicht gezwungen werden (Angebotscharakter der Maßnahmen). Investitionshemmende Einflüsse, wie negative Zukunftserwartungen, erwartete Steuererhöhungen usw., könnten überwiegen.

11.
- Durch steigende Kreditzinsen kann die Investitions- und Konsumneigung abgeschwächt werden, was das Beschäftigungsziel gefährdet. Eine Erhöhung der Leitzinsen der EZB würde letztlich die Konjunktur eher dämpfen.
- Wenn die EZB eine deutliche Inflationsgefahr sieht, wäre unter Berücksichtigung der Zeitverzögerung der geldpolitischen Maßnahmen eine Zinserhöhung zum gegenwärtigen Zeitpunkt vertretbar.w

12. a) Vergleich 02/01: 106 = 100 %
2 = x % → x = 1,887 % Kaufkraftgewinn
Vergleich 01/00: 108 = 100 %
8 = x % → x = 7,407 % Kaufkraftverlust

Kaufkraftverlust bedeutet, dass man mit derselben Geldmenge eine geringere Gütermenge erwerben kann.
Kaufkraftgewinn bedeutet, dass man mit derselben Geldmenge eine größere Gütermenge erwerben kann.

b) Da der Kaufkraftzuwachs (1,887 %) größer ist als der Einkommensrückgang (1 %), steigt der Lebensstandard.

13. a) $G \cdot U = P \cdot H$

$$H = \frac{G \cdot U}{P} = \frac{1{,}035 \cdot 1}{1{,}02} = 1{,}0147, \text{ d.h. Zuwachs um } 1{,}47\ \%$$

b) Die Verkehrsgleichung ist eine Identitätsgleichung und sagt nur aus, dass der Wert der gekauften Güter (M · U, monetäre Gesamtnachfrage) dem Wert der verkauften Güter (P · H, mit jeweiligen Preisen bewertetes Güterangebot) entspricht. Sie macht keine Aussagen über Inflationsursachen.

25.9 Abituraufgaben

Abituraufgaben 2007 (Aufgabe 2, verändert)

1.1 M1: (Mrd. Euro) 2004: 420,5 + 2.369,7 = <u>2.790,2</u>
2005: 493,7 + 2.763,7 = <u>3.257,4</u>
M3: (Mrd. Euro) 2004: 2.790,2 + 995,2 + 1.586,7 + 220,2 + 611,5 + 95,0 = <u>6.298,8</u>
2005: 3.257,4 + 1.039,9 + 1.518,7 + 239,7 + 622,9 + 118,5 = <u>6.797,1</u>

Die prozentuale Steigerung der Geldmenge M3 beträgt:
(6.797,1 – 6.298,8) · 100 : 6.298,8 = <u>7,91 %</u>

1.2 $\frac{101{,}0 \cdot 100}{98{,}6} = 102{,}434$ Preisniveausteigerung 2,43 %

1.3 Vorrangiges Ziel des ESZB ist die Sicherung der Stabilität des am HVPI gemessenen Preisniveaus im Euro-Währungsgebiet. Das ESZB sieht dieses Ziel als erreicht an, wenn die Preisniveausteigerung innerhalb eines Jahres nahe bei, aber unter 2,0 % liegt. Um dieses zu erreichen, hat das ESZB ein Geldmengenziel mit einer Steigerung der Geldmenge M3 von 4,5 % jährlich als Orientierungsgröße (Referenzwert) vorgegeben.
Die in 1.2 ermittelte Änderung des Preisniveaus zeigt, dass durch die Zunahme der in 1.1 errechneten Geldmengenerhöhung das Ziel der Preisniveaustabilität bedroht ist.

1.4 Nach der (modifizierten) Quantitätsgleichung führt eine Geldmengenerhöhung nicht bzw. nicht zu einer gleich hohen Preisniveausteigerung, wenn z. B.

- BIP_{real} bzw. Handelsvolumen gestiegen sind,
- die Umlaufgeschwindigkeit des Geldes gesunken ist.

Die erhöhte Geldmenge wird nicht (in vollem Umfang)

- nachfragewirksam verwendet (z. B. die in M3 enthaltenen Geldmarktfondsanteile),
- für die Konsumgüternachfrage verwendet. Preissteigerungen bei Investitionsgütern gehen aber nicht in den HVPI ein.

2.1 Offenmarktpolitik:
Im Rahmen der Erhöhung der Leitzinsen steigt auch der Mindestbietungssatz für die als Zinstender angebotenen Hauptrefinanzierungsgeschäfte. Dadurch wird für Geschäftsbanken die Refinanzierung bei der Zentralbank teurer.

Ständige Fazilitäten:

- Spitzenrefinanzierungsfazilität:
  Der Zinssatz für Tagesgeldkredite, die Geschäftsbanken beim ESZB aufnehmen können, ist gestiegen.

- Einlagefazilität:
  Der Zinssatz für Tagesgeldanlagen ist gestiegen.

Zinskanal:
Die Zinssätze für Übernachtkredite und Übernachtanlagen bilden die Ober- bzw. die Untergrenze für den Geldmarktzinssatz. Innerhalb dieser Spanne (Zinskanal) kann der Geldmarktzinssatz schwanken. Der Geldmarktzinssatz ist gestiegen.

2.2 Die Erhöhung der Leitzinsen soll zu einer Verteuerung der Beschaffung von Zentralbankgeld für das Bankensystem führen. Die gestiegenen Refinanzierungskosten werden bei der Kreditvergabe an die Bankkunden weitergegeben und erhöhen dadurch den Zinssatz für Kredite. Höhere Zinssätze senken tendenziell die Kreditaufnahme und damit das Geldmengenwachstum. Dadurch soll die Nachfrage nach Investitions- und Konsumgütern sinken und das Preisniveau stabilisiert werden.

3.1 Zuteilung nach dem amerikanischen Verfahren:

	Zugeteilte Beträge (in Mio. Euro) zu einem Zinssatz von ... %					**Zuteilung gesamt**	**Restzuteilung**
Zinssatz (in %)	**A**	**B**	**C**	**D**	**E**		
2,31	5,00	15,00	10,00	15,00	5,00	50,00	50,00
2,29	(16 · 50 : 80) 10,00	(14 · 50 : 80) 8,75	(18 · 50 : 80) 11,25	(15 · 50 : 80) 9,375	(17 · 50 : 80) 10,625	(80 · 50 : 80) 50,00	0
2,27	0	0	0	0	0	0	0
Zuteilg. gesamt	15,00	23,75	21,25	24,375	15,625	100,00	0

Der marginale Zinssatz liegt bei 2,29 %.

Zinsen für Bank A:
5,00 Mio. EUR zu 2,31 % für 7 Tage = 2.245,83 EUR
10,00 Mio. EUR zu 2,29 % für 7 Tage = 4.452,78 EUR
15,00 Mio. EUR = 6.698,61 EUR

3.2 Unterstellt, die sonstigen Refinanzierungsgeschäfte des ESZB blieben konstant, ergäbe sich eine Veränderung der Zentralbankgeldmenge von
100 Mio. EUR – 180 Mio. EUR = –80 Mio. EUR
(ohne Berücksichtigung der an das ESZB gezahlten Zinsen).

3.3 Geldschöpfungsmultiplikator m = 1 : Reservesatz r = 1 : 0,10 = 10
Veränderung der Geldschöpfungsmöglichkeit = 10 · (–80) Mio. EUR = –800 Mio. EUR

4.1 Die Erhöhung der Leitzinsen mit dem Ziel der Preisniveaustabilität kann mit dem Ziel eines hohen Beschäftigungsstandes in Konflikt stehen.

Die mit der Erhöhung der Leitzinsen beabsichtigte Verringerung der Güternachfrage kann zu einer Verminderung der Produktion und damit zu negativen Beschäftigungseffekten führen. Dadurch können beschäftigungspolitische Maßnahmen des Staates konterkariert werden.

4.2 Die Keynesianer gehen davon aus, dass vor allem auf dem Arbeitsmarkt dauerhafte Ungleichgewichte bestehen können. Um die Beschäftigungssituation zu verbessern, sind exogene Anreize zur Steigerung der Güternachfrage erforderlich. Dem Staat kommt dabei eine zentrale Rolle der aktiven Nachfrage am Gütermarkt zu. Nach keynesianischer Auffassung ist es dabei Aufgabe der Geldpolitik, diese Anreize durch eine beschäftigungsfördernde Geldpolitik, d. h. eine Niedrigzinspolitik, zu unterstützen.

Zwar kann nach keynesianischer Auffassung die Geldpolitik keine aktive Rolle an den Gütermärkten ausüben, aber sie soll durch eine Geldmengenexpansion die Voraussetzungen schaffen, dass die zusätzliche kreditfinanzierte staatliche Güternachfrage nicht die private kreditfinanzierte Güternachfrage verdrängt.

4.3 Bei geldpolitischen Maßnahmen zur Erhaltung der Preisniveaustabilität im Euro-Währungsgebiet muss das ESZB völlig unabhängig von den Regierungen der Mitgliedstaaten entscheiden können. Deshalb ist im Vertrag über die Einrichtung der EZB deren Autonomie ausdrücklich festgelegt worden, d. h., der Staat darf keinen Einfluss nehmen.

Abituraufgaben 2008 (Aufgabe 2)

1.1 Prozentuale Veränderung des Preisniveaus vom Jahr 2005 auf 2006:
110,1 – 108,3 = 1,8
108,3 = 100,00 %
1,8 = **1,66 % Preisniveausteigerung**

Prozentuale Veränderung der Kaufkraft vom Basisjahr bis zum Jahr 2006:
110,1 – 100 = 10,1
110,1 = 100,00 %
10,1 = **9,17 % Kaufkraftverlust (in sechs Jahren)**

1.2
- Problem der richtigen Auswahl der Güter, da sich die Verbrauchergewohnheiten und Güter im Zeitablauf ändern.
- Problem der Gewichtung der einzelnen Güter im Warenkorb (richtiges Wägungsschema)
- Problem, dass ein realer Haushalt dem statistischen Durchschnittshaushalt exakt entspricht.

1.3 Der Reallohn betrug im Jahr 2006 ca. 16.041,00 EUR (17.661,00 EUR : 110,1 · 100).

Reallohnveränderung: 16.041,00 EUR – 16.217,00 EUR = –176,00 EUR, dies entspricht einer Reallohnsenkung um **1,10 %**.

Die Lohnempfänger konnten im Jahr 2006 mit ihrem Lohneinkommen weniger Güter kaufen als im Jahr 2000. Dies könnte eine Ursache für eine schwache Binnennachfrage sein.

2.1 Vorrangiges Ziel der EZB ist die Stabilität des Preisniveaus.

Dieses Ziel gilt als erreicht, wenn der jährliche Anstieg des HVPI unter, aber nahe bei 2 % liegt.

2.2 Leitzinserhöhungen verteuern die Refinanzierung des Bankensystems bei der Zentralbank. Diese Teuerung wird an die Geschäftskunden weitergegeben und damit die Nachfrage nach Kredit gedämpft. Dies führt tendenziell zu einer Verminderung der Güternachfrage bei gleichbleibendem Angebot. Als Folge verringert sich der Preisdruck. Der Preisniveauanstieg wird vermindert.

2.3
- Stabilität des Preisniveaus: Eine Politik des knappen Geldes verhindert eine inflationäre Entwicklung.
- Stetiges und angemessenes Wirtschaftswachstum: Steigende Zinsen können zu einer sinkenden Investitionsneigung führen. Das kann zu einer Abschwächung des Wirtschaftswachstums führen.

- Hoher Beschäftigungsstand: Als Folge eines zu geringen Wirtschaftswachstums kann die Arbeitslosigkeit steigen.

3.1 Geldschöpfung der Geschäftsbanken:

- Ein Bankkunde zahlt bei seiner Bank Bargeld ein, wodurch sein Sichtguthaben erhöht wird (passive Buchgeldschöpfung). Kreditvergabemöglichkeit der Bank steigt.
- Die Geschäftsbank gewährt einem Kunden einen Kredit oder kauft von einem Kunden Vermögensgegenstände (aktive Buchgeldschöpfung).

Geldschöpfung der Zentralbank:

- Zentralbank kauft Vermögensgegenstände und bezahlt mit Zentralbankgeld (Banknoten/Guthaben bei Zentralbank) oder
- Zentralbank gewährt Kredite gegen Ausgabe von Zentralbankgeld (Banknoten/Guthaben bei Zentralbank).

3.2 Die Geschäftsbanken müssen einen bestimmten Prozentsatz (= Mindestreservesatz) ihrer Kundeneinlagen als Sicherheit bei der Zentralbank in Form einer Sichteinlage halten. Diese wird von der Zentralbank verzinst.

Durch Erhöhung des Mindestreservesatzes könnte die Zentralbank weiteres Zentralbankgeld blockieren (restriktive geldpolitische Maßnahme).
Durch Senkung des Mindestreservesatzes könnte die Zentralbank zusätzliches Zentralbankgeld freisetzen (expansive geldpolitische Maßnahme).

4.1

$$\text{Geldschöpfung} = \frac{\text{Überschussreserve}_1}{\text{Reservesatz}}$$

$$30 = \frac{\text{Ü1}}{0{,}25} \rightarrow \text{Ü1} = \underline{7{,}5 \text{ Mrd. EUR}}$$

Ü1 = 75 % = 7,5 Mrd. EUR
100 % = 10 Mrd. EUR

1. Barreserve: 22,5 % von 10 Mrd. EUR = 2,25 Mrd. EUR

4.2 Ermittlung der Höhe der gesamten Mindestreserve:

Kr = 75,0 % = 30 Mio. EUR
Mindestreserve = 2,5 % = 1 Mio. EUR

Abituraufgaben 2010 (Aufgabe 4, teilweise, verändert)

1. [...]

1.4 103,9 Pkte. = 100,00 %
2,7 Pkte. = 2,60 % Preisniveauänderung

106,6 Pkte. = 100,00 %
–8,1 Pkte. = –7,60 % Kaufkraftabnahme

1.5 • Neben dem Beschäftigungsziel ist die Preisniveaustabilität das wichtigste wirtschaftspolitische Ziel. Durch seine Erreichung sollen die mit einer Geldwertminderung einhergehenden negativen Folgen vermieden werden, z. B.:

  - Außerkraftsetzung von Preisfunktionen zur Steuerung der Märkte
  - Fehlinvestitionen wegen mangelnder Planungssicherheit
  - negative Verteilungswirkung
  - sinkende Kaufkraft
  - sinkendes Vertrauen in die Währung

• Das von der EZB formulierte Ziel einer jährlichen Preisniveausteigerung von „unter, aber nahe bei 2 %" wurde nicht erreicht.

2.1 Als Leitzinsen werden die von der EZB festgelegten Zinssätze (Hauptrefinanzierungssatz, Spitzenrefinanzierungssatz und Einlagesatz) bezeichnet, durch deren Höhe die EZB den angestrebten geldpolitischen Kurs signalisiert.

Offenmarktpolitik:

• Hauptrefinanzierungsgeschäft: kurzfristige Kredite der EZB an die Geschäftsbanken mit einwöchiger Laufzeit zum Hauptrefinanzierungssatz (= wichtigster Leitzinssatz)

Ständige Fazilitäten:

• Spitzenrefinanzierungsfazilität: Tagesgeldkredite der EZB an die Geschäftsbanken

• Einlagefazilität: Tagesgeldanlagen der Geschäftsbanken bei der EZB

2.2 [...]

3.1 • Abschwächung einer drohenden Rezession durch bessere Versorgung des Bankensystems mit Liquidität in Form zinsgünstiger Kredite

• Ursache-Wirkungs-Zusammenhänge:

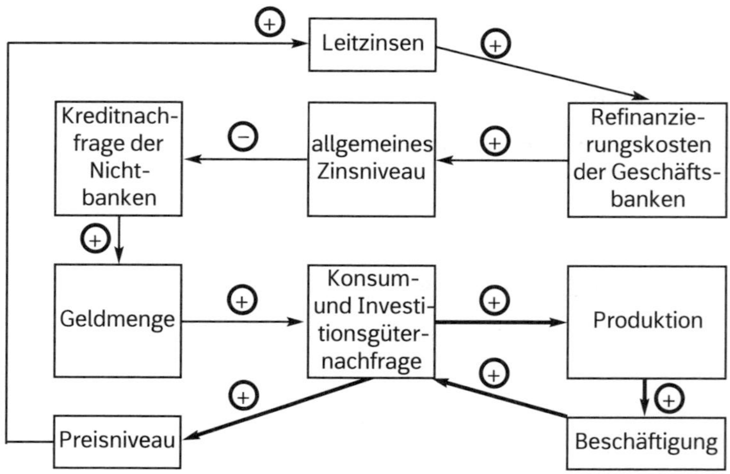

Begründungen für die ergänzenden Ursache-Wirkungs-Zusammenhänge:

- Wenn die Nachfrage nach Konsum- und Investitionsgütern steigt, steigt die Produktion.
- Wenn die Produktion steigt, steigt die Beschäftigung.
- Wenn die Beschäftigung steigt, steigt die Nachfrage nach Konsum- und Investitionsgütern.
- Wenn die Nachfrage nach Konsum- und Investitionsgütern steigt, steigt (sofern das Angebot nicht in gleichem Umfang steigt) das Preisniveau.

3.2 Das Ziel einer Konjunkturankurbelung durch expansive Geldpolitik wird möglicherweise wegen des Angebotscharakters der Maßnahmen aus folgenden Gründen nicht erreicht (Störfaktoren):

- Die Geschäftsbanken geben die günstigen Refinanzierungskonditionen nicht (vollständig) an ihre Kunden weiter, weshalb das allgemeine Zinsniveau nicht sinkt und der erhoffte Impuls auf Kreditnachfrage, Konsum und Investitionen ausbleibt.

- Aufgrund pessimistischer Zukunftserwartungen fragen Unternehmen und Verbraucher die angebotenen günstigeren Kredite nicht nach.

- Kapitalabfluss ins Ausland, wenn dort die Zinsen höher sind, statt Steigerung von Konsum und Investitionen im Inland.

3.3
- Der Zufluss von Anlagekapital aus dem US-Dollar-Raum in den Euro-Raum schwächt sich aufgrund der geringer werdenden Zinsunterschiede ab. Das führt zu einer sinkenden Euro-Nachfrage. Bei gleichbleibendem Euro-Angebot kommt es damit tendenziell zu einer Abwertung des Euro gegenüber dem US-Dollar.

- Dies führt zu einer Verringerung der in US-Dollar ausgedrückten Preise deutscher Exportgüter und zu einer Verteuerung der in US-Dollar zu zahlenden Importgüter. Daraus könnte eine Zunahme der Exportmengen und eine Abnahme der Importmengen resultieren.

Anmerkung: Wenn man den Beginn des Zeitraums betrachtet und davon ausgeht, dass die noch hohen Euro-Zinsen im Gegensatz zu den bereits 0 %-US-Dollar-Zinsen das Kapital nochmals in den Euro-Raum fließen lassen, kann man auch zu folgender Argumentation gelangen: noch Zufluss von Anlagekapital in den Euro-Raum und damit Aufwertung, Exportrückgang, Importzunahme.

Abituraufgaben 2017 (Aufgabe 5)

1.1
- Beim Zinstenderverfahren bietet die EZB den teilnehmenden Banken Zentralbankgeld in einem bestimmten Volumen an. Die Banken nennen den gewünschten Zuteilungsbetrag und die Höhe des Zinssatzes, zu dem sie das Geschäft abschließen wollen. Die Zuteilung erfolgt beim amerikanischen Verfahren zum tatsächlich gebotenen Zinssatz – beginnend mit dem höchsten Gebot – solange, bis der bereitgestellte Gesamtbetrag auf die höchsten Gebote verteilt ist. Wenn die Nachfrage das Angebot übersteigt, werden die Gebote zum marginalen Zinssatz repartiert.

- Beim Mengentender mit Vollzuteilung stellt die EZB den Geschäftsbanken im Euro-Raum jeden gewünschten Betrag zur Verfügung, sofern diese ausreichend Sicherheiten bieten können. Dadurch soll die Liquiditätsversorgung der Banken erleichtert werden. Diese sollen über eine höhere Kreditvergabe an die Unternehmen und privaten Haushalte die Konjunktur im Euro-Raum ankurbeln.

1.2

Bietungssatz in Prozent	Gebote aller Geschäftsbanken (in Mio. Euro)	Kumulierte Gebote aller Geschäftsbanken (in Mio. Euro)	Gebote der Nord-Bank (in Mio. Euro)	Zuteilung Nord-Bank (in Mio. Euro)
4,37	50.000	50.000	0	0
4,36	80.000	130.000	80	80
4,35	40.000	170.000	400	400
4,34	25.000	195.000	250	50
4,33	...	...	...	
Summe				530

Zuteilungsquote = 20 %

Der Nord-Bank wurden insgesamt 530 Mio. EUR zugeteilt.

2.1 Die Geschäftsbanken müssen einen bestimmten Prozentsatz der Kundeneinlagen als Mindestreserve bei der Zentralbank in Form von Sichteinlagen halten. Die Höhe bzw. Veränderung des Mindestreservesatzes beeinflusst somit unmittelbar die Kreditvergabemöglichkeiten der Geschäftsbanken.

2.2.1 Geldschöpfungsmultiplikator = 1 : 0,04 = 25

Kreditvergabemöglichkeit = 200 Mio. EUR · 25 = 5.000 Mio. EUR

2.2.2 Reservesatz = 3 % + 2 % = 5 %

Geldschöpfungsmultiplikator = 1 : 0,05 = 20

Kreditbetrag = 5.000 Mio. EUR : 20 = 250 Mio. EUR

2.3 Eine unbegrenzte aktive Buchgeldschöpfung ist nicht möglich, da die Banken eine Barreserve für Kundenauszahlungen und eine Mindestreserve halten müssen.

3.1

	Juli 2008	März 2016
Betrag in Euro	100.000.000,00	
Zinssatz in Prozent	3,25	– 0,40
Zinsertrag in Euro	26.639,34	
Zinsaufwand in Euro		3.278,69

Im Juli 2008 erzielte die West-Bank einen Zinsertrag. Demgegenüber entsteht der West-Bank im März 2016 ein Zinsaufwand. Somit ist es im Jahr 2016 für die West-Bank nicht mehr lohnend, Zentralbankgeld bei der EZB kurzfristig zu hinterlegen.

3.2 Der negative Einlagesatz könnte dazu führen, dass auch die Geschäftsbanken von ihren Kunden einen Strafzins auf deren Guthaben erheben.

Der geringe Spitzenrefinanzierungssatz kann zu einer Senkung der Kreditzinsen im kurzfristigen Kreditbereich (z. B. Kontokorrent) für Unternehmen und private Haushalte führen.

Als Folge könnte die Investitions- und Konsumbereitschaft zunehmen.

4.1 Fähigkeiten der Geldpolitik:

- Erhöhung der zu geringen Inflationsrate mithilfe einer expansiven Geldpolitik
- Ankurbelung der Konjunktur im Euro-Währungsgebiet bzw. Abbau der Arbeitslosigkeit

Risiken der ultralockeren Geldpolitik:
Dosierung der geldpolitischen Maßnahmen und Wirkungsverzögerungen; Unterstützung der Wirtschaftspolitik nimmt den Staaten den Druck, notwendige Reformen durchzuführen bzw. die Staatsverschuldung abzubauen.

4.2 Da sich die wirtschaftliche Situation in den Ländern der Währungsunion unterschiedlich darstellt (z. B. Inflationsrate, Arbeitslosigkeit, Schuldenstand), besteht bei einer einheitlichen europäischen Geldpolitik das Problem, den besonderen Erfordernissen des jeweiligen Landes gerecht zu werden.

4.3 Der Präsident der Deutschen Bundesbank ist Mitglied des EZB-Rates. Über die geldpolitischen Entscheidungen wird im EZB-Rat abgestimmt. Da der Präsident der Deutschen Bundesbank bei der Abstimmung im EZB-Rat (im Rahmen eines rotierenden Systems) nur eine Stimme hat, kann er allein die Beschlüsse des EZB-Rates nicht verhindern.

Die Deutsche Bundesbank ist dem Europäischen System der Zentralbanken untergeordnet und hat deswegen keine direkte Einflussmöglichkeit auf die Entscheidungen des EZB-Rates.

26 Aktuelle Problemfelder der Wirtschaftspolitik

26.1 Spannungsverhältnis Ökonomie ↔ Ökologie – Umweltpolitik

1. • Grenzen des quantitativen Wachstums
   • Umweltschutz
   • strukturelle Arbeitslosigkeit
   • gerechte Einkommens-, Vermögensverteilung

2. **Quantitatives Wachstum:** rein zahlenmäßiges Wachstum (zahlenmäßige Erhöhung des realen Bruttosozialprodukts/Bruttoinlandsprodukts)

   Qualitatives Wachstum: quantitatives Wachstum unter gleichzeitiger Förderung von Umweltschutzmaßnahmen

3. **Grenzen des quantitativen Wachstums:**
   • Bevölkerungsentwicklung (Erwerbstätige)
   • Erschöpfung von Rohstoff- und Energiequellen
   • begrenzte volkswirtschaftliche Kapazität
   • Zerstörung der natürl. Umwelt, Abfallprobleme

4. **Gefahren des quantitativen Wachstums:**
   • umweltbedingte Erkrankungen
   • Erschöpfung von Rohstoff- und Energiequellen
   • Klimaveränderungen („Treibhauseffekt")
   • Zerstörung der natürl. Umwelt, Abfallprobleme

5. Wirtschaftswachstum – Erhaltung einer lebenswerten Umwelt

6. Alternativenergien: umweltfreundliche Energien (z. B. Sonnenenergie)

   Recycling: Wiederverwendung verbrauchter Güter in der Produktion

   Verkehrspolit. Alternativen: Verkehrsverlagerung auf umweltfreundlichere Verkehrsmittel (z. B. Pkw/Bahn), Förderung von Katalysatoren ...

7. • Einsatz von alternativen Energien
   • Recycling
   • Senkung des Benzinverbrauchs
   • Katalysatoren
   • Verkehrsverlagerung (z. B. Pkw/Bahn)
   • Gesetz gegen Umweltverschmutzung ...

8. Investitionen im Umweltschutzbereich (Produktion umweltfreundlicher Güter) erhöhen das Bruttoinlandsprodukt und fördern somit das quantitative Wachstum.

9. **Formen der Umweltbelastung:**
- Luftverschmutzung
- Gewässerbelastung
- Bodenbelastung

10. **Folgen der Umweltbelastung:**
- Landschaftszerstörung und Artenvernichtung
- Nahrungsmittelvergiftung (Chemierückstände)
- Klimaveränderung (Treibhauseffekt ...)

11. **Ökonomie:** Wirtschaftswissenschaft

Ökologie: Wissenschaft von den Beziehungen der Lebenden zu ihrer Umwelt (Erhaltung einer lebenswerten Umwelt)

12. **Probleme der Umweltpolitik:**
- steigender Energiebedarf
- Verkehr (Luftverschmutzung ...)
- Landwirtschaft (Rodungen, Düngung ...)
- Dritte Welt

13. **Ursachen der Umweltbelastung:**
- Bevölkerungswachstum
- intensives Wachstum der Weltwirtschaft
- fehlender Zwang und fehlende Anreize zu umweltbewusstem Verhalten

14. **Ziele der Umweltpolitik:**
- Beseitigung von Umweltschäden
- Minimierung von Umweltrisiken
- Abwehr von Schäden für Mensch und Umwelt
- Schutz künftiger Generationen (Nachhaltigkeit)

15. **Nachhaltigkeit:**
- Handeln mit Blick in die Zukunft
- künftigen Generationen lebenswerte Umwelt sichern

16. **Prinzipien der Umweltpolitik:**
- Verursacherprinzip
- Kooperationsprinzip
- Vorsorgeprinzip
- Gemeinlastprinzip

17. **Instrumente der Umweltpolitik:**
- Internalisierung durch Verhandlungen
- Internalisierung durch Umwelthaftungsrecht
- Internalisierung durch Ökosteuern und Subventionen
- Umweltauflagen
- Umweltzertifikate (= Emissionslizenzen)

18. **Externe Kosten:** Kosten der Allgemeinheit

Interne Kosten: Kosten des Verursachers

19. **Kyoto-Protokoll:** Verpflichtung der größten Industriestaaten, ihre Kohlendioxid-Emissionen von 2008 bis 2012 um mindestens 5 % unter das Niveau von 1990 zu senken.

20. **Paris-Abkommen:** Vgl. Stofftelegramm auf Seite 362.

26.4 Abituraufgaben

Abituraufgaben 2011 (Aufgabe 5)

1. • stetiges und angemessenes Wirtschaftswachstum
   Messgröße: Zuwachsrate des realen Bruttoinlandsprodukts

   • hoher Beschäftigungsstand
   Messgröße: Arbeitslosenquote $= \frac{\text{registrierte Arbeitslose} \cdot 100}{\text{zivile Erwerbspersonen}}$

   • Erhaltung einer lebenswerten Umwelt
   Messgröße: Absolute Zielvorgabe nicht möglich, da es sich um ein qualitatives Ziel handelt (relative Vorgaben, z. B. Senkung von CO_2-Ausstoß, Senkung der Erderwärmung um jeweils x %).

   • Soziale Gerechtigkeit (i. V. m. gerechter Einkommens- und Vermögensverteilung)
   Messgröße: Absolute Zielvorgabe nicht möglich, da es sich um ein qualitatives Ziel handelt. (drei Nennungen)

2. • Wirtschaftliches Wachstum bedeutet Mehrproduktion. Die Mehrproduktion führt zu erhöhtem Beschäftigungsstand (Zielharmonie).

   • Die Höhe der Wachstumsraten reicht häufig nicht aus, um signifikante Beschäftigungswirkungen auszulösen, weil nach einer Phase der Unterbeschäftigung die Mehrproduktion zunächst durch den Abbau von Kurzarbeit, die Einführung von Überstunden und erhöhte Arbeitsproduktivität ermöglicht wird.
   Die Mehrproduktion wird durch vermehrten Kapitaleinsatz und technischen Fortschritt erreicht (Rationalisierungsinvestitionen).
   Je nach Art der Arbeitslosigkeit, z. B. strukturelle Arbeitslosigkeit, bleibt trotz Wirtschaftswachstums eine Sockelarbeitslosigkeit bestehen (jobless growth).

3.

	Nachfrageorientierte Wirtschaftspolitik	Angebotsorientierte Wirtschaftspolitik
Funktionsweise marktwirtschaftlicher Systeme	Marktwirtschaften sind tendenziell instabil, weil es aufgrund von Marktunvollkommenheiten und Marktversagen Ungleichgewichte gibt, die nicht automatisch beseitigt werden.	Marktwirtschaften sind stabil, da sie bei funktionierendem Wettbewerb automatisch zum Gleichgewicht auf allen Märkten (inkl. Arbeitsmarkt) führen.
Hauptursache Wirtschaftskrisen	zu geringe gesamtwirtschaftliche Nachfrage im Verhältnis zum Produktionspotenzial	zu geringe private Investitionen aufgrund nicht ausreichend rentabler Produktionsbedingungen
wirtschaftspolitische Rolle des Staates	Er soll die gesamtwirtschaftliche Nachfrage erhöhen, um Ungleichgewichte zu beseitigen und das System zu stabilisieren. Dazu sind Eingriffe des Staates in den Wirtschaftsablauf notwendig (Globalsteuerung).	Er sorgt für Rahmenbedingungen (Ordnungspolitik), die die Investitionsbereitschaft der Unternehmen (Angebotsseite) stärken. Eingriffe des Staates in den Wirtschaftsablauf (Interventionismus) sollen unterbleiben, da diese zur Instabilität einer Marktwirtschaft führen.

4.

Vorhaben	Art der wirtschaftspolitischen Konzeption	Begründung/Wirkungsweise
Koalitionsvertrag:		
Lohnzusatzkosten niedrig halten	angebotsorientiert	Unternehmen bleiben wettbewerbsfähig; Arbeitsplätze bleiben erhalten.
Arbeit soll sich lohnen. → mehr Nettoeinkommen	nachfrageorientiert	Erhöhung der Konsumgüternachfrage
	angebotsorientiert	Erhöhung der Leistungsbereitschaft
Beschleunigungsgesetz:		
Steuerpolitik	nachfrageorientiert	Erhöhung der gesamtwirtschaftlichen Nachfrage
	angebotsorientiert	Erhöhung der Leistungsbereitschaft
Förderung erneuerbarer Energien	angebotsorientiert	Sicherung zukunftsträchtiger Geschäftsfelder

Bei plausibler Begründung auch andere Zuordnungen möglich.

5.1 Deficit-Spending geht davon aus, dass die in der Rezession aufgenommenen Kredite durch steigende Steuereinnahmen im Aufschwung wieder getilgt werden können.

Risiken:

- Wenn der Aufschwung ausbleibt, gelingt der Ausstieg aus der Verschuldung nicht (pessimistische Zukunftserwartungen, exogene Einflüsse wie Finanzkrise).
- Auch im Aufschwung und in der Hochkonjunktur erfolgt häufig aus politischen Gründen keine Schuldentilgung, da Politiker bisweilen dazu neigen, die Steuermehreinnahmen nicht zur Schuldentilgung, sondern angesichts bevorstehender Wahlen für Wahlgeschenke zu verwenden.

5.2
- Einschränkung des Handlungsspielraums der Regierung, da ein großer Teil der Staatsausgaben auf Zins- und Tilgungsleistungen entfällt und nicht für öffentliche Investitionen, wie z. B. Bildung und Infrastruktur, verwendet werden kann.
- Es besteht die Gefahr, dass der Staat bei der Kreditnachfrage private Kreditnehmer verdrängt und dadurch private Investitionen verhindert werden (crowding out).

5.3
- Zusammenhang zwischen Steuersatz und Steueraufkommen:
  Bei gewinnabhängigen Steuern kann ein bestimmtes Steueraufkommen einerseits durch einen hohen (leistungsfeindlichen) Steuersatz bei niedriger gesamtwirtschaftlicher Gewinnsumme, andererseits durch einen niedrigeren Steuersatz bei hoher gesamtwirtschaftlicher Gewinnsumme erzielt werden. Durch die geplante Steuersenkung sollen Leistungsanreize geschaffen werden, um dadurch insgesamt mehr einkommensteuerpflichtiges Einkommen zu schaffen.
- Kritische Stellungnahme:
  Bezieher mittlerer Einkommen erhalten durch Steuersenkungen mehr Nettoeinkommen bei gleicher Leistung. Es ist fraglich, inwieweit sich diese Steuersenkung bei dieser Zielgruppe, bei der es sich mehrheitlich um Arbeitnehmer (Gehaltsempfänger) handelt, in einem Leistungsanreiz mit zusätzlicher Einkommenserzielung niederschlagen kann. In der Praxis ist eine sich selbst finanzierende Steuersenkung nicht nachweisbar.

6.1 Die Ökosteuer ist eine Mengensteuer auf umweltbelastende Energieträger. Dadurch entstehen für die Produzenten höhere Kosten. Wenn die Überwälzung der Kostenerhöhung auf die Verbraucher gelingt, kommt es zu den beabsichtigten Preissteigerungen. Dadurch soll der umweltschädliche Energieverbrauch eingeschränkt werden.

Auf diese Weise sollen externe (soziale) Kosten der Umweltschädigung internalisiert, d. h. in der Kostenrechnung der Verursacher berücksichtigt werden.

6.2 Die Senkung der Ökosteuer für Biodiesel führt zu einer Kostenentlastung der Produzenten. Die Angebotskurve verschiebt sich dadurch nach rechts. Beim ursprünglichen Preis liegt jetzt ein Angebotsüberhang vor, sodass es durch eine Bewegung auf den Kurven zu einem neuen Gleichgewicht bei einem niedrigeren Preis und einer höheren Menge kommt.

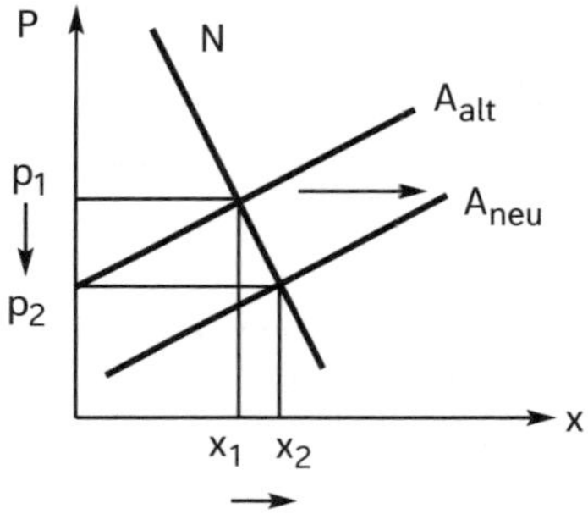

6.3 Da es sich um Substitutionsgüter handelt, nimmt die Nachfrage nach dem vergleichsweise preisgünstigeren Biodieselkraftstoff zu. Die Nachfragekurve verschiebt sich dadurch nach rechts. Beim bisherigen Preis liegt jetzt ein Nachfrageüberhang vor, sodass es durch eine Bewegung auf den Kurven zu einem neuen Gleichgewicht bei einem höheren Preis und einer höheren Menge kommt.

Abituraufgaben 2012 (Aufgabe 5, teilweise)

3.1 [...]

3.2
- Wenn die Unternehmen die Möglichkeit haben, „mehr befristete Arbeitsverträge“ abzuschließen, erhöht sich eher die Bereitschaft, Arbeitssuchende einzustellen. Einstellungshemmende Kündigungsfristen werden nicht wirksam.
- Angebotsorientierte Wirtschaftspolitik, da die Wirtschaftsentwicklung über eine Erhöhung des gesamtwirtschaftlichen Angebots gefördert werden soll: Stagnierende Reallöhne können z. B. als Indiz für eine gemäßigte Lohnpolitik gedeutet werden. Insgesamt werden die Rahmenbedingungen für die Angebotsseite verbessert.

3.3 [...]

Abituraufgaben 2013 (Aufgabe 5, verändert)

1.1 Zum Beispiel:

- Der Vertrauensverlust an den internationalen Kapital-/Finanzmärkten führt dazu, dass die Kreditaufnahme zur Bedienung der bestehenden Staatsschulden erschwert bzw. über entsprechende Zinsaufschläge verteuert wird.

- Der Zwang zur Haushaltskonsolidierung führt zu einer Verringerung der Staatsausgaben. Daraus ergeben sich möglicherweise politisch unerwünschte Einschnitte im Bereich der sozialen Sicherung, bei öffentlichen Investitionen, Konjunkturförderprogrammen u. Ä.

1.2.1 [...]

1.2.2 Die Entlastung bei der Einkommensteuer führt zwar zunächst zu Mindereinnahmen und damit zu einer Verschlechterung der Haushaltssituation.

Aufgrund der Steuersenkung wird aber eine erhöhte Konsumgüternachfrage erwartet, die wiederum zu einem erhöhten Umsatz- und Einkommensteueraufkommen führen soll. Dadurch könnte der Steuerausfall überkompensiert werden.

In Bezug auf das Ausmaß und den Zeitpunkt des Eintretens dieser Wirkungen bestehen aber Uneinigkeit und Unsicherheit.

2.1 Die Umverteilungswirkung kommt dadurch zustande, dass der Grenzsteuersatz aufgrund der progressiven Besteuerung von 14 % (bei einem zu versteuernden Jahreseinkommen eines Unverheirateten von 8.005,00 EUR) auf 42 % (bei einem zu versteuernden Jahreseinkommen eines Unverheirateten von 52.881,00 EUR) ansteigt, dann zunächst konstant bleibt und sich ab einem zu versteuernden Jahreseinkommen eines Unverheirateten von 250.731,00 EUR auf 45 % erhöht. Dadurch werden Bezieher höherer Einkommen überproportional stark belastet. Das entspricht dem Prinzip der Besteuerung nach der Leistungsfähigkeit.

Durch den Grundfreibetrag (Existenzminimum bleibt unbesteuert) wird das Ziel der **Bedarfsgerechtigkeit** berücksichtigt.

Das Prinzip der Besteuerung nach der **Leistungsgerechtigkeit** wird durch die Progression (in der Progressionszone II) i. V. m. der Konstanz der Grenzsteuersätze in den oberen Einkommensbereichen berücksichtigt.

2.2.1 Haushalt mit 1.500,00 EUR Einkommen monatlich; Konsumquote 90 %:
1.500,00 EUR · 90 % = 1.350,00 EUR Konsumausgaben
Darin enthaltene USt.: 1.350,00 EUR : 119 · 19 = **216,00 EUR** (gerundet)
Prozentualer Anteil am Einkommen: 216,00 EUR : 1.500,00 EUR · 100 = **14,4** %

Haushalt mit 5.000,00 EUR Einkommen monatlich; Konsumquote 60 %:
5.000,00 EUR · 60 % = 3.000,00 EUR Konsumausgaben
Darin enthaltene USt.: 3.000,00 EUR : 119 · 19 = **479,00** EUR (gerundet)
Prozentualer Anteil am Einkommen: 479,00 EUR : 5.000,00 EUR · 100 = **9,6** %

2.2.2 Haushalte mit hohem Einkommen zahlen zwar einen deutlich höheren absoluten Umsatzsteuerbetrag. Die relative Belastung ist aber bei den Geringverdienern wegen der höheren Konsumquote wesentlich stärker. Daher liegt eine regressive Verteilungswirkung vor.
Die Aussagekraft des Rechenergebnisses ist allerdings eingeschränkt. Es bleibt unberücksichtigt, dass zum Konsum der Haushalte auch Güter gehören, für die der ermäßigte Umsatzsteuersatz von 7 % gilt (z. B. Grundnahrungsmittel). Haushalte mit niedrigem Einkommen geben einen verhältnismäßig hohen Anteil ihres Einkommens für Güter aus, die mit dem ermäßigten Umsatzsteuersatz belegt sind.

3.1 Durch eine ständig zunehmende Güterproduktion steigen der Verbrauch der begrenzten natürlichen Ressourcen und die Emissionen.
Dadurch erhöht sich die Umweltbelastung.

3.2.1 Skizze für die Darstellung eines elastischen Nachfrageverhaltens im relevanten Bereich

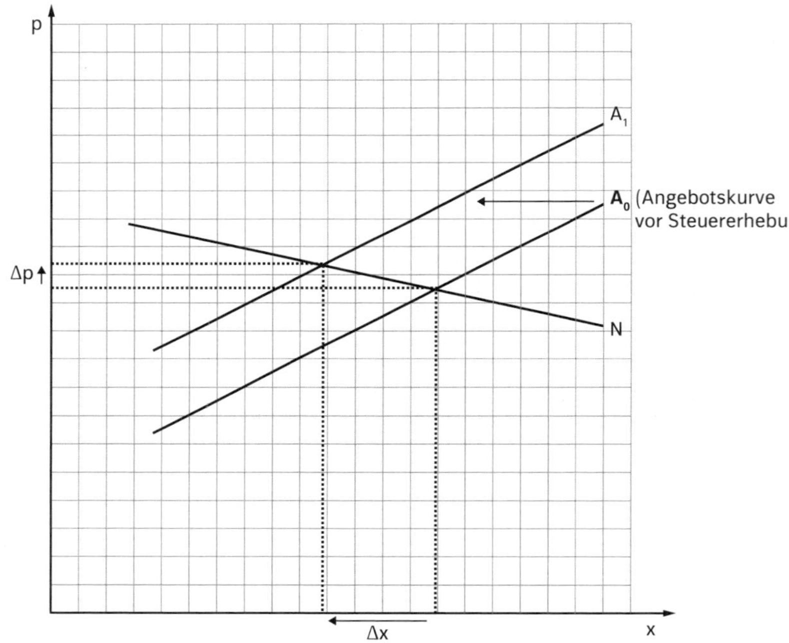

Skizze für die Darstellung eines unelastischen Nachfrageverhaltens im relevanten Bereich

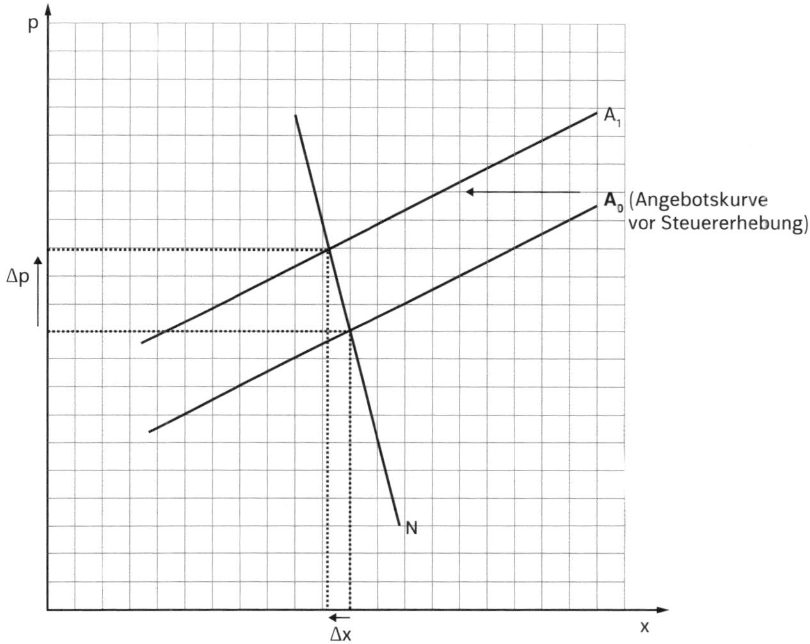

Bei einer hohen Preiselastizität der Nachfrage kommt es zu einer relativ geringen Preiserhöhung (geringe Überwälzungsmöglichkeit) und zu einem relativ starken Mengenrückgang. Bei einer geringen Preiselastizität der Nachfrage kommt es zu einer relativ starken Preiserhöhung (größere Überwälzungsmöglichkeit) und zu einem relativ geringen Mengenrückgang.

Im Sinne der Umweltpolitik ist eine möglichst hohe Preiselastizität der Nachfrage wünschenswert. Erfahrungsgemäß reagiert die Nachfrage auf dem Energiemarkt aber unelastisch. Das schränkt die umweltpolitische Zielerreichung ein, führt aber zu einem erhöhten Steueraufkommen.

3.2.2
- Emissionsrechte berechtigen den Inhaber, eine bestimmte Schadstoffmenge für einen bestimmten Zeitraum auszustoßen.
  Vorteil gegenüber der Ökosteuer: Die umweltpolitisch erwünschte mengenmäßige Wirkung kann durch Festlegung von Obergrenzen zuverlässig bestimmt werden.

- 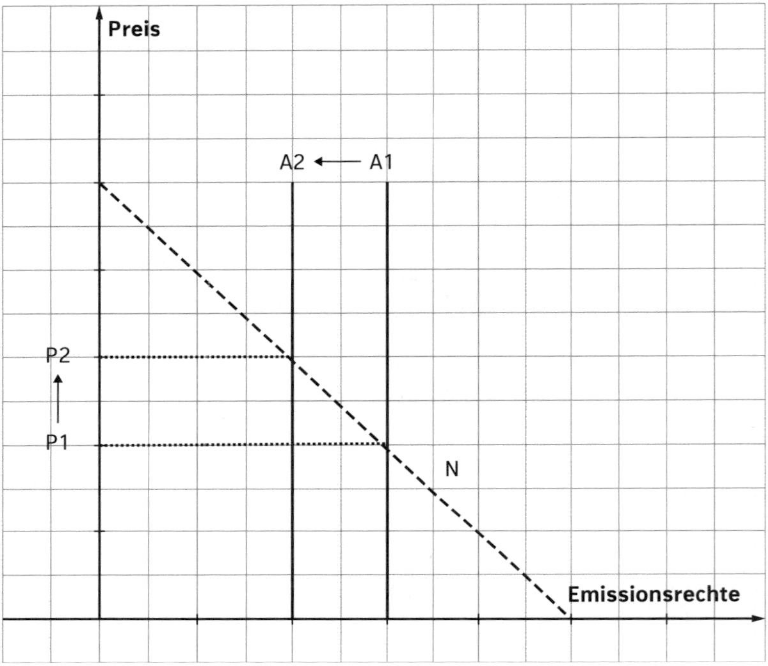

Bei der Zuteilung (Versteigerung) einer im Voraus festgelegten Menge von Emissionsrechten verläuft die Angebotskurve vollkommen unelastisch. Bei einer Verringerung der Zuteilungsmenge führt dies zu einer Linksverschiebung der Angebotskurve.
Bei unveränderter Nachfrage entsteht dadurch ein Nachfrageüberhang. Daraus ergibt sich eine Preissteigerung bis zum neuen Ausgabepreis.

Abituraufgaben 2015 (Aufgabe 5, verändert)

1.1 Arbeitslosenquote (ALQ) = $\frac{\text{registrierte Arbeitslose} \cdot 100}{\text{zivile Erwerbspersonen}}$

ALQ für November 2013 = $\frac{2.806.000 \cdot 100}{43.160.631} = 6{,}5\ \%$

1.2
- Konjunkturelle Arbeitslosigkeit: konjunkturbedingte Schwankungen der Zahl der Arbeitslosen im Zeitablauf
- Strukturelle Arbeitslosigkeit: regionale Unterschiede bei der Arbeitslosenquote zwischen den einzelnen Bundesländern

1.3 Offene Stellen sind vorhanden, können jedoch aufgrund von fehlender Qualifikation (Fachkräftemangel) oder fehlender Mobilität der Arbeitssuchenden nicht besetzt werden (Mismatch-Arbeitslosigkeit).

1.4.1 Eine Einschränkung der Tarifautonomie wird im Koalitionsvertrag begründet mit

- dem Schutz der Arbeitnehmer vor einem nicht existenzsichernden Lohn,
- der sinkenden Tarifbindung, die den tariflichen Schutz der Arbeitnehmer geschwächt hat.

1.4.2 Es liegt ein marktkonträrer Eingriff vor, da der Preismechanismus außer Kraft gesetzt wird.

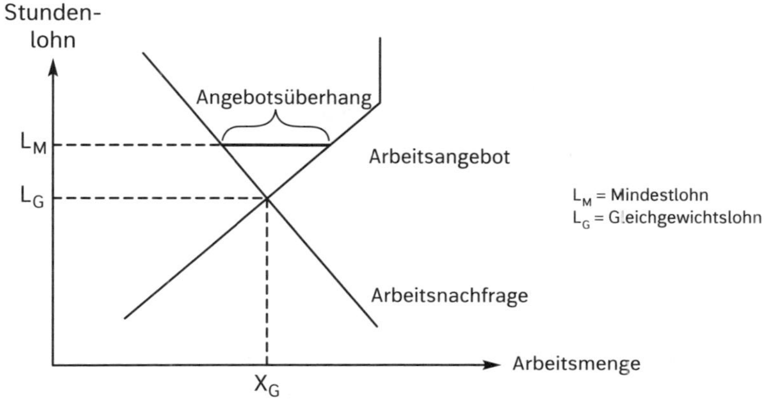

1.4.3
- Falls die Arbeitslosenquote durch die Einführung des Mindestlohns steigt, würde das wirtschaftspolitische Ziel „hoher Beschäftigungsstand“ schwerer zu erreichen sein. Gleichzeitig würde aber durch das gestiegene Einkommen bei den Beziehern des Mindestlohns eine gerechtere Einkommensverteilung erreicht werden. Also kommt es zu einer positiven Wirkung auf das wirtschaftspolitische Ziel „gerechte Einkommens- und Vermögensverteilung“. Daher liegt zwischen den Zielen „hoher Beschäftigungsstand“ und „gerechte Einkommens- und Vermögensverteilung“ ein Zielkonflikt vor.
- Nimmt man nach der Kaufkrafttheorie eine Steigerung der Konsumgüternachfrage und darauffolgend eine erhöhte Güterproduktion an, so ergäbe sich eine positive Wirkung auf das Ziel des „stetigen und angemessenen Wirtschaftswachstums“. Eine mögliche Folge wäre eine Gefährdung der „Preisniveaustabilität“, weshalb der Zielkonflikt zwischen „Wirtschaftswachstum“ und „Preisniveaustabilität“ verstärkt würde.

2.1
- Verursacherprinzip: Unternehmen müssen für ihren CO_2-Ausstoß entsprechende Luftverschmutzungsrechte kaufen. Damit soll sichergestellt werden, dass sie an den Kosten der von ihnen verursachten Umweltschäden beteiligt werden (Internalisierung von externen Kosten).
- Vorsorgeprinzip: Unternehmen werden durch den Emissionshandel dazu angeregt, Maßnahmen zur Verringerung des CO_2-Ausstoßes zu ergreifen, um Kosten zu senken (Anreizwirkung).

2.2 Durch die Verknappung der Verschmutzungsrechte soll der Preis für die Zertifikate gesteigert werden. Wenn der Preis steigt, lohnen sich Investitionen in entsprechende Umwelttechnologie und der Ausstoß an Treibhausgasen wird reduziert.

Unternehmen aus EU-Ländern entstehen Wettbewerbsnachteile durch die Kosten für die Zertifikate gegenüber Konkurrenzunternehmen aus Nicht-EU-Ländern, bei denen diese Kosten nicht anfallen.

3.1

Preis (GE/t)	Angebot (t)	Nachfrage (t)	Absatz (t)
0	400.000	600.000	400.000
10	400.000	500.000	400.000
20	**400.000**	**400.000**	**400.000**
30	400.000	300.000	300.000
40	400.000	200.000	200.000
50	400.000	100.000	100.000
60	400.000	0	0

Der Preis für ein Emissionsrecht beträgt 20 GE je Tonne.

3.2 Die Angebotskurve verläuft parallel zur Preisachse, da der Staat zu jedem Preis die gleiche Menge an Emissionsrechten herausgibt. (Sie ist völlig unelastisch.)

3.3
- Eine weitere Möglichkeit wäre die Erhebung einer Mengensteuer auf fossile Brennstoffe.
- Kosten für diese Brennstoffe steigen.
- Überwälzung der Mehrkosten auf die Verbraucher
- Rückgang der nachgefragten Menge an fossilen Brennstoffen
- Rückgang des CO_2-Ausstoßes

27 Außenwirtschaft und Globalisierung

27.3 System freier Wechselkurse

1./2. Vgl. Stofftelegramm.

3. **Wechselkurs** (WK): Austauschverhältnis zwischen zwei Währungen – Menge ausländischer Währungseinheiten, die man für 1,00 EUR erhält.

   Aufwertung: Erhöhung des Außenwerts einer Währung = steigender WK; Beispiel: Aufwertung des Euro: US-Dollar-Kurs steigt von 1,02 auf 1,10.

   Abwertung: Senkung des Außenwerts einer Währung = sinkender WK; Beispiel: Abwertung des Euro: US-Dollar-Kurs sinkt von 1,10 auf 1,02.

4. a) **Aufwertung:** Importe steigen. (Auslandswaren werden für Deutsche billiger.)
   Exporte sinken. (Deutsche Waren werden für Ausländer teurer.)

   b) **Abwertung:** Importe sinken. (Auslandswaren werden für Deutsche teurer.)
   Exporte steigen. (Deutsche Waren werden für Ausländer billiger.)

5. **Floating:** („Treibenlassen") = frei schwankende (flexible) Wechselkurse ohne Eingriffsverpflichtung der Zentralbank

6. **Gleichgewichtskurs:** Wechselkurs, bei dem Euroangebot und Euronachfrage gleich hoch sind.

7. a) **Ursachen Abwertung:**
   - Importe steigen, Euroangebot steigt: WK sinkt (Abwertung).
   - Exporte sinken, Euronachfrage sinkt: WK sinkt (Abwertung).

   b) **Ursachen Aufwertung:**
   - Importe sinken, Euroangebot sinkt: WK steigt (Aufwertung).
   - Exporte steigen, Euronachfrage steigt: WK steigt (Aufwertung).

8. **Vorteile flexibler WK:**

   - Bildung eines Gleichgewichtskurses, der dafür sorgt, dass die jeweilige Währung weder unter- noch überbewertet ist und den tatsächlichen Ex- und Importverhältnissen entspricht.
   - Das Halten großer Devisenreserven durch die Bundesbank für vorgeschriebene Interventionen erübrigt sich.
   - Importpreise bleiben im Wesentlichen konstant.
   - Tendenz zum Ausgleich von Handelsüberschüssen und -defiziten (= wirtschaftspolitisches Ziel) = Wechselkursmechanismus
   - keine inflatorische Wirkung von Außenhandelsüberschüssen (keine importierte Inflation)

   Nachteile flexibler WK:
   - Auslandsgeschäfte mit hohen Wechselkursrisiken belastet, da unkalkulierbare Wechselkursschwankungen möglich sind.
   - Anreiz zu Spekulationsgeschäften

9. Vgl. Stofftelegramm.

10. a) Hoher USD-Kurs:
- US-Waren sind für Deutsche relativ billig: hohe Importe
- deutsche Waren für Amerikaner relativ teuer: niedrige Exp.

b) Niedriger USD-Kurs:
- US-Waren sind für Deutsche relativ teuer: niedrige Imp.
- deutsche Waren für Amerikaner relativ billig: hohe Exporte

11. a)
- Preissteigerung Inland > Preissteigerung Ausland
- Missernten im Inland
- Wachstum im Inland
- ausländ. Waren technisch besser

b)
- Preissteigerung Inland < Preissteigerung Ausland
- Missernten im Ausland
- Wachstum im Ausland
- inländ. Waren technisch besser

12. a) Gründe für steigendes Euroangebot: steigende Importe, Kapitalflucht ins Ausland (Spekulation, Steuervorteile, Zinsunterschiede) ...

b) Gründe für steigende Euronachfrage: steigende Exporte, Kapitalimporte (Spekulation, Steuervorteile Inland, Zinsunterschiede) ...

13. a) Steigender US-Dollar-Kurs = Aufwertung des Euro. Folge für deutsche Exporteure: Deutsche Waren werden für Amerikaner teurer, Exporte sinken (Nachteil also für Exporteure).

b) USA-Reisende haben Vorteile, da US-Waren (einschließl. US-Dienstleistungen) billiger sind.

14. a) Verkauf von Euro (Euroangebot steigt, Wechselkurs sinkt)

b) Kauf von Euro gegen US-Dollar (Euronachfrage steigt, Wechselkurs steigt)

15. a) Exporte sinken (Probleme der Exportwirtschaft; negative Wirkung auf Sozialprodukt)

b)
- Das Sinken der Exporte führt möglicherweise zu einem außenwirtschaftlichen Gleichgewicht im Sinne des Stabilitätsgesetzes. Die Geldmenge steigt weniger an bzw. sinkt: positiver Einfluss auf die Inflationsrate.
- Importpreise sinken (ausländische Rohstoffe werden billiger).
- Reisen ins Ausland werden billiger.

16. Folgen der Aufwertung:
- Exporte sinken, inländische Geldmenge sinkt, Inflationsbremse
- Importe steigen; evtl. Weitergabe der Kostenvorteile an die inländischen Verbraucher. Folge: Inflationsbremse

17. Vgl. Stofftelegramm.

18. a) Sinkende Wechselkurse (= Abwertung des Euro): Importe sinken, Exporte steigen; Aktivsaldo wird vergrößert.

b) Steigende Wechselkurse (= Aufwertung des Euro): Importe steigen, Exporte sinken; Aktivsaldo wird kleiner bzw. es entsteht ein Passivsaldo (Importüberschüsse).

19. a) Sinkende Wechselkurse (= Abwertung des Euro): Importe sinken, Exporte steigen; Hochkonjunktur wird verstärkt, die Inflationsrate steigt wegen steigender Geldmenge.

b) Steigende Wechselkurse (= Aufwertung des Euro): Importe steigen, Exporte sinken; Hochkonjunktur wird gebremst, die Inflationsrate sinkt wegen sinkender Geldmenge.

20. Vergrößerung des US-Dollar-Angebots (Euronachfrage steigt), um Dollarkurssenkungen zu vermindern bzw. einen als zu niedrig betrachteten Dollarkurs zu erhöhen. Möglicherweise will die EZB hiermit steigende Exportüberschüsse und damit verbundene Inflationsrisiken vermeiden.

27.5 Abituraufgaben

Abituraufgaben 2014 (Aufgabe 5, verändert)

1. [...]

1.2.1

1 Einheit	Inland	Ausland
Weizen	135 : 27 = 5,00 AE	135 : 24 = 5,625 AE
Leinen	135 : 36 = 3,75 AE	135 : 15 = 9,000 AE

1.2.2
- Das Inland hat sowohl bei Weizen als auch bei Leinen einen absoluten Kostenvorteil, da es beide Produkte kostengünstiger, d.h. mit weniger AE/Stück produzieren kann. Das Ausland hat bei beiden Produkten einen absoluten Kostennachteil.
- Bei der Weizenproduktion sind die Kosten im Ausland aber nur 12,5 % höher als im Inland, bei der Leinenproduktion dagegen um 140 %.

Weizen	(5,625 – 5) : 5 · 100 =	12,5 %
Leinen	(9 – 3,75) : 3,75 · 100 =	140,0 %

Das Ausland hat bei Weizen einen komparativen Kostenvorteil gegenüber dem Inland. Das Inland hat dagegen bei Leinen einen komparativen Kostenvorteil gegenüber dem Ausland.

1.2.3 Das Inland spezialisiert sich auf Leinen, das Ausland auf Weizen.

Produktionsmengen nach Aufnahme des Außenhandels			
	Inland	Ausland	Gesamt
Weizen	0	24	24
Leinen	36	0	36

Wenn sich das Inland auf Leinen und das Ausland auf Weizen spezialisiert, steigt die Gesamtproduktion für beide Güter.
Wenn das Inland die gesamte Mehrproduktion von 12 ME Leinen gegen 12 ME Weizen tauscht, hat sich die Güterversorgung in beiden Ländern wie folgt verbessert.

Güterversorgung nach Aufnahme des Außenhandels			
	Inland	Ausland	Gesamt
Weizen	12 (+3)	12 (+4)	24
Leinen	24 (+ –0)	12 (+2)	36

1.2.4
- Es handelt sich um ein Modell mit nur zwei Gütern und zwei Ländern.
- Es werden nur die Arbeitskosten, aber keine Kapital- und Transportkosten berücksichtigt.

2.1
- Für deutsche Unternehmen verbesserten sich die Absatzchancen auf dem Schweizer Markt, da ihre Waren durch die Abwertung des Euro gegenüber dem Schweizer Franken billiger wurden. Die Schweizer Importeure mussten weniger Schweizer Franken für die in Euro zu zahlenden Produkte aufbringen.
- Deutsche Touristen mussten für in Schweizer Franken ausgestellte Rechnungen (z. B. für Übernachtung und Skipass) mehr Euro bezahlen. Die Kosten für deutsche Urlauber in der Schweiz sind aufgrund der Aufwertung des Schweizer Franken gegenüber dem Euro gestiegen.
- Schweizer Unternehmen, die Anteile an deutschen Unternehmen erwerben wollten, profitierten von der Abwertung des Euro gegenüber dem Schweizer Franken und konnten für die gleiche Summe an Schweizer Franken mehr Unternehmensanteile in Deutschland erwerben als früher.

2.2.1 Durch die Aufwertung des Schweizer Franken gegenüber dem Euro verteuerten sich die Schweizer Exportgüter im Euroraum. Der starke Schweizer Franken schadet der exportorientierten Schweizer Industrie.

2.2.2
- 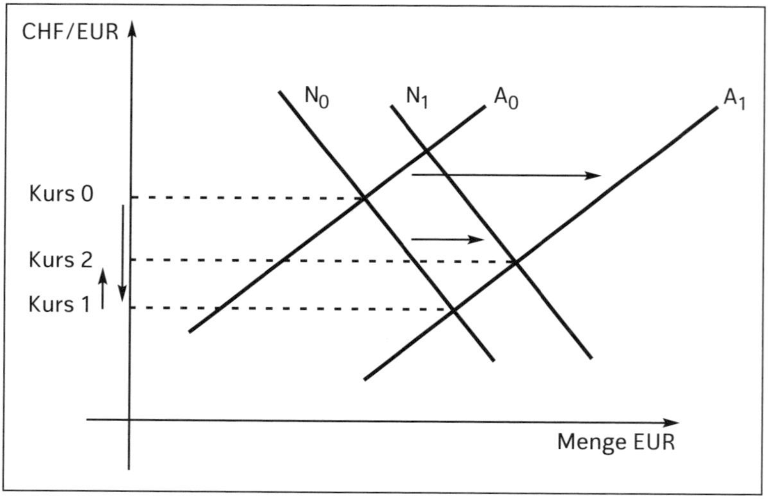

- Die vermehrte Anlage von Kapital aus dem Euro-Währungsgebiet in der Schweiz führt zu einer steigenden Nachfrage nach Schweizer Franken und damit zu einem steigenden Angebot an Euro. Grafisch lässt sich dieser Vorgang durch die Verschiebung der Euro-Angebotskurve nach rechts (A_0 nach A_0) darstellen. Bei unveränderter Nachfrage N_0 sinkt aufgrund des Angebotsüberschusses der Wechselkurs von Kurs 0 auf Kurs 1.
- Der Kauf von Euro durch die SNB entspricht einer Verschiebung der Euro-Nachfragekurve nach rechts (N_0 nach N_i). Bei unverändertem Angebot A_i steigt aufgrund des Nachfrageüberschusses der Wechselkurs (Kurs 1 nach Kurs 2).

3.1 •

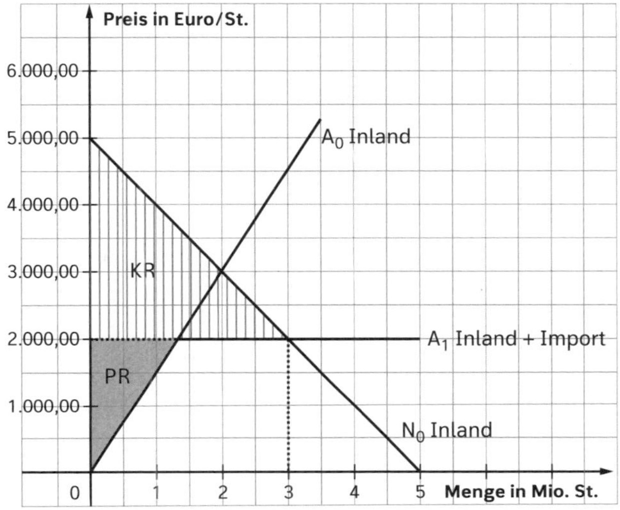

KR = Konsumentenrente
PR = Produzentenrente

- Durch die billigere Importware fällt der Preis von 3.000,00 EUR auf den Weltmarktpreis in Höhe von 2.000,00 EUR. Die Importeure können zu diesem Preis jede Menge anbieten. Ihre Angebotskurve verläuft parallel zur Mengenachse in Höhe des Weltmarktpreises. Es ergeben sich ein neuer Gleichgewichtspreis von 2.000,00 EUR und eine neue Gleichgewichtsmenge von 3 Mio. Stück.
- Die Konsumentenrente ist stark gestiegen. Die Produzentenrente des Inlands hat sich stark verringert. Die Summe der Konsumenten- und Produzentenrente hat sich aber im Vergleich zur Ausgangssituation erhöht, da die Zunahme der Konsumentenrente höher ist als die Minderung der Produzentenrente. Durch Freihandel verbessert sich somit die Wohlfahrt der Marktteilnehmer.

3.2 •

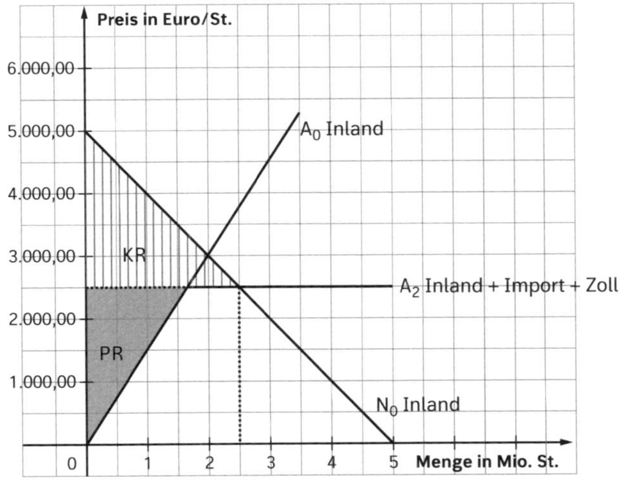

KR = Konsumentenrente
PR = Produzentenrente

- Die Angebotskurve der Importeure verschiebt sich um den Zoll nach oben. Es entsteht ein neues Marktgleichgewicht. Der Gleichgewichtspreis beträgt nun 2.500,00 EUR und die Menge reduziert sich auf 2,5 Mio. Stück. Die inländischen Produzenten können ihren Marktanteil wieder erhöhen. Durch den Zoll hat sich die inländische Produzentenrente gegenüber dem Freihandel erhöht. Die Konsumentenrente ist dagegen gesunken. Die Summe aus Konsumenten- und Produzentenrente ist geringer als vor der Zollerhebung. Allerdings fallen für den Staat Einnahmen aus der Zollerhebung an.

3.3
- Mengenpolitik: Einfuhrkontingente, Einfuhrverbote
- Wechselkurspolitik: Abwertung der Inlandswährung durch Devisenkäufe mit dem Ziel, Importe zu verteuern.

28 Die Europäische Integration

1. Es existieren keine Grenzen für Menschen, Waren, Dienstleistungen und Kapital.

2. Eine WWU verlangt zusätzlich zum Binnenmarkt: Abstimmung der Wirtschaftspolitik, unabhängige europäische Zentralbank mit einheitlicher Geldpolitik, einheitliche Währung.

3. Vgl. Stofftelegramm.

4.
   - Bis 01.01.1999 sollte die Europäische Wirtschafts- und Währungsunion errichtet werden.
   - Nennung der Voraussetzungen für Aufnahme in die EWWU (Konvergenzkriterien, vgl. 7.)
   - Drei-Stufen-Plan (vgl. 5.)

5.
   - 1. Stufe (1990–93):
     - Liberalisierung Kapitalverkehr
     - Realisierung des europäischen Binnenmarktes
   - 2. Stufe (1994–98):
     - Annäherung (Konvergenz) in Wirtschafts-, Finanz- und Geldpolitik; best. Konvergenzkriterien (vgl. 7.) müssen von jedem Land erfüllt werden zwecks Aufnahme in die EWWU
     - Errichtung des Europäischen Währungsinstituts (EWI)
     - keine Finanzierung öffentlicher Haushalte durch Notenbanken
     - Überführung der nationalen Notenbanken in die Unabhängigkeit
     - Entscheidung über den Beginn der EWWU und die Teilnehmer
     - Errichtung des Europäischen Systems der Zentralbanken (ESZB)
   - 3. Stufe (1999–02):
     - Start der Währungsunion am 01.01.1999
     - Festlegung der Wechselkurse der Teilnehmerwährungen
     - einheitliche Geldpolitik durch das Europ. Zentralbanksystem
     - Noten-, Münzausgabe in Euro

6. Konvergenz = Annäherung der einzelnen Teilnehmerländer hinsichtlich Preisniveaustabilität, stabile Staatsfinanzen, stabile Wechselkurse und Zinsniveau

7.
   - Stabiles Preisniveau: Inflat.rate max. 1,5 % über Durchschnitt der 3 stabilsten Länder
   - Gesunde Staatsfinanzen: jährl. Neuverschuldung max. 3 % des Bruttoinlandsprodukts sowie Staatsschulden insgesamt max. 60 % des BIP
   - Stabile Wechselkurse: mind. 2 Jahre EWS-Teilnahme ohne große Kursschwankung
   - Angemess. Zinsniveau: durchschnittl. lfr. Zinssatz 1997 max. 2 % über dem Satz der drei preisstabilsten Länder

8. a) Die Konvergenzkriterien sollen nicht nur zu einem bestimmten Stichtag erreicht werden, sondern auch nach Aufnahme in die EWU erfüllt werden.

   b) Im schlimmsten Falle drohen bei Nichteinhaltung der Kriterien Geldbußen.

9. Vgl. Stofftelegramm (Vor-, Nachteile).

10. Vorteile: Erreichung einer stabilen gesamtwirtschaftlichen Lage (Preisniveaustabilität, gesunde Staatsfinanzen, stabile Wechselkurse, angemessenes Zinsniveau)

    Nachteile: In einer Konjunkturflaute bewirkt das Anstreben von Konvergenzkriterien eine Verschärfung der Situation: Verhinderung konjunkturfördernder Staatsausgaben und Steuersenkungen → Aufschwung evtl. verhindert

11. Vgl. 10. (Nachteile).

12. Vgl. Stofftelegramm.

13. Schülerindividuelle Lösung.

30 Abituraufgaben 2018

Aufgabe 1: Vollkostenrechnung in Form der Zuschlagskalkulation (Kostenstellenrechnung, BAB, Kostenträgerstückrechnung), Kosten- und Erlösfunktionen, Deckungsbeitragsrechnung

1.1 Vgl. **Anlage.**

1.2 Die Gehälter können den Kostenstellen direkt zugerechnet werden, da bei den Gehaltsempfängern bekannt ist, in welcher Kostenstelle sie tätig sind. Der kalkulatorische Unternehmerlohn kann den Kostenstellen nicht eindeutig zugeordnet werden, da die Tätigkeit der Geschäftsführer der Basi KG in den einzelnen Kostenstellen nicht quantitativ erfasst wird.

1.3.1 Die vom Leiter der Materialstelle angeführte Begründung ist nicht korrekt. Die Kosten für das Fertigungsmaterial bilden die Zuschlagsbasis für die Berechnung der Materialgemeinkosten auf Normalkostenbasis. Eine Erhöhung der Preise für das Fertigungsmaterial würde bei gegebenem Normalgemeinkostenzuschlagssatz zu höheren Normalgemeinkosten und damit zu einer Kostenüberdeckung führen.

1.3.2 Berechnung der Normalgemeinkostenzuschlagssätze:

	Ist-GK	Abweichung	Normal-GK	Normal-GKZ
Material	698.000,00 EUR	–50.000,00 EUR	648.000,00 EUR	12 %
Fertigung	3.370.000,00 EUR	+80.000,00 EUR	3.450.000,00 EUR	240 %
Verwaltung	1.055.000,00 EUR	+38.550,00 EUR	1.093.550,00 EUR	10 %
Vertrieb	1.652.000,00 EUR	–11.675,00 EUR	1.640.325,00 EUR	15 %

1.4

	Fertigungsmaterial	16,00 EUR
+	Materialgemeinkosten 12 %	1,92 EUR
=	Materialkosten	17,92 EUR
	Fertigungslöhne	11,00 EUR
+	Fertigungsgemeinkosten 240 %	26,40 EUR
+	Sondereinzelkosten der Fertigung	2,88 EUR
=	Fertigungskosten	40,28 EUR
	Herstellkosten	58,20 EUR
+	Verwaltungsgemeinkosten 10 %	5,82 EUR
+	Vertriebsgemeinkosten 15 %	8,73 EUR
=	Selbstkosten	72,75 EUR
+	Gewinnzuschlag 20 %	14,55 EUR
=	Barverkaufspreis	87,30 EUR
+	Kundenskonto 3 %	2,70 EUR
=	Zielverkaufspreis	90,00 EUR

Alternativlösung:

	Fertigungsmaterial	13,10 EUR
+	Materialgemeinkosten 20 %	2,62 EUR
=	Materialkosten	15,72 EUR
	Fertigungslöhne	11,00 EUR
+	Fertigungsgemeinkosten 260 %	28,60 EUR
+	Sondereinzelkosten der Fertigung	2,88 EUR
=	Fertigungskosten	42,48 EUR
	Herstellkosten	58,20 EUR
+	Verwaltungsgemeinkosten 9 %	5,24 EUR
+	Vertriebsgemeinkosten 16 %	9,31 EUR
=	Selbstkosten	72,75 EUR
+	Gewinnzuschlag 20 %	14,55 EUR
=	Barverkaufspreis	87,30 EUR
+	Kundenskonto 3 %	2,70 EUR
=	Zielverkaufspreis	90,00 EUR

2.1 $k_v = \frac{552.000 - 540.000}{2.100 - 2.000} = 120{,}00$ EUR je Stück

$K_f = 552.000 - 120 \cdot 2.100 = 300.000{,}00$ EUR

2.2.1 Gewinnschwelle:
$280x = 300.000 + 120x$
$x = 1.875$ Stück

$(2.100 : 1.875 \cdot 100) - 100 = 12\ \%$

2.2.2 $0{,}125 \cdot 280x = 280x - (300.000 + 120x)$
$x = 2.400$ Stück

3.1 Berechnung des Gesamtdeckungsbeitrags beim Vorschlag des Vertriebsleiters:

	Typ 1	Typ 2	Typ 3	Typ 4
Verkaufspreis pro Stück	380,00 EUR	500,00 EUR	550,00 EUR	700,00 EUR
variable Stückkosten	170,00 EUR	230,00 EUR	300,00 EUR	340,00 EUR
Stückdeckungsbeitrag	210,00 EUR	270,00 EUR	250,00 EUR	360,00 EUR
geplante Stückzahl	600	800	540	300
Gesamtdeckungsbeiträge (100 %)	126.000,00 EUR	216.000,00 EUR	135.000,00 EUR	180.000,00 EUR
Summe Gesamtdeckungsbeiträge	585.000,00 EUR			
Gesamtdeckungsbeitrag (80 %)	468.000,00 EUR			

Berechnung des Gesamtdeckungsbeitrags beim Vorschlag des Controllers:

	Typ 1	Typ 2	Typ 3	Typ 4
Stückdeckungsbeitrag	210,00 EUR	270,00 EUR	250,00 EUR	360,00 EUR
Produktionszeit in Minuten	30	45	50	75
relativer db	7,00 EUR/min	6,00 EUR/min	5,00 EUR/min	4,80 EUR/min
Rangfolge	1	2	3	4
Fertigungszeit in Stunden	300	600	450	30
gewinnmaximales Produktionsprogramm	600 Stück	800 Stück	540 Stück	24 Stück
Gesamtdeckungsbeiträge	126.000,00 EUR	216.000,00 EUR	135.000,00 EUR	8.640,00 EUR
Summe Gesamtdeckungsbeiträge	485.640,00 EUR			

Der Vorschlag des Vertriebsleiters führt zu einer Reduktion des Betriebsergebnisses um 17.640,00 EUR (485.640,00 EUR – 468.000,00 EUR).

3.2 Es liegen vertragliche Lieferverpflichtungen vor, die mit dem Vorschlag des Controllers nicht vereinbar sind.

Lösung zu Anlage/Teilaufgabe 1: Betriebsabrechnungsbogen der Basi KG 2017

		Kostenstellen			
Gemeinkostenarten	Betrag	Material	Fertigung	Verwaltung	Vertrieb
Hilfs- und Betriebsstoffe	847.000,00 EUR	188.000,00 EUR	444.000,00 EUR	88.000,00 EUR	127.000,00 EUR
Gehälter	1.948.000,00 EUR	229.000,00 EUR	875.000,00 EUR	388.000,00 EUR	456.000,00 EUR
Raumkosten	545.000,00 EUR	38.000,00 EUR	372.000,00 EUR	54.000,00 EUR	81.000,00 EUR
kalkulatorische Abschreibungen	856.500,00 EUR	127.500,00 EUR	555.000,00 EUR	63.000,00 EUR	111.000,00 EUR
kalkulatorischer Unternehmerlohn	510.000,00 EUR	60.000,00 EUR	180.000,00 EUR	120.000,00 EUR	150.000,00 EUR
sonstige Gemeinkosten	2.068.500,00 EUR	55.500,00 EUR	944.000,00 EUR	342.000,00 EUR	727.000,00 EUR
Summe der Gemeinkosten	6.775.000,00 EUR	698.000,00 EUR	3.370.000,00 EUR	1.055.000,00 EUR	1.652.000,00 EUR

Aufgabe 2: Personengesellschaften im Vergleich (rechtliche Grundlagen), offene Selbstfinanzierung bei der KG, statische und dynamische Investitionsrechnung

1. Im Innenverhältnis entsteht die Gesellschaft zu dem im Gesellschaftsvertrag festgelegten Termin 01.01.2017 (§ 161 Abs. 2 i. V. m. § 109 HGB).

   Im Außenverhältnis entsteht die KG mit Eintragung ins Handelsregister am 05.01.2017 bzw. mit Aufnahme der Geschäftstätigkeit zu einem früheren Zeitpunkt (§ 161 Abs. 2 i. V. m. § 123 HGB).

2. Da die KG gemäß § 161 Abs. 2 i. V. m. § 125 Abs. 2 HGB durch Franziska Klein allein nicht rechtswirksam vertreten wurde, ist für die KG kein bindender Vertrag zustande gekommen. Der Lieferant kann deshalb die Bezahlung nicht verlangen.

3. Diese Beteiligung geht über den gewöhnlichen Geschäftsbetrieb hinaus und stellt eine außergewöhnliche Handlung dar. Der Kommanditist hat daher ein Widerspruchsrecht (§ 164 HGB). Die Komplementäre hätten die Beteiligung nicht erwerben dürfen; sie haben ihre Geschäftsführungsbefugnis im Innenverhältnis überschritten und sind gegebenenfalls schadensersatzpflichtig.

Im Außenverhältnis ist das Rechtsgeschäft trotz des Widerspruchs von Weber wirksam, da Ebner und Klein die Gesellschaft wie im Gesellschaftsvertrag vereinbart gemeinschaftlich vertreten haben (§ 161 Abs. 2 i. V. m. §§ 125, 126 HGB).

4. Bei der KG ist der Restgewinn angemessen zu verteilen (§ 168 Abs. 2 HGB). Dies erfordert im Gesellschaftsvertrag einen Verteilungsschlüssel, der z. B. den unterschiedlichen Risiken der Gesellschafter Rechnung trägt.

Die individuelle Arbeitsleistung der Gesellschafter sollte durch eine festzulegende monatliche Tätigkeitsvergütung gewürdigt werden.

5.1 •

	Paul Ebner	**Franziska Klein**
gesamter Gewinnanteil	115.000,00 EUR	115.000,00 EUR
– Privatentnahmen	40.000,00 EUR	20.000,00 EUR
– 12 × monatliche Tätigkeitsvergütung	60.000,00 EUR	60.000,00 EUR
= maximaler Beitrag zur offenen Selbstfinanzierung	15.000,00 EUR	35.000,00 EUR

•

Gewinnanteil Oskar Weber	48.000,00 EUR
– Auffüllung der fälligen Einlage	40.000,00 EUR
= Auszahlungsanspruch	8.000,00 EUR

5.2 Das Eigenkapital erhöht sich, wodurch sich die Kreditwürdigkeit der Unternehmung verbessert.
Es entsteht keine Liquiditätsbelastung durch Zins- und Tilgungsleistungen.

5.3 Der im Gesellschaftsvertrag (Innenverhältnis) vereinbarte Verlustanteil in Höhe von 10.000,00 EUR wird vom Kapitalanteil des Kommanditisten Weber abgezogen (§ 167 Abs. 3 HGB).

Die Haftung beinhaltet das Einstehen für die Verbindlichkeiten der Gesellschaft gegenüber Dritten (Außenverhältnis). Weber kann in Höhe seiner ausstehenden Einlage von 40.000,00 EUR zur Haftung für die Verbindlichkeiten der Synapsis KG herangezogen werden (§ 171 HGB).

6. Franziska Klein hat eine Kündigungsfrist von sechs Monaten zum Ende des Geschäftsjahres (§ 161 Abs. 2 HGB i. V. m. § 132 HGB). Sie kann zum 31.12.2018 aus der Synapsis KG ausscheiden.

7.1

	Maschine Duo
kalkulatorische Abschreibung*	59.500,00 EUR
+ kalkulatorische Zinsen**	9.310,00 EUR
+ sonstige fixe Betriebskosten	90.000,00 EUR
= Summe fixe Kosten	158.810,00 EUR
+ variable Betriebskosten	238.000,00 EUR
= Gesamtkosten	396.810,00 EUR

* kalkulatorische Abschreibung = (AK-RW)/ND
** kalkulatorische Zinsen = (AK + RW) : 2 · Kalkulationszinssatz

7.2

$$K_{Uno} = K_{Duo}$$
$$197.370 + 24x = 158.810 + 28x$$
$$4x = 38.560$$
$$x = 9.640 \text{ Stück}$$

Da die geplante Absatzmenge von 8.500 Stück unter der kritischen Menge (9.640 Stück) liegt, sollte die Maschine Duo angeschafft werden.

7.3

	Einzahlungsüberschüsse	Barwerte (7 %)
Jahr 1	98.000,00 EUR	91.589,00 EUR
Jahr 2	95.500,00 EUR	83.413,00 EUR
Jahr 3	110.800,00 EUR	90.446,00 EUR
Jahr 4	128.600,00 EUR	98.108,00 EUR
Restwert	14.000,00 EUR	10.681,00 EUR
= Barwertsumme		374.237,00 EUR
– Anschaffungskosten		252.000,00 EUR
= Kapitalwert		122.237,00 EUR

Bei beiden Investitionsalternativen erzielt der Investor neben der Kapitalrückzahlung sowie der Verzinsung des eingesetzten Kapitals in Höhe von 7 % jeweils einen weiteren Überschuss. Der Barwert dieses Überschusses ist aus dem jeweiligen Kapitalwert abzulesen. Folglich ist Maschine Duo vorzuziehen, da sie mit 122.237,00 EUR einen höheren Kapitalwert aufweist als Maschine Uno.

(Die Anlage der Differenzinvestition in Höhe von 23.000,00 EUR zum Kalkulationszinssatz muss nicht berücksichtigt werden, da deren Kapitalwert null ist.)

Aufgabe 3: Kapitalgesellschaften im Vergleich (rechtliche Grundlagen), Beteiligungsfinanzierung bei der AG

1. Bei der Gründung einer OHG schreibt der Gesetzgeber kein Mindestkapital vor.

   Aufgrund der persönlichen Haftung aller Gesellschafter kann von einer höheren Kreditwürdigkeit der OHG ausgegangen werden, wodurch die Beschaffung von Fremdkapital erleichtert wird.

2.

Merkmal	GmbH	AG
Mindestkapital	25.000,00 EUR	50.000,00 EUR
Bezeichnung und Bestellung des leitenden Organs	Geschäftsführer Festlegung im Gesellschaftsvertrag oder Beschluss der Gesellschafterversammlung	Vorstand wird vom Aufsichtsrat bestellt
Bildung eines Aufsichtsrats	freiwillig, solange nicht mehr als 500 Arbeitnehmer	zwingend vorgeschrieben

3.1 Nach § 76 Abs. 2 AktG besteht der Vorstand bei Gesellschaften mit einem Grundkapital von mehr als 3 Mio. EUR aus mindestens zwei Personen, es sei denn, die Satzung bestimmt, dass er aus einer Person besteht.

Gemäß § 95 AktG besteht der Aufsichtsrat aus mindestens drei Mitgliedern.

3.2 Bareinlagen sind zu mindestens 25 % und Sacheinlagen sowie das Agio in voller Höhe zu leisten (§§ 36, 36a AktG).

- Abel und Merk: Sacheinlage (OHG) im Wert von 8 Mio. EUR
- Boll: 25 % von 3 Mio. EUR + Grundstück 1 Mio. EUR + Agio für 0,8 Mio. Aktien = 2,55 Mio. EUR
- Venture Bank: 25 % von 8 Mio. EUR + Agio für 1,6 Mio. Aktien = 3,6 Mio. EUR

3.3 Die beiden neuen Gesellschafter vermuten stille Reserven in der bisherigen OHG. Außerdem sehen sie große Wachstumschancen im Bereich Transport mit Drohnen.

3.4 Inhaberaktien sind auf den Inhaber ausgestellte Aktien, die nicht auf einen bestimmten Eigentümer lauten.
Namensaktien lauten auf den Namen des Aktionärs, welcher im Aktienregister der AG eingetragen ist.

Vorteile Namensaktien:

- Das Unternehmen hat einen Überblick über die Aktionärsstruktur.
- Die AG kann direkt Kontakt mit den Aktionären aufnehmen.

3.5 Bei einem Börsengang entstehen der AG zusätzliche Kosten (z. B. Börsenprospekt).

Eine kapitalmarktorientierte AG muss bezüglich der Publizität weitere Anforderungen erfüllen (z. B. Eigenkapitalspiegel).

4.1 Die gesetzliche Untergrenze ist der Nennwert der Aktie. Die theoretische Obergrenze bildet der derzeitige Börsenkurs der alten Aktien.

4.2 Kapitalerhöhung: 25 % des gezeichneten Kapitals = 5 Mio. EUR
Dazu sind 1 Mio. junge Aktien mit einem Nennwert von 5,00 EUR erforderlich.
Mittelzufluss = 1 Mio. junge Aktien zu 9,00 EUR = 9 Mio. EUR

Der Mittelzufluss von 9 Mio. EUR ist bei einem Kapitalbedarf von 8,5 Mio. EUR ausreichend.

4.3 Bezugsverhältnis = altes Grundkapital : Kapitalerhöhung
= 20 Mio. EUR : 5 Mio. EUR
= 4 : 1

Wert des Bezugsrechts = (Ka – Kj) : (BV + 1)
= (13 – 9) : (4 + 1)
= 0,80 EUR

Für die Sperrminorität werden 25 % der Aktien plus eine Aktie benötigt.
25 % von 25 Mio. EUR = 6,25 Mio. EUR
6,25 Mio. EUR : 5,00 EUR = 1,25 Mio. Aktien
Er hat bisher 4 Mio. EUR : 5,00 EUR = 0,8 Mio. Aktien.
Merk benötigt zusätzlich 450.000 Aktien plus 1 Aktie.

Merk besitzt Bezugsrechte für den Erwerb von 200.000 jungen Aktien. Für die restlichen 250.001 jungen Aktien muss er 1.000.004 Bezugsrechte erwerben.

200.000 Aktien · 9,00 EUR	=	1.800.000,00 EUR
250.001 Aktien · (9,00 EUR + 4 · 0,80 EUR)	=	3.050.012,20 EUR
von Merk aufzubringender Betrag		4.850.012,20 EUR

4.4 Mit der Sperrminorität kann Merk Satzungsänderungen verhindern, für die eine qualifizierte Mehrheit erforderlich ist.

Aufgabe 4: Preisbildung und Verhaltensweisen bei Unternehmen mit Marktmacht (Monopol, Polypol auf dem unvollkommenen Markt)

1.1 Bei den Kunden sind Präferenzen vorhanden, z. B. persönliche Präferenzen durch Bevorzugung eines bestimmten Herstellers.
Vollständige Markttransparenz liegt nicht vor, da die Kunden keine vollständige Übersicht über die gesamte Produktpalette und die Verkaufspreise haben. Eine Homogenität der Güter ist nicht gegeben, da z. B. unterschiedliche Passformen und Materialien vorliegen.

1.2/ 1.5 •

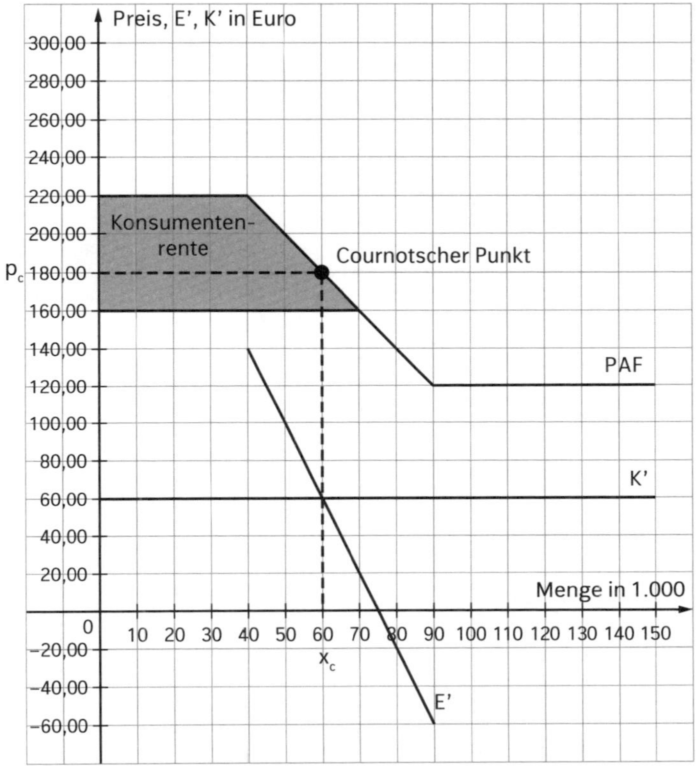

- Maximaler Gewinn = 60.000 · 180 – 2.000.000 – 60.000 · 60 = 5.200.000,00 EUR

1.3 Die Mountainworld GmbH könnte mehr Werbung betreiben, um beim Endverbraucher bekannter zu werden, und dadurch z. B. persönliche Präferenzen schaffen.
Da der Vertrieb bislang nur über den Einzelhandel erfolgte, könnte ein Onlineshop aufgebaut werden, um bei den Kunden z. B. zeitliche Präferenzen zu schaffen.

1.4

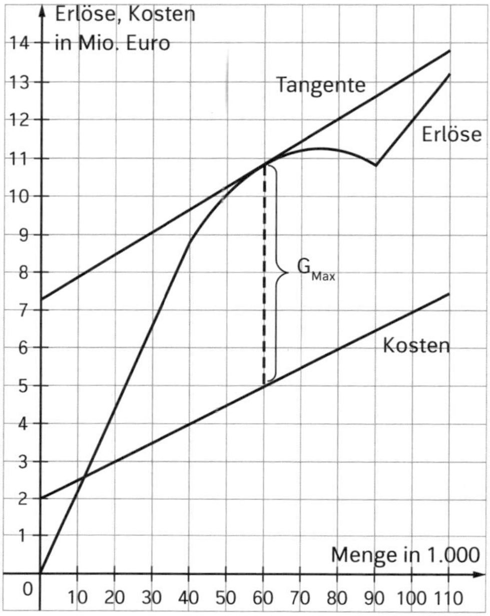

1.5 • Zeichnung siehe 1.2

Konsumentenrente
= (220 – 160) · 40.000 + (220 – 160) · (70.000 – 40.000) : 2 = 3.300.000,00 EUR

• Konsumenten, deren Zahlungsbereitschaft über dem Preis von 160,00 EUR liegt, haben geringere Ausgaben. Sie sparen daher insgesamt 3.300.000,00 EUR.

2.1 • Bedingungen für Erlösmaximum: E' = 0
$x(p) = 800 - 0{,}5p$
$p = 1.600 - 2x$

$E(x) = p \cdot x$
$E(x) = (1.600 - 2x)x = 1.600x - 2x^2$
$E'(x) = 1.600 - 4x$

$E'(x) = 0$
x = 400 Stück

p(400) = 1.600 – 2 · 400 = 800,00 EUR

• Bedingung für Gewinnmaximierung: E' = K'
$K(x) = 30.000 + 400x$
$K'(x) = 400$
$400 = 1.600 - 4x$
x = 300 Stück
p(300) = 1.600 – 2 · 300 = 1.000,00 EUR

Maximaler Gewinn:
G = 1.000 · 300 – 30.000 – 300 · 400 = 150.000,00 EUR

Gewinn beim Umsatzmaximum:
G = 800 · 400 – 30.000 – 400 · 400 = 130.000,00 EUR

Verzicht auf Gewinn in Höhe von 20.000,00 EUR

2.2 Als Folge der höheren Absatzmenge steigt der Bekanntheitsgrad des Unternehmens. Durch den höheren Absatz wird die Beschäftigung der Arbeitnehmer gesichert. Die Markteintrittsbarriere für potenzielle Wettbewerber wird durch den geringeren Preis erhöht.

2.3

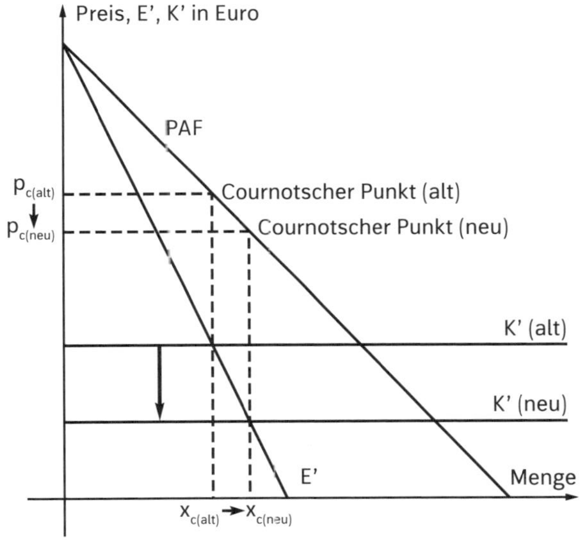

Die gewinnmaximierende Bedingung lautet: E' = K'.

Die Erhöhung der Fixkosten hat keine Auswirkung auf die gewinnmaximale Preis-Mengen-Kombination, da die Fixkosten die Grenzkosten nicht beeinflussen. Die sinkenden variablen Kosten führen zu sinkenden Grenzkosten, wodurch die gewinnmaximale Menge steigt und der gewinnmaximale Preis sinkt.

Aufgabe 5: Binnenwert des Geldes und Geldwertmessung in Verbindung mit den Grundsätzen der Geldpolitik der Europäischen Zentralbank (verändert)

1.1
- Preisveränderungen:
  von Januar 2016 auf Januar 2017 = (108,1 – 106,1) : 106,1 · 100 = 1,89 %
  von Februar 2016 auf Februar 2017 = (108,8 – 106,5) : 106,5 · 100 = 2,16 %
- Das Ziel der Geldwertstabilität (Inflationsrate unter, aber nahe 2 %) wurde im Januar 2017 erreicht, dagegen im Februar 2017 leicht überschritten.

1.2 Veränderung der Kaufkraft = (106,5 – 108,8) : 108,8 · 100 = – 2,11 %
Mit einem bestimmten Geldbetrag können 2,11 % weniger Güter gekauft werden.

1.3.1 Eine Überarbeitung trägt den sich verändernden Verbrauchergewohnheiten Rechnung. Güter, welche die Konsumenten weniger oder nicht mehr nachfragen, werden aus dem Warenkorb entfernt. Güter, die neu auf dem Markt erscheinen und die die Konsumenten vermehrt kaufen, werden in den Warenkorb aufgenommen.

1.3.2
- Die Warengruppe „07 Verkehr“ ist mit 134,73 Promille (13,473 %) im Warenkorb berücksichtigt/gewichtet. Es wird davon ausgegangen, dass 13,473 % der Gesamtausgaben eines Haushalts auf Güter dieser Warengruppe entfallen.
- Preisniveauänderung =
  8 · 134,73 : 1.000 + 5 · 102,71 : 1.000 – 9 · 114,92 : 1.000 = 0,56 %

1.4 Der Verbraucherpreisindex sagt nichts aus über die Einkommensentwicklung der Bevölkerung. Außerdem hängt der Lebensstandard der Bevölkerung auch von qualitativen Faktoren ab (z. B. Bildungsstand).

1.5 Wenn die Inflationsrate im Ausland deutlich höher ist als im Inland, werden die inländischen Produkte für das Ausland im Verhältnis günstiger. Dies führt zu einer steigenden ausländischen Nachfrage nach inländischen Produkten. Die Preise im Inland steigen (Nachfrageinflation).

Wenn die Preise der importierten Güter steigen, erhöhen sich die Kosten für die betroffenen Unternehmen. Können die höheren Kosten an die Nachfrager weitergegeben werden, steigen die Preise im Inland (Kosteninflation).

1.6 Inflation:
Private Haushalte können sich mit ihrem monatlichen Einkommen weniger Güter leisten (Kaufkraftverlust).
Das Sparguthaben der privaten Haushalte verliert real an Wert.

Deflation:
Private Haushalte sind von Arbeitslosigkeit bedroht, da Unternehmen bei dauerhaft sinkenden Preisen zu Kostensenkungen gezwungen sind und Arbeitskräfte entlassen müssen.
Private Schuldner zahlen fällige Kredite zum Nominalwert zurück. Da durch die Deflation der Wert des Geldes steigt, zahlen sie real mehr zurück.

2.1 Der Leitzins ist der Zinssatz, den die beteiligten Geschäftsbanken im Rahmen der Hauptrefinanzierungsgeschäfte für Zentralbankkredite zahlen müssen. Mit seiner Höhe signalisiert die EZB ihre Einschätzung der wirtschaftlichen Lage im Euroraum und somit ihren geldpolitischen Kurs.

2.2
- Durch niedrige Kreditzinsen werden Investitionen attraktiver. Die Investitionen sollen zunehmen.
- Die Zinsen für Sparguthaben sinken. Geldanlagen werden für Privatkunden unattraktiv (im Extremfall Strafzinsen). Die Sparneigung soll zugunsten eines zunehmenden Konsums zurückgehen.

2.3 Aufgrund pessimistischer Gewinnerwartungen der Unternehmen investieren diese nicht im erhofften Umfang.
Aufgrund pessimistischer Zukunftserwartungen der privaten Haushalte erhöht sich der Konsum nicht im erhofften Umfang.
Die Geschäftsbanken geben die niedrigen Zinsen für Kredite nicht in vollem Umfang an die Kunden weiter.

2.4 Es wird befürchtet, dass durch die einhergehende Erhöhung der Zentralbankgeldmenge mittelfristig die Inflationsgefahr steigt.
Mit dem Aufkauf der Staatsanleihen wird der EZB die Finanzierung der Staatshaushalte der Krisenländer vorgeworfen.

31 Abituraufgaben 2019

Aufgabe 1: Beliebige Unternehmensform mit Vollkostenrechnung in Form der Zuschlagskalkulation (Kostenstellenrechnung, BAB, Kostenträgerstückrechnung); Deckungsbeitragsrechnung

1. Teilhafter haften nicht mit ihrem Privatvermögen und sind daher eher bereit, sich an der Gesellschaft zu beteiligen.
Teilhafter sind von der Geschäftsführung und Vertretung ausgeschlossen und haben deshalb kaum Einfluss auf unternehmerische Entscheidungen.

2. Innenverhältnis:
Bei dem Grundstückskauf in dem hier vorliegenden Umfang liegt eine Handlung vor, die über den gewöhnlichen Betrieb des Handelsgewerbes der CarTech KG hinausgeht. Für diese Handlung steht der Kommanditistin ein Widerspruchsrecht zu (§ 164 HGB). Da Katja Wagner im vorliegenden Fall von diesem Recht Gebrauch gemacht hat, waren die Komplementäre nicht berechtigt, das Grundstück zu erwerben.
Falls der CarTech KG ein Schaden entstanden ist, sind die beiden Komplementäre schadensersatzpflichtig.

Außenverhältnis:
Manuel Miller hat für alle Geschäfte Einzelvertretungsbefugnis (§ 161 Abs. 2 i. V. m. § 125 Abs. 1 HGB). Folglich ist der Grundstückskaufvertrag rechtswirksam.

3. Katja Wagner ist lediglich berechtigt, eine Abschrift des Jahresabschlusses zu verlangen (§ 166 Abs. 1 HGB). Folglich kann sie keine Quartalsberichte einfordern.

4. Die Verbindlichkeit entstand zwar vor der Umwandlung in eine KG, aber Kommanditisten haften nach § 173 HGB auch für Verbindlichkeiten, die vor ihrem Eintritt in die Gesellschaft begründet wurden, sofern sie ihre Einlagen noch nicht vollständig geleistet haben. Die Kommanditistin Katja Wagner hat die vereinbarte Kapitaleinlage noch nicht voll geleistet. Somit haftet sie nach § 171 HGB mit dem noch ausstehenden Betrag in Höhe von 62.500,00 EUR unmittelbar.

5.1

	Ist-Kosten (in Euro)	%	Normalkosten (in Euro)	Kostenüber-/ -unterdeckung (in Euro)
FM	300.000,00		300.000,00	
MGK	26.000,00	8	24.000,00	−2.000,00
Materialkosten	326.000,00		324.000,00	
FL	140.000,00		140.000,00	
FGK	248.000,00	180	252.000,00	+4.000,00
Fertigungskosten	388.000,00		392.000,00	
Herstellkosten	714.000,00		716.000,00	
VwGK	56.200,00	8	57.280,00	+1.080,00
VtGK	94.200,00	12	85.920,00	−8.280,00
Selbstkosten	864.400,00		859.200,00	

5.2 Gemeinkostenart Gehälter:
Es musste ein weiterer Mitarbeiter für den Vertriebsbereich eingestellt werden.

Gemeinkostenart kalkulatorische Abschreibungen:
Es wurde ein zusätzliches Fahrzeug für einen Vertriebsmitarbeiter angeschafft.

5.3

Selbstkosten	864.400,00 EUR
+ Betriebsergebnis	135.600,00 EUR
= Leistungen	1.000.000,00 EUR

5.4

FM	65,00 EUR
MGK (8 %)	5,20 EUR
MK	70,20 EUR
FL	35,00 EUR
FGK (180 %)	63,00 EUR
SEKF	6,80 EUR
FK	104,80 EUR
HK	175,00 EUR
VwGK (8 %)	14,00 EUR
VtGK (12 %)	21,00 EUR
SK	210,00 EUR
Gewinn (15,5 %)	**32,55 EUR**
BVP	242,55 EUR
Skonto (2 %)	4,95 EUR
ZVP	247,50 EUR
Rabatt (10 %)	27,50 EUR
Listenverkaufspreis	275,00 EUR

6.1

	Kamera „Deluxe“	**Kamera „Standard“**
Verkaufspreis pro Stück	290,00 EUR	145,00 EUR
variable Stückkosten	180,00 EUR	99,50 EUR
Stückdeckungsbeitrag	110,00 EUR	45,50 EUR
geplante Stückzahl	6.000	11.00
Gesamtdeckungsbeitrag	660.000,00 EUR	500.500,00 EUR
– Fixkosten	975.500,00 EUR	
= Betriebsergebnis	185.000,00 EUR	

6.2 • Der Zusatzauftrag sollte angenommen werden, da freie Kapazitäten vorhanden sind und ein zusätzlicher Deckungsbeitrag erzielt wird.

- Zusatzauftrag:

Verkaufspreis pro Stück	118,00 EUR
Variable Stückkosten	99,50 EUR
Stückdeckungsbeitrag	18,50 EUR
Geplante Stückzahl	1.000
Gesamtdeckungsbeitrag	18.500,00 EUR
Prozentuale Veränderung (Anstieg Betriebsergebnis)	18.500 · 100/185.000 = 10 %

Aufgabe 2: GmbH (rechtliche Grundlagen); Darlehensfinanzierung mit Kreditsicherheiten; Vergleich Leasing – Kredit auch anhand der Barwerte

1. Als GmbH-Gesellschafter haften Schwab und Bader nicht persönlich; die GmbH als juristische Person haftet mit ihrem Gesellschaftsvermögen.
Die Gesellschafter müssen keine Geschäftsführungsaufgaben übernehmen, sondern können außenstehende Dritte mit der Geschäftsführung betrauen (Fremdorganschaft).

2.1 Das Stammkapital erfüllt mit 300.000,00 EUR die Voraussetzung von mindestens 25.000,00 EUR nach § 5 Abs. 1 GmbHG.
Nach § 7 Abs. 2 GmbHG ist auf jeden Geschäftsanteil mindestens ein Viertel des Nennbetrags einzuzahlen. Da Bader nur 25.000,00 EUR statt der notwendigen 37.500,00 EUR eingezahlt hat, ist diese Voraussetzung nicht erfüllt.
Nach § 7 Abs. 2 GmbHG müssen insgesamt mindestens 12.500,00 EUR des Stammkapitals eingezahlt sein. Diese Bedingung ist mit 175.000,00 EUR erfüllt.

2.2 Nach § 35 Abs. 2 GmbHG muss bei mehreren Geschäftsführern eine gemeinschaftliche Vertretung erfolgen. Da im Gesellschaftsvertrag keine abweichende Regelung getroffen wurde, kann der Kaufvertrag durch Köster alleine nicht rechtswirksam abgeschlossen werden und ist folglich für die Gesellschaft nicht bindend.

2.3 Im Außenverhältnis ist die Linus GmbH durch die beiden Geschäftsführer rechtswirksam vertreten worden, sodass der Kaufvertrag für die GmbH bindend ist (§ 35 Abs. 2 i. V. m. § 37 Abs. 2 GmbHG).
Im Innenverhältnis wurde gegen die Vorgabe des Gesellschaftsvertrags verstoßen. Sollte der GmbH dadurch ein Schaden entstehen, haften die Geschäftsführer der GmbH gegenüber solidarisch (§ 37 Abs. 1 i. V. m. § 43 Abs. 2 GmbHG).

3.1

• TA und Maschinen:	40 % von	220.000,00 EUR	=	88.000,00 EUR
• Fuhrpark:	50 % von	60.000,00 EUR	=	30.000,00 EUR
• Vorräte:	30 % von	30.000,00 EUR	=	9.000,00 EUR
• Summe:				127.000,00 EUR

Für einen Kredit in Höhe von 120.000,00 EUR sind ausreichend Sicherheiten vorhanden.

3.2 Technische Anlagen und Maschinen können mittels einer Sicherungsübereignung als Kreditsicherheit verwendet werden. Die Bank wird treuhänderischer Eigentümer, die GmbH bleibt unmittelbarer Besitzer der Anlage und kann sie daher weiter nutzen.

3.3
- Festdarlehen:
  Während der Laufzeit ist die Liquiditätsbelastung am geringsten, da nur Zinsen gezahlt werden; die komplette Tilgung erfolgt erst zum Ende der Laufzeit.

- Abzahlungsdarlehen:
  Da die Restschuld im Vergleich zu den beiden anderen Darlehensformen schneller abnimmt, ist der Zinsaufwand am geringsten.

- Annuitätendarlehen:
  Die Liquiditätsbelastung ist während der gesamten Laufzeit konstant, was die Finanzplanung erleichtert.

3.4 $$p_{eff} = \frac{\left(4{,}5 + \frac{4}{6}\right) \cdot 100}{96}$$

$$p_{eff} = 5{,}38\ \%$$

4.1 Es liegt Financial-Leasing vor:
Der Vertrag beinhaltet eine unkündbare Grundmietzeit.
Bei der Anlage handelt es sich um eine Spezialanfertigung.

4.2 Siehe **Anlage.**
Aufgrund der geringeren Barwertsumme stellt die Kreditfinanzierung die vorteilhaftere Alternative dar.

4.3 Da sich durch die Leasingalternative die Fremdkapitalquote nicht erhöht, bleibt ein vorhandener Kreditspielraum grundsätzlich für andere Verwendungszwecke erhalten.

Anlage: Lösung zu Teilaufgabe 4.2

Darlehen (in Euro)

Jahr	Darlehen am Jahresanfang	Zinsen	Tilgung	Abschreibung	Liquiditätsbelastung vor Steuern	Gesamtaufwand	Steuerminderung	Liquiditätsbelastung nach Steuem	Barwert
1	120.000,00	6.000,00	24.000,00	20.000,00	30.000,00	26.000,00	7.800,00	22.200,00	20.943,00
2	96.000,00	4.800,00	24.000,00	20.000,00	28.800,00	24.800,00	7.440,00	21.360,00	19.010,00
3	72.000,00	3.600,00	24.000,00	20.000,00	27.600,00	23.600,00	7.080,00	20.520,00	17.229,00
4	48.000,00	2.400,00	24.000,00	20.000,00	26.400,00	22.400,00	6.720,00	19.680,00	15.588,00
5	24.000,00	1.200,00	24.000,00	20.000,00	25.200,00	21.200,00	6.360,00	18.840,00	14.078,00
6				20.000,00		20.000,00	6.000,00	−6.000,00	−4.230,00
∑		18.000,00	120.000,00	120.000,00	138.000,00	138.000,00	41.400,00	96.600,00	82.618,00

Leasing (in Euro)

Jahr	Liquiditätsbelastung vor Steuern	Gesamtaufwand	Steuerminderung	Liquiditätsbelastung nach Steuern	Barwert
1	30.000,00	30.000,00	9.000,00	21.000,00	19.811,00
2	30.000,00	30.000,00	9.000,00	21.000,00	18.690,00
3	30.000,00	30.000,00	9.000,00	21.000,00	17.632,00
4	24.000,00	24.000,00	7.200,00	16.800,00	13.307,00
5	24.000,00	24.000,00	7.200,00	16.800,00	12.554,00
6	24.000,00	24.000,00	7.200,00	16.800,00	11.843,00
∑	162.000,00	162.000,00	48.600,00	113.400,00	93.837,00

Aufgabe 3: AG: Jahresabschluss, Bewertung nach HGB; Analyse des Jahresabschlusses

1. Die Aktionäre wünschen eine möglichst hohe Gewinnausschüttung und sind deshalb an einem hohen Gewinnausweis interessiert.

   Die Gläubiger wünschen eine möglichst geringe Gewinnausschüttung, damit die Liquidität im Unternehmen verbleibt. Sie sind deshalb nicht an einem hohen Gewinnausweis interessiert.

2. Die FloorCover AG muss im Anhang ihre Bilanzierungs- und Bewertungsmethoden darstellen (§ 284 HGB). Der Anhang gehört zu den Pflichtbestandteilen des Jahresabschlusses einer AG (§ 264 HGB).

3.1

FM	185.000,00 EUR
MGK (10 %)	18.500,00 EUR
FL	92.000,00 EUR
FGK (180 %)	165.600,00 EUR
allgemeine VwGK (15 %)	69.165,00 EUR
Herstellungskosten (Bilanzansatz für 200 Kleinwalzen zum 31.12.2018)	530.265,00 EUR

Begründung:
Aufgrund der Zielsetzung eines möglichst hohen Gewinnausweises wird das Wahlrecht zur Aktivierung der allgemeinen Verwaltungsgemeinkosten genutzt (§ 255 Abs. 2 HGB).

3.2 Zugangsbewertung in 2018:

2.000 · 82,10 EUR =	164.200,00 EUR
0,5 % von 164.200,00 EUR =	821,00 EUR
Anschaffungskosten	165.021,00 EUR

Bilanzansatz zum 31.12.2018: 165.021,00 EUR

Begründung:
Da es sich bei diesem Aktienpaket um Wertpapiere des Anlagevermögens der FloorCover AG handelt und die Wertminderung nur vorübergehend ist, kann auf eine Abschreibung verzichtet werden (§ 253 Abs. 3 HGB). Aufgrund der Zielsetzung eines möglichst hohen Gewinnausweises nutzt der Vorstand dieses Wahlrecht und aktiviert die Wertpapiere zu den Anschaffungskosten.

3.3
- Das Grundstück muss in der Bilanz zum 31.12.2018 mit 450.000,00 EUR angesetzt werden. Der Grund für die außerplanmäßige Abschreibung besteht nicht mehr. Deshalb muss eine Zuschreibung erfolgen (§ 253 Abs. 5 HGB). Die Zuschreibung darf maximal bis zu den Anschaffungskosten erfolgen (§ 253 Abs. 1 HGB).
- 450.000,00 – 270.000,00 = 180.000,00 EUR; durch die Neubewertung erhöht sich der Jahresüberschuss um 180.000,00 EUR.

3.4
- 500.000,00 : 1,1450 = 436.681,22 EUR
  Bilanzansatz des Darlehens zum 31.12.2018: 436.681,22 EUR

Begründung:
Da das Darlehen eine Restlaufzeit von mehr als einem Jahr aufweist, muss es nach dem Höchstwertprinzip zum Erfüllungsbetrag bilanziert werden (§ 253 Abs. 1 HGB).

- Bei einer Restlaufzeit von einem Jahr oder weniger ist das Darlehen zum Devisenkassamittelkurs am Abschlussstichtag umzurechnen. Es müsste daher kein anderer Wertansatz gewählt werden (§ 256a HGB).

4.1 Kennzahlen 2017:

- Eigenkapitalquote $= \frac{43{,}2 \cdot 100}{120} = 36\ \%$
- Anlagendeckungsgrad II $= \frac{(43{,}2 + 41{,}8) \cdot 100}{100} = 36\ \%$
- Liquidität 2. Grades $= \frac{(10{,}6 + 3{,}4) \cdot 100}{35} = 40\ \%$

Kennzahlen 2018:

- Eigenkapitalquote $= \frac{60 \cdot 100}{150} = 40\ \%$
- Anlagendeckungsgrad II $= \frac{(60 + 55{,}5) \cdot 100}{110} = 105\ \%$
- Liquidität 2. Grades $= \frac{(17{,}5 + 10{,}1) \cdot 100}{34{,}5} = 80\ \%$

4.2 Bei der Eigenkapitalquote liegen in beiden Geschäftsjahren zufriedenstellende Zahlen vor. Eine positive Entwicklung ist erkennbar. Der Anlagendeckungsgrad II hat sich ebenfalls verbessert und übertrifft im Geschäftsjahr 2018 den erforderlichen Richtwert von 100 % zur Einhaltung der Goldenen Bilanzregel.
Eine Verbesserung der Liquidität 2. Grades ist festzustellen, wobei der Richtwert von 100 % noch nicht erreicht wird.
Insgesamt sprechen sowohl die Werte als auch die positive Entwicklung für die Kreditwürdigkeit der FloorCover AG.

4.3 Die für die Liquidität 2. Grades verwendeten Werte sind stichtagsbezogen und unterliegen laufenden Schwankungen.
Ein in Anspruch genommener Kontokorrentkredit gehört in der Bilanz zu den kurzfristigen Verbindlichkeiten gegenüber Kreditinstituten und nimmt daher Einfluss auf die Liquidität 2. Grades. Er ist in der Regel aber langfristig zugesagt und führt daher nicht zu Liquiditätsbelastungen.

4.4 Eigenkapitalrentabilität $= \frac{7{,}74 \cdot 100}{(43{,}2 + 60) : 2} = 15\ \%$

Die Eigenkapitalrentabilität liegt deutlich über dem Branchenvergleichswert und zeigt die gute Ertragssituation der FloorCover AG.

Aufgabe 4: Geldtheorie und Geldpolitik; Verhalten der Marktteilnehmer unter Wettbewerbsbedingungen (Nachfrage und Angebot am Gütermarkt, verändert)

1.1 Die EZB betreibt eine expansive Geldpolitik:

- Ausweitung der Geldmenge
- Senkung der Leitzinsen

1.2 Fishersche Verkehrsgleichung:
Geldmenge (M) · Umlaufgeschwindigkeit (U) = Handelsvolumen (H) · Preisniveau (P)

Die Geldpolitik der EZB soll zu einer Erhöhung der nachfragewirksamen Geldmenge führen. Unter der Annahme, dass U und H konstant bleiben, würde dadurch das Preisniveau steigen (Inflation).

1.3 Die beabsichtigte Wirkung der EZB kann nur dann eintreten, wenn die Banken den Unternehmen und privaten Haushalten mehr Kredite vergeben und weniger in Anleihen investieren. Die EZB kann lediglich Anreize setzen.

1.4 Die EZB definiert das Ziel der Preisniveaustabilität mit einer Inflationsrate unter, aber nahe 2 %. Die Inflationsrate im Euroraum muss deutlich unter der Zielvorgabe gelegen haben. Mithilfe der genannten Maßnahmen versuchte die EZB, einer Deflation entgegenzuwirken.

Eine Erhöhung der Inflation führt zu nachteiligen Effekten bei privaten Haushalten, deren Sparguthaben real an Wert verlieren.

1.5.1

• Geschäftsbank A:		1.000.000,00 EUR
• Geschäftsbank B:	1 Mio. · 0,9 =	900.000,00 EUR
• Geschäftsbank C:	900.000 · 0,9 =	810.000,00 EUR

Geschäftsbank A erhält von der EZB Zentralbankgeld, welches nicht der Reservepflicht unterliegt. Sie kann daher den vollen Betrag als Kredit vergeben.

Die Geschäftsbanken B und C schaffen Buchgeld, welches reservepflichtig ist. Sie können daher jeweils nur 90 % des zugeflossenen Betrages als Kredit vergeben.

1.5.2 Kreditvergabemöglichkeit
= erste Überschussreserve · Geldschöpfungsmultiplikator
= 1 Mio. · 1 : 0,1 = 10 Mio. EUR

2.1

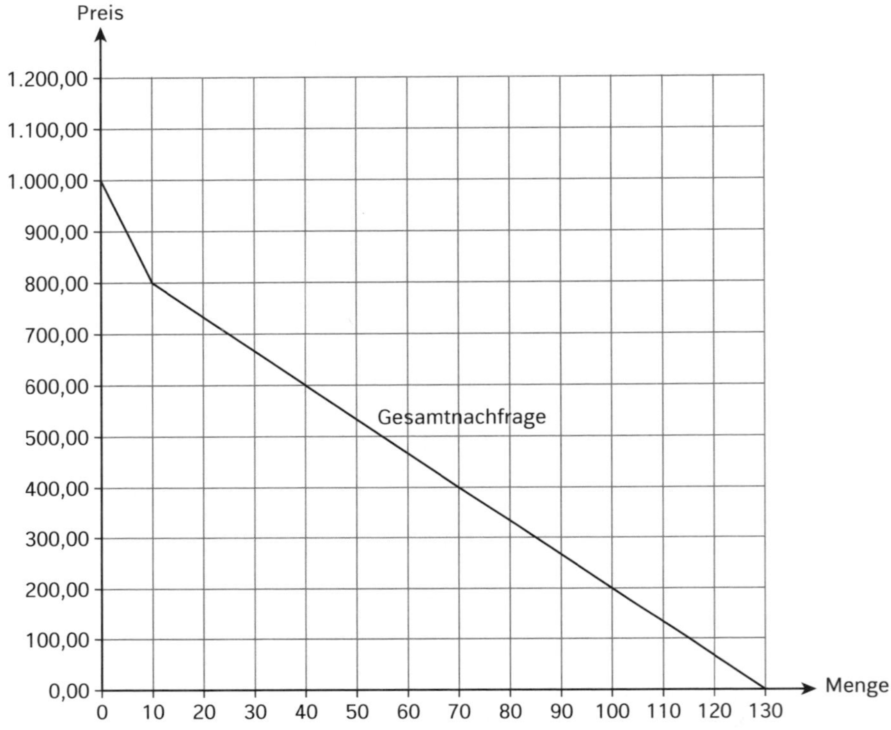

2.2 Es gilt das Gesetz der Nachfrage, da mit sinkendem Preis die nachgefragte Menge steigt. Die Gesamtnachfragekurve weist beim Preis von 800,00 EUR einen Knick auf, da erst ab hier die Nachfrage der Privatkunden in die Gesamtnachfrage einfließt.

3.1 Fazenda Matheus:
Die variablen Kosten steigen proportional mit zunehmender Produktionsmenge. Daher liegt ein linearer Gesamtkostenverlauf vor.

Fazenda Feliz:
Mit zunehmender Produktionsmenge steigen die variablen Kosten zunächst unterproportional, dann überproportional. Es liegt daher ein S-förmiger Gesamtkostenverlauf vor.

3.2 $G = E - K$
$G = 800 \cdot 2.500 - 1.880.000$
$G = 120.000,00$ USD

3.3

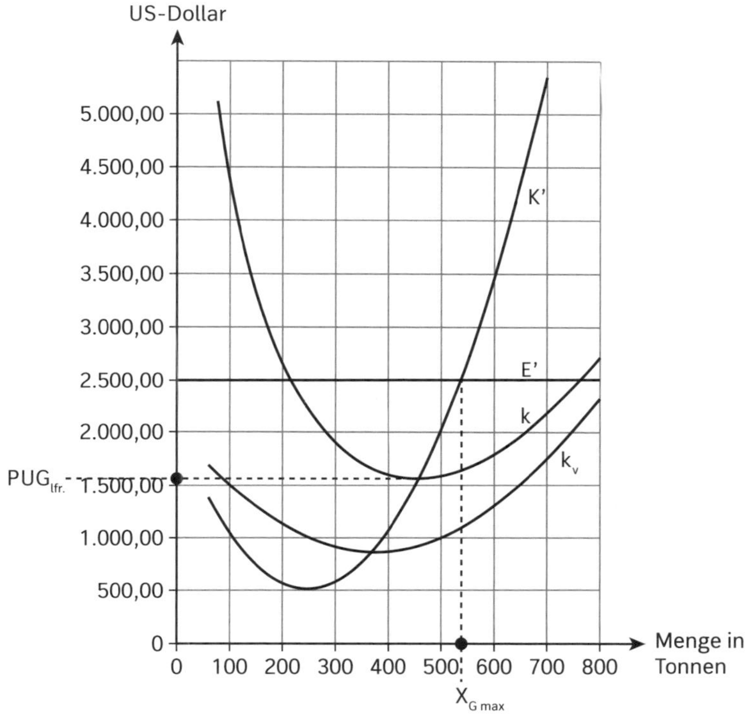

3.4 Die Grenzerlösfunktion verschiebt sich nach unten, d. h., der Schnittpunkt von Grenzerlös- und Grenzkostenfunktion liegt weiter links. Die gewinnmaximale Produktionsmenge ist somit geringer als in Aufgabe 3.3.

Aufgabe 5: Notwendigkeit, Ziele und Konzeptionen der Wirtschaftspolitik in Verbindung mit Wachstums- und Konjunkturpolitik; Preisbildung und Verhaltensweisen bei Unternehmen mit Marktmacht (verändert)

1.1
- Frühindikator: optimistische Zukunftserwartungen, da Unternehmen nur Investitionen planen, wenn sie in Zukunft Absatzchancen erwarten
- Gegenwartsindikator: BIP, da sich die Erstellung von Waren und Dienstleistungen im Bruttoinlandsprodukt niederschlägt
- Spätindikator: Arbeitslosigkeit, da zunächst Überstunden aufgebaut werden und neue Arbeitskräfte gesucht werden müssen, bevor bei dauerhaft guter wirtschaftlicher Lage neue Arbeitskräfte eingestellt werden

1.2 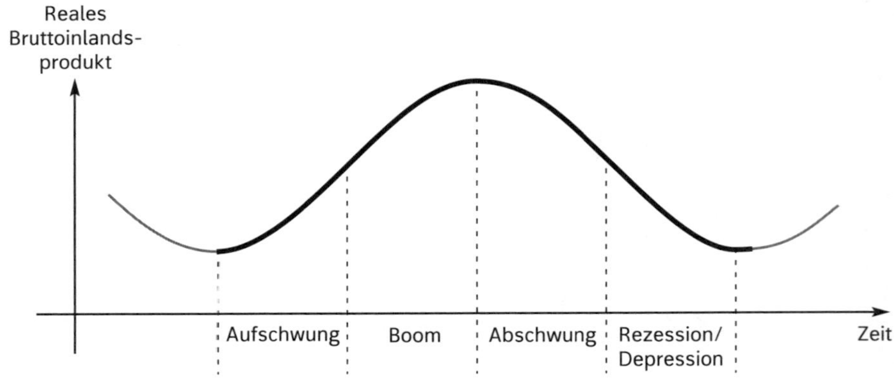

1.3 Das wirtschaftspolitische Ziel „stetiges und angemessenes Wirtschaftswachstum" kann als erreicht gelten. Die Wachstumsraten sollen sich zwischen 1,5 % und 3 % bewegen.

2.1 Nachfrageorientierte Wirtschaftspolitik:

Der Staat greift in die Wirtschaft ein, indem er die gesamtwirtschaftliche Nachfrage, z. B. durch ein Investitionsprogramm, stützt.

2.2 Antizyklische Fiskalpolitik bedeutet, dass der Staat die gesamtwirtschaftliche Nachfrage durch die Gestaltung seiner Einnahmen und Ausgaben entgegengesetzt zum Konjunkturverlauf beeinflusst. Dadurch sollen konjunkturelle Hoch- und Tiefphasen abgemildert werden.

Kritikpunkte:
Da der Staat in wirtschaftlich schlechten Zeiten selbst weniger einnimmt, muss er seine höheren Ausgaben durch Aufnahme von Krediten, also auf Kosten einer höheren Staatsverschuldung, finanzieren. Die dadurch entstandene Staatsverschuldung wird jedoch auch in wirtschaftlich guten Zeiten nicht bzw. nur ungenügend zurückgeführt. Dadurch steigt die Staatsverschuldung an. Die Wirkungen der entsprechenden Maßnahmen treten erst mit erheblicher zeitlicher Verzögerung ein.

3. Angebotsorientierte Wirtschaftspolitik: Der Staat sorgt für Rahmenbedingungen, um Wachstumsprozesse und Investitionen der Unternehmen zu fördern: investitionsfreundliche Forschungs- und Technologiepolitik sowie eine bedarfsorientierte Qualifizierungspolitik der Beschäftigten.

4.1 Die Marktmacht des Fitnessstudios von Udo Kraft ist abhängig von der vorliegenden Marktform.
Da das Fitnessstudio im ländlichen Raum im Umkreis von 60 km alleiniger Anbieter ist, stellt es ein Angebotsmonopol dar. Die Marktmacht ist bei diesem Standort sehr groß.
In der Innenstadtlage herrscht Wettbewerb, es liegt ein Polypol vor. Die Preis-Absatz-Funktion zeigt jedoch, dass das Fitnessstudio über einen monopolistischen Preisspielraum verfügt. Somit verfügt das Fitnessstudio auch hier über eine gewisse Marktmacht.

4.2 Die Preis-Absatz-Kurve im ländlichen Raum verläuft bei 60,00 EUR flacher als die Preis-Absatz-Kurve bei der Innenstadtlage. Daraus lässt sich ableiten, dass bei diesem Preis Kunden im ländlichen Raum stärker auf Preiserhöhungen reagieren als Kunden in der Innenstadt.

4.3.1 $G = 60 \cdot 800 - (10.000 + 20 \cdot 800) = 22.000{,}00$ EUR

4.3.2

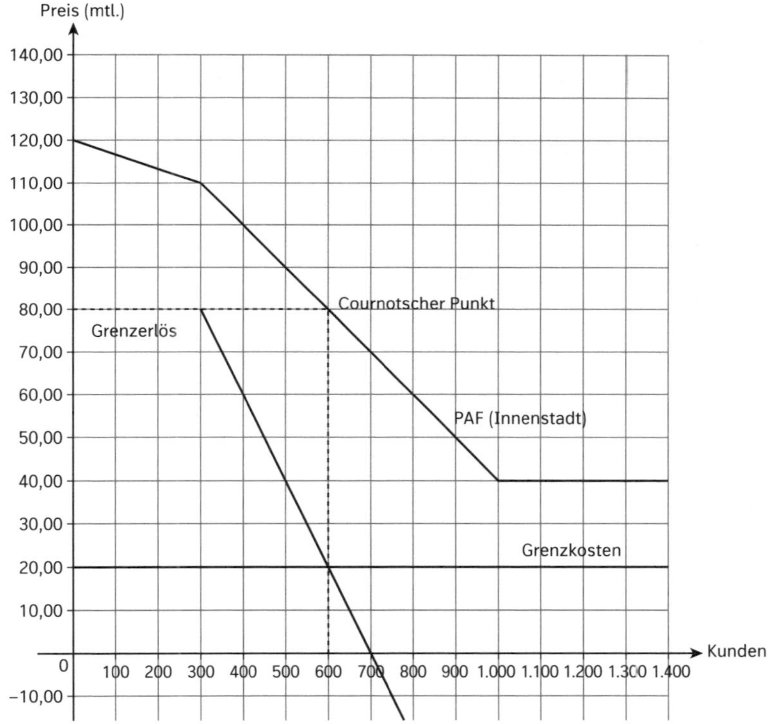

gewinnmaximaler Preis = 80,00 EUR; gewinnmaximale Menge = 600 Kunden
Gewinn = $80 \cdot 600 - (10.000 + 20 \cdot 600) = 26.000{,}00$ EUR

4.4.1 Bedingung für Gewinnmaximierung: $E' = K'$
$K'(x) = 10$

$x = 1.400 - 20p \quad \rightarrow \quad p = 70 - 0{,}05x$
$E = 70x - 0{,}05x^2$
$E' = 70 - 0{,}1x$

$10 = 70 - 0{,}1x$
$x = 600$ Kunden $\quad \rightarrow \quad p = 70 - 0{,}05 \cdot 600 = 40{,}00$ EUR

$$\text{Kapazitätsauslastung} = \frac{600}{1.000 \cdot 100} = 60\ \%$$

4.4.2 Udo Kraft könnte eine zeitliche Preisdifferenzierung vornehmen. Für Mitglieder, die nur vormittags trainieren, gibt es reduzierte Monatsbeiträge. Es werden zusätzliche Mitglieder gewonnen, wodurch sich die Kapazitätsauslastung erhöht.

32 Abituraufgaben 2020

Aufgabe 1: Vollkostenrechnung in Form der Zuschlagskalkulation (Kostenstellenrechnung, BAB, Kostenträgerstückrechnung); Kosten- und Erlösfunktionen; Deckungsbeitragsrechnung

1.1.1 324.000 : 3.600 = 90,00 EUR pro Quadratmeter

	Material	Fertigung	Verwaltung	Vertrieb
Quadratmeter	300	2.000	800	500

1.1.2

	Material	Fertigung	Verwaltung	Vertrieb
Verteilungs-schlüssel	1	15	5	12

Der Verteilungsschlüssel richtet sich in der Regel nach dem Arbeitseinsatz der Geschäftsführung in den einzelnen Kostenstellen.

1.2

		Zuschlagssätze
FM	1.500.000,00 EUR	
MGK	180.000,00 EUR	12 %
MK	1.680.000,00 EUR	
FL	2.100.000,00 EUR	
FGK	7.350.000,00 EUR	350 %
SEKF	370.000,00 EUR	
FK	9.820.000,00 EUR	
HK	11.500.000,00 EUR	
VwGK	1.035.000,00 EUR	9 %
VtGK	1.725.000,00 EUR	15 %
SEKVt	240.000,00 EUR	
Selbstkosten	14.500.000,00 EUR	

1.3 Die vom Leiter der Kostenstelle Fertigung angekündigte Umstellung von manueller auf automatisierte Fertigung führt zu einem Rückgang der Fertigungslöhne und zu einem Anstieg der Fertigungsgemeinkosten. Daher wird es notwendig, den Normalfertigungsgemeinkostenzuschlagssatz zu erhöhen.

1.4

FM	2.250,00 EUR
MGK (12 %)	270,00 EUR
MK	2.520,00 EUR
FL	2.600,00 EUR
FGK (350 %)	9.100,00 EUR
SEKF	580,00 EUR
FK	12.280,00 EUR
HK	14.800,00 EUR
VwGK (9 %)	1.332,00 EUR
VtGK (15 %)	2.220,00 EUR
SEKVt	466,00 EUR
SK	18.818,00 EUR
Gewinn (28 %)	5.269,04 EUR
BVP	24.087,04 EUR
Skonto (3 %)	744,96 EUR
ZVP	24.832,00 EUR
Rabatt (36 %)	13.968,00 EUR
Listenverkaufspreis	38.800,00 EUR

2.1 Produktionsmenge 2019: $150 \cdot 0{,}8 = 120$ Stück

$$k_v = \frac{2.440.000 - 2.200.000}{120 - 100} = 12.000{,}00 \text{ EUR pro Stück}$$

$K(100) = 2.200.000$

$2.200.000 = K_f + 12.000 \cdot 100$

$K_f = 1.000.000{,}00$ EUR

$E = K$

$24.500x = 1.000.000 + 12.000x$

$x = 80$ Stück

2.2 Umsatzveränderung:

- Umsatz 2019: $24.500 \cdot 120 = 2.940.000{,}00$ EUR
- Umsatz 2020: $24.500 \cdot 150 = 3.675.000{,}00$ EUR
- Umsatzanstieg: 25 %

Gewinnveränderung:

- Gewinn 2019: $2.940.000 - 2.440.000 = 500.000{,}00$ EUR
- Gewinn 2020: $3.675.000 - (12.000 \cdot 1{,}05 \cdot 150 + 1.000.000 \cdot 1{,}1) = 685.000{,}00$ EUR
- Gewinnanstieg: 37 %

Trotz der gestiegenen Kosten und des unveränderten Verkaufspreises steigt der Gewinn prozentual stärker als der Umsatz. Grund dafür ist, dass sich die Fixkosten auf eine größere Stückzahl verteilen. Dieser Degressionseffekt wirkt sich stärker auf die Ertragssituation im Zweigwerk Walldorf aus als der Kostenanstieg.

3.1

	XR 3	XR 5	XR 7
Stückerlöse	270,00 EUR	420,00 EUR	720,00 EUR
Fertigungsmaterial pro Stück	35,00 EUR	45,00 EUR	55,00 EUR
Fertigungslöhne pro Stück	72,00 EUR	90,00 EUR	180,00 EUR
Sonstige variable Kosten pro Stück	14,00 EUR	30,00 EUR	45,00 EUR
Variable Stückkosten	121,00 EUR	165,00 EUR	280,00 EUR
Stückdeckungsbeitrag	149,00 EUR	255,00 EUR	440,00 EUR
Rel. Stückdeckungsbeitrag (je Stunde)	74,50 EUR	102,00 EUR	88,00 EUR
Rangfolge	3	1	2
Benötigte Zeit	500 Std.	1.000 Std.	1.500 Std.
Optimales Produktionsprogramm	250 Stück	400 Stück	300 Stück

3.2

Stückdeckungsbeitrag	149,00 EUR	255,00 EUR	440,00 EUR	
Geplante Stückzahl	600 Stück	400 Stück	300 Stück	
Gesamtdeckungsbeitrag	89.400,00 EUR	102.000,00 EUR	132.000,00 EUR	323.400,00 EUR
Fixkosten				193.025,00 EUR
Betriebsergebnis				130.375,00 EUR

Ertragseinbuße durch Engpass: (600 – 250) · 149,00 EUR = 52.150,00 EUR
Prozentualer Rückgang beim Betriebsergebnis: 40 %

Aufgabe 2: Personengesellschaften im Vergleich (rechtliche Grundlagen); offene Selbstfinanzierung bei der KG; statische und dynamische Investitionsrechnung

1. Im Außenverhältnis gilt für die OHG-Gesellschafter laut § 125 Abs. 1 HGB Einzelvertretungsbefugnis, d. h., der Vertrag ist bindend für die OHG. Nach § 128 Abs. 1 HGB haften OHG-Gesellschafter unbeschränkt, unmittelbar und gesamtschuldnerisch. Demnach muss Cornelia Lienert die Rechnung begleichen.

2.

Merkmale	OHG-Gesellschafter	Kommanditist
Geschäfts-führung	grundsätzlich Einzelgeschäftsführungsbefugnis; Gesamtgeschäftsführung für über den gewöhnlichen Geschäftsbetrieb hinausgehende Handlungen (§ 114 ff. HGB)	keine Geschäftsführungsbefugnis; Widerspruchsrecht bei über den gewöhnlichen Geschäftsbetrieb hinausgehenden Handlungen (§ 164 HGB)
Kontroll-recht	laufendes Kontrollrecht (§ 118 HGB)	kein laufendes Kontrollrecht, nur Abschrift des Jahresabschlusses und dessen Kontrolle unter Einsicht der Bücher (§ 166 HGB)

3.1 Hinweis: Das erste Geschäftsjahr umfasst nur neun Monate (April–Dezember).

Die Komplementäre erhalten eine monatliche Tätigkeitsvergütung von jeweils 8.000,00 EUR.
Alle Gesellschafter erhalten auf ihren zu Beginn des Geschäftsjahres vorhandenen Kapitalanteil eine Verzinsung von 5 %.
Ein Restgewinn wird im Verhältnis 4 : 4 : 1 verteilt.

3.2 Kapitalanteile:
- Huber: 220.000 + 8.250 + 16.000 = 244.250,00 EUR
- Lienert: 240.000 + 9.000 + 16.000 = 265.000,00 EUR
- Wagner: 50.000,00 EUR

Offene Selbstfinanzierung:
- Huber: 8.250 + 16.000 = 24.250,00 EUR
- Lienert: 9.000 + 16.000 = 25.000,00 EUR

Wagner trägt nicht zur offenen Selbstfinanzierung bei.

4.1 Kalkulatorische Zinsen = (AK + RW) : 2 · Kalkulationszinssatz
= (50.000 + 2.000) : 2 · 0,06
= 1.560,00 EUR

Kalkulatorische Abschreibung = (AK – RW) : ND
= (50.000 – 2.000) : 6
= 8.000,00 EUR

Fixe Kosten = kalk. Zinsen + kalk. Abschreibung + sonstige fixe Kosten
= 1.560 + 8.000 + 10.440
= 20.000,00 EUR

Gesamtkosten = fixe Kosten + variable Kosten
= 20.000 + (5,50 · 16.000)
= 108.000,00 EUR

4.2 Kritische Produktionsmenge:
Kosten Maschine Typ 1 = Kosten Maschine Typ 2
20.000 + 5,50 x = 12.500 + 6,00 x
x = 15.000 Stück

Bei einer Produktionsmenge von 16.000 Stück ist Maschine Typ 1 vorzuziehen, da sie bei Produktionsmengen über 15.000 Stück kostengünstiger ist.

4.3.1

Jahr	Einzahlungen in Euro	Auszahlungen in Euro	Einzahlungsüberschüsse in Euro	Barwerte in Euro
1	112.000,00	98.440,00	13.560,00	12.792,00
2	112.000,00	98.440,00	13.560,00	12.068,00
3	112.000,00	98.440,00	13.560,00	11.385,00
4	112.000,00	98.440,00	13.560,00	10.741,00
5	112.000,00	98.440,00	13.560,00	10.133,00
6	112.000,00	98.440,00	13.560,00	9.559,00
Barwertsumme				66.678,00
– Anschaffungsauszahlung				50.000,00
+ Liquidationserlös				1.410,00
= Kapitalwert				18.088,00

Der Kapitalwert ist positiv, folglich ist die Investition vorteilhaft. Der Investor erhält neben seinem eingesetzten Kapital und der erwarteten Verzinsung in Höhe von 6 % einen zusätzlichen Überschuss, dessen Barwert 18.088,00 EUR beträgt.

4.3.2
- Eine Erhöhung des Kalkulationszinssatzes verursacht einen stärkeren Abzinsungseffekt und somit eine geringere Barwertsumme; der Kapitalwert sinkt. Solange der Kapitalwert noch positiv ist, bleibt die Investition vorteilhaft.
- Eine Orientierungsgröße kann der Kapitalmarktzins zuzüglich eines Risikoaufschlags sein. Ferner beeinflusst die erwartete Mindestverzinsung des Investors den Kalkulationszinssatz.

4.4 Ein Kritikpunkt an der Kostenvergleichsrechnung ist die ausschließliche Betrachtung der Kosten; die Erlöse aus der Investition bleiben unberücksichtigt.

Ein Kritikpunkt an der Kapitalwertmethode ist die Ungewissheit hinsichtlich Höhe und Zurechenbarkeit zukünftiger Zahlungen.

Aufgabe 3: AG: Jahresabschluss; Bewertung nach HGB; Gewinnverwendung; Finanzierung aus Abschreibungsgegenwerten

1. Gemäß § 264 Abs. 1 HGB wären nach einem Börsengang eine Kapitalflussrechnung und ein Eigenkapitalspiegel als weitere Bestandteile zu erstellen.

2.1 Bei selbst geschaffenen immateriellen Vermögensgegenständen des Anlagevermögens besteht ein Aktivierungswahlrecht (§ 248 Abs. 2 HGB). Da ein möglichst geringer Jahresüberschuss ausgewiesen werden soll, wird auf die Aktivierung der Entwicklungskosten verzichtet (§ 255 Abs. 2 und 2a HGB). Folglich gibt es keinen Wertansatz für das Patent in der Bilanz zum 31.12.2019.

2.2 Berechnung der Anschaffungskosten:

	Listenpreis	88.000,00 EUR
–	10 % Rabatt	8.800,00 EUR
+	Zulassungsgebühr	200,00 EUR
+	Anhängerkupplung	2.000,00 EUR
+	Einbau Kühlaggregat	2.600,00 EUR
=	Anschaffungskosten	84.000,00 EUR

Abschreibungsbetrag: 84.000 : 9 · 9 : 12 = 7.000,00 EUR
Bilanzansatz am 31.12.2019 : 84.000 – 7.000 = 77.000,00 EUR

In den Anschaffungskosten müssen neben dem Anschaffungspreis die einmalig anfallenden Anschaffungsnebenkosten aktiviert werden, die anfallen um den Vermögensgegenstand in einen betriebsbereiten Zustand zu versetzen. Die Anschaffungspreisminderungen sind abzuziehen. Das bewegliche Anlagevermögen muss am Jahresende planmäßig abgeschrieben werden (§ 253 HGB).

2.3 Bilanzansatz zum 31.12.2019: 5.000 · 15,30 = 76.500,00 EUR
Bei Wertpapieren des Umlaufvermögens gilt das strenge Niederstwertprinzip, d. h., es ist hier zwingend der niedrigere Wert am Bilanzstichtag anzusetzen, auch wenn die Wertminderung voraussichtlich nur vorübergehend ist (§ 253 Abs. 4 HGB).

2.4 Kurzfristiger Teil der Verbindlichkeit:
Bilanzansatz zum 31.12.2019: 280.000 · 0,8 : 1,1488 = 194.986,07 EUR
Bei einer Restlaufzeit von einem Jahr oder weniger ist die Verbindlichkeit zum Devisenkassamittelkurs am Abschlussstichtag umzurechnen (§ 256a HGB).

Langfristiger Teil der Verbindlichkeit:
Bilanzansatz zum 31.12.2019: 280.000 · 0,2 : 1,1257 = 49.746,82 EUR
Bei einer Restlaufzeit von mehr als einem Jahr muss die Verbindlichkeit nach dem Höchstwertprinzip zum Erfüllungsbetrag bilanziert werden (§ 253 Abs. 1 HGB).

2.5 Beim selbst erstellten Patent (Teilaufgabe 2.1) könnten die Entwicklungskosten abzüglich der Abschreibungen aktiviert werden (§§ 248, 255 Abs. 2 und 2a HGB).
Um diesen Betrag würde der Jahresüberschuss höher ausfallen.
Bei den Teilaufgaben 2.2 bis 2.4 besteht kein Bewertungswahlrecht.

3.1

	Jahresüberschuss 2019	1.420.000,00 EUR
–	Verlustvortrag Vorjahr	0,00 EUR
=	bereinigter Jahresüberschuss	1.420.000,00 EUR
–	Einstellung in die gesetzliche Rücklage	20.000,00 EUR
=	Zwischensumme	1.400.000,00 EUR
–	Einstellung in andere Gewinnrücklagen	700.000,00 EUR
+	Gewinnvortrag 2018	80.000,00 EUR
=	Bilanzgewinn	780.000,00 EUR
–	Dividendensumme	200.000,00 EUR
=	Gewinnvortrag laufendes Jahr	580.000,00 EUR

Anzahl der Aktien:
5.000.000 : 5 = 1.000.000 Aktien

Berechnung der Dividendensumme:
1.000.000 · 0,2 = 200.000,00 EUR

Höhe der offenen Selbstfinanzierung:
1.420.000 – 200.000 = 1.220.000,00 EUR

3.2 Eigenkapitalpositionen nach vollständiger Gewinnverwendung:

Gezeichnetes Kapital	5.000.000,00 EUR
Kapitalrücklage	300.000,00 EUR
Gesetzliche Rücklage	200.000,00 EUR
Andere Gewinnrücklagen	2.800.000,00 EUR
Gewinnvortrag 2019	580.000,00 EUR

4.1 Die Abschreibungsbeträge fließen als Anteile der Gemeinkosten über die Preiskalkulation und die daraus resultierenden Umsatzerlöse ins Unternehmen zurück. Da diese Kosten aber nicht unmittelbar zu Ausgaben führen, können die Mittel nun bis zur notwendigen Ersatzbeschaffung des abgeschriebenen Anlagevermögens für die Finanzierung anderer Gegenstände genutzt werden.

4.2
- Bilanzielle Abschreibungen 2019: 12.200.000 · 0,15 = 1.830.000,00 EUR
  1.830.000 · 0,3 = 549.000 Scheingewinne
- 549.000 : 1.220.000 · 100 = 45 %
  Fast die Hälfte der offenen Selbstfinanzierung wird für die Substanzerhaltung benötigt und steht daher für Neuinvestitionen nur bedingt zur Verfügung.

Aufgabe 4: Binnenwert des Geldes und Geldwertmessung; Preisbildung und Verhaltensweisen bei Unternehmen mit Marktmacht (Monopol, Oligopol)

1.1 Die Verbrauchs- und Einkaufsgewohnheiten der privaten Haushalte ändern sich im Zeitablauf. Dies erfordert eine Aktualisierung der Zusammensetzung des Warenkorbes und eine Anpassung des Wägungsschemas.

1.2 Die Preise sind vom Basisjahr 2015 bis Januar 2019 um 3,4 % gestiegen. Die Kaufkraft ist dadurch gesunken, d. h., für einen bestimmten Geldbetrag kann nun eine geringere Gütermenge gekauft werden.

1.3

Produktgruppen	Gruppenindex 2018	Veränderung 2019 in Prozent	Gruppenindex 2019	Gewichtungsfaktor	Gewichteter Gruppenindex 2019
Nahrungsmittel	100	+ 20	120	9,7/100	11,64
Wohnung/ Wasser ...	100	+ 30	130	32,5/100	42,25
restliche Gruppen	100	+ 0	100,0	57,8/100	57,80
Summe					111,69

Die Inflationsrate beträgt 11,69 %.

1.4 Der Verbraucher hat andere Konsumgewohnheiten als der Durchschnittshaushalt. Er konsumiert auch Güter, die nicht im Warenkorb enthalten sind.

1.5 Der private Haushalt
- verfügt über Ersparnisse, die real an Wert verlieren.
- verfügt über ein geringeres Realeinkommen und kann daher absolut weniger konsumieren.
- verfügt über Sachvermögen (z. B. Immobilie), dessen Wert zunehmen kann.

1.6 Die Arbeitnehmer können sich durch die nominale Einkommenserhöhung von 3,1 % mehr Güter leisten. Allerdings wird diese Verbesserung durch die Preissteigerung von 1,8 % geschmälert. Die Reallöhne haben sich somit um lediglich 1,28 % erhöht.

2.1.1 Ein geringerer Preis ermöglicht einen höheren Absatz. Dies führt zu einer stärkeren Marktdurchdringung.

Ein geringerer Preis könnte potenzielle Mitbewerber daran hindern, ein vergleichbares Produkt zu entwickeln.

2.1.2 $p_1 = 4{,}00$ EUR → $x_1 = 200.000$ Dosen
$p_2 = 1{,}00$ EUR → $x_2 = 800.000$ Dosen

$p_3 = 3{,}00$ EUR → $x_3 = 400.000$ Dosen → da linearer Verlauf
$p_4 = 2{,}00$ EUR → $x_4 = 600.000$ Dosen

$\text{Gewinn}_{\text{maximal}} = 3{,}00 \cdot 400.000 - (300.000 + 1{,}00 \cdot 400.000) = 500.000{,}00$ EUR
$\text{Gewinn}_{\text{realisiert}} = 2{,}00 \cdot 600.000 - (300.000 + 1{,}00 \cdot 600.000) = 300.000{,}00$ EUR
Gewinnverzicht = 200.000,00 EUR

2.1.3

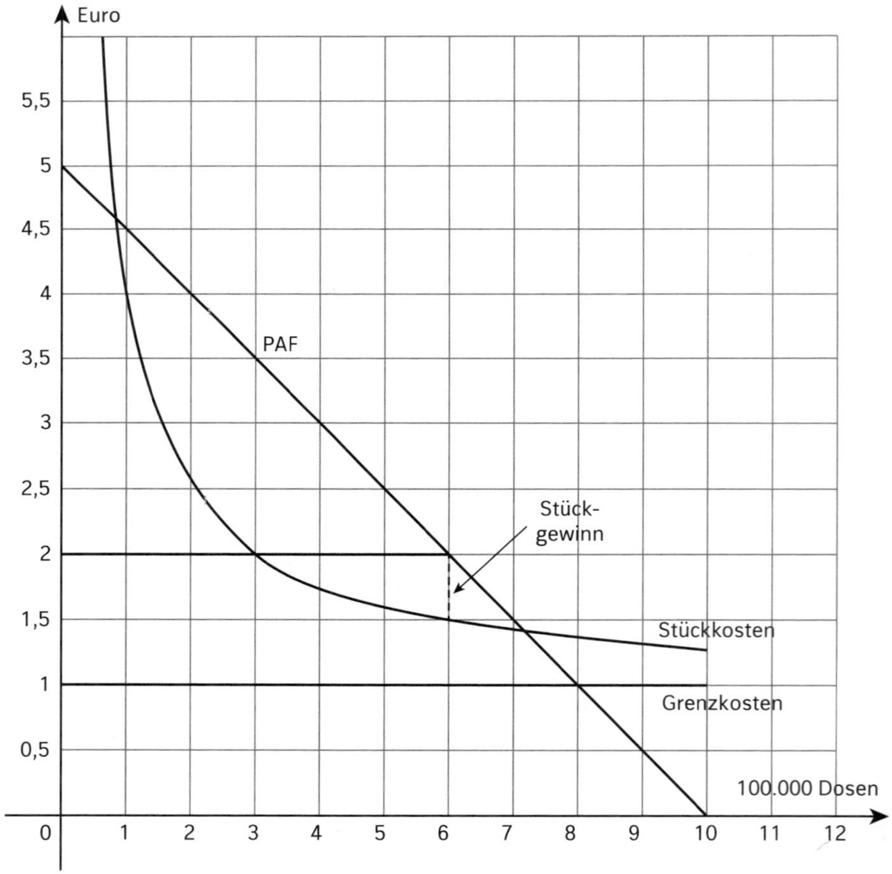

Der erzielte Stückgewinn beträgt ca. 0,50 EUR.

2.2.1

Monatlicher Gewinn		HealthyDrinks GmbH	
		Werbung erhöhen	Werbung nicht erhöhen
CleanFoods GmbH	Werbung erhöhen	700.000,00 EUR ① 300.000,00 EUR	400.000,00 EUR ③ 700.000,00 EUR
	Werbung nicht erhöhen	900.000,00 EUR ② 200.000,00 EUR	800.000,00 EUR ④ 400.000,00 EUR

2.2.2
- Die HealthyDrinks GmbH sollte die Werbemaßnahmen durchführen, da sie unabhängig von der Entscheidung der CleanFood GmbH entweder einen Gewinn von 700.000,00 EUR (siehe ①) oder 900.000,00 EUR (siehe ②) erzielt. Führt die HealthyDrinks GmbH keine Werbemaßnahmen durch, besteht die Gefahr, dass der Gewinn lediglich 400.000,00 EUR beträgt (siehe ③).
- Beide Mitbewerber befinden sich in einer Dilemmasituation, da sie bei unabhängigen Entscheidungen mit Werbemaßnahmen des anderen rechnen müssen. Somit wird die Strategiekombination ① realisiert. Demgegenüber könnten jedoch beide einen höheren Gewinn erzielen, wenn sie sich darauf verständigen würden, ihre Werbeaktivitäten nicht zu erhöhen (siehe ④).

2.3 In Aufgabe 2.1 handelt es sich um ein Angebotsmonopol. Die HealthyDrinks GmbH kann den Preis oder die Menge selbst beeinflussen. Zu berücksichtigen sind die eigene Kostenstruktur sowie das Nachfrageverhalten.

In Aufgabe 2.2 liegt ein Angebotsoligopol vor. Die HealthyDrinks GmbH muss gegenüber der Monopolsituation zusätzlich das Verhalten des Konkurrenten berücksichtigen.

Aufgabe 5: Notwendigkeit, Ziele und Konzeptionen der Wirtschaftspolitik in Verbindung mit Wachstums- und Konjunkturpolitik; Außenwirtschaft (verändert)

1.1 Bei den angesprochenen Kriterien handelt es sich um die Neuverschuldung sowie die gesamte Staatsverschuldung.

Die Neuverschuldung darf laut Stabilitäts- und Wachstumspakt nicht mehr als 3 % des BIP betragen, die gesamten Staatsschulden dürfen maximal 60 % des BIP ausmachen.

1.2 Die mit der Staatsverschuldung einhergehenden Zins- und Tilgungsleistungen begrenzen die erforderlichen Mittel für öffentliche Investitionen.

Eine hohe Staatsverschuldung kann zu einem Vertrauensverlust an den Finanzmärkten führen, wodurch es zu einer erschwerten staatlichen Kreditaufnahme kommen kann.

1.3.1

Konzept / Merkmal	Nachfrageorientierte Wirtschaftspolitik	Angebotsorientierte Wirtschaftspolitik
Funktionsweise des marktwirtschaftlichen Systems	Das marktwirtschaftliche System ist aufgrund von Marktversagen grundsätzlich instabil. Es kann daher zu einem Gleichgewicht bei Unterbeschäftigung kommen.	Das marktwirtschaftliche System ist stabil. Es kommt zum Gleichgewicht auf allen Märkten. Erst der Staat verursacht durch sein Eingreifen Instabilität.
Wirtschaftspolitische Rolle des Staates	Der Staat soll mit geeigneten wirtschaftspolitischen Maßnahmen das Marktsystem stabilisieren (interventionistische Staatsauffassung).	Der Staat soll sich mit Eingriffen zurückhalten und lediglich für Rahmenbedingungen sorgen, die einen funktionierenden Wettbewerb sicherstellen (liberalistische Staatsauffassung).

1.3.2 Höhere Renten und Mindesteinkommen können der nachfrageorientierten Wirtschaftspolitik zugeordnet werden, da durch die beiden Maßnahmen die gesamtwirtschaftliche Nachfrage steigen soll.
Steuererleichterungen für Unternehmen können der angebotsorientierten Wirtschaftspolitik zugeordnet werden, wenn dadurch die langfristigen Rahmenbedingungen für die Unternehmen verbessert werden sollen. Die italienische Regierung erfüllt den Ansatz von Modigliani.

1.4

Maßnahme \ Wirkung	Konjunktur	Staatsverschuldung
Mindesteinkommen	Da das verfügbare Einkommen der privaten Haushalte steigt, kann dies zu einer Zunahme des Konsums führen. Dies kann eine Belebung der Konjunktur bewirken.	Dies hat keinen unmittelbaren Einfluss auf die Staatsausgaben, da die Lohnerhöhungen von den Unternehmen getragen werden.
Steuererleichterungen für Unternehmen	Da die finanziellen Spielräume der Unternehmen steigen, kann dies zu einer Zunahme der Investitionen führen. Dies kann eine Belebung der Konjunktur bewirken.	Dadurch verringern sich die Staatseinnahmen, sodass es (kurzfristig) zu einer zunehmenden Staatsverschuldung kommen kann.

2.1 Es handelt sich bei dem Zulassungsverfahren für Arzneimittel um nichttarifäre Handelshemmnisse, weil der Import in die USA durch bürokratische Vorgaben behindert wird.

Strafzölle für Importe stellen tarifäre Handelshemmnisse dar, weil Zölle unmittelbar Auswirkungen auf die Preisgestaltung der ausländischen Exporteure haben.

2.2 Die einheimischen Unternehmen sollen vor ausländischer Konkurrenz geschützt werden. Die Beschäftigung im Inland soll durch eine höhere inländische Produktion erhöht werden. Handelsbilanzdefizite der USA sollen durch Verringerung der Importe abgebaut werden.

2.3.1 (1) Preis des Gutes im Inland = 400 GE

(2) verkaufte Menge des Gutes durch inländische Anbieter = 20 Stück

(3) Zolleinnahmen des Inlandes = $(60 - 20) \cdot 100 = 4.000$ GE

(4) Konsumentenrente im Inland = $(1.000 - 400) \cdot 60 \cdot 0{,}5 = 18.000$ GE

2.3.2 Die inländischen Anbieter werden besser gestellt, da sich deren Absatz erhöht. Die inländischen Nachfrager werden schlechter gestellt, da diese einen höheren Preis bezahlen und eine geringere Versorgung erhalten.
Die ausländischen Anbieter werden schlechter gestellt, da diese im Inland (Importland) einen geringeren Absatz haben.

2.4 Im Modell werden homogene Güter unterstellt. Wenn die ausländischen Güter aber eine höhere Qualität aufweisen, werden diese im Inland auch bei höheren Preisen nachgefragt.

Im Modell werden keine persönlichen Präferenzen der Nachfrager gegenüber den Anbietern berücksichtigt.

33 Abituraufgaben 2021

Aufgabe 1: Beliebige Unternehmensform mit Vollkostenrechnung in Form der Zuschlagskalkulation (Kostenstellenrechnung, BAB, Kostenträgerstückrechnung); Deckungsbeitragsrechnung

1. Bei der GmbH können auch nicht am Unternehmen Beteiligte mit der Geschäftsführung betraut werden (Drittorganschaft).
Bei der GmbH besteht für keinen Gesellschafter die Verpflichtung, mit dem Privatvermögen zu haften.

2. Die GmbH kann gemäß § 7 GmbHG nicht zur Eintragung in das Handelsregister angemeldet werden, da hierfür alle Gesellschafter mindestens 25 % der vereinbarten Bareinlage eingezahlt haben müssen. Bei Petra Klein wären das 67.500,00 EUR und nicht nur die im Vertragsentwurf vermerkten 50.000,00 EUR.

3. Innenverhältnis:
Frau Steimle hat mit der Beschaffung einer Produktionsanlage im Wert von 120.000,00 EUR gegen den Gesellschaftsvertrag (§ 7) verstoßen und ist gegebenenfalls schadensersatzpflichtig.

Außenverhältnis:
Die GmbH kann im vorliegenden Fall von einem einzelnen Geschäftsführer vertreten werden, da dies im Handelsregister so eingetragen worden ist. Eine Beschränkung dieser Vertretungsmacht ist im Außenverhältnis nicht möglich. Das Rechtsgeschäft ist gültig (§ 37 GmbHG).

4. Eine Erweiterung des Geschäftszwecks stellt eine Satzungsänderung dar, für die gemäß § 53 Abs. 2 GmbHG eine Dreiviertelmehrheit der abgegebenen Stimmen der Gesellschafter notwendig ist. Frau Klein verfügt über 30 % der Stimmen. Daher kann gegen ihren Willen keine Satzungsänderung erfolgen.

5.1 Vgl. **Anlage.**

5.2

	Kosten (in Euro)	%
FM	270.000,00	
MGK	32.400,00	12
Materialkosten	302.400,00	
FL	422.000,00	
FGK	844.000,00	200
SEKF	11.600,00	
Fertigungskosten	1.277.600,00	
Herstellkosten	1.580.000,00	
VwGK	158.000,00	10
VtGK	237.000,00	15
SEKV	25.000,00	
Selbstkosten	2.000.000,00	

Hinweis:
Die Fertigungslöhne sind durch eine Rückwärtsrechnung zu ermitteln, indem zunächst die Herstellkosten mithilfe der Verwaltungsgemeinkosten aus dem Bertriebsabrechungsbogen und dem gegebenen Verwaltungsgemeinkostenzuschlagssatz berechnet werden.

5.3

FM	20,00 EUR
MGK(12 %)	2,40 EUR
MK	22,40 EUR
FL	50,00 EUR
FGK (200 %)	100,00 EUR
SEKF	12,00 EUR
FK	162,00 EUR
HK	184,40 EUR
VwGK(10 %)	18,44 EUR
VtGK(15 %)	27,66 EUR
SEKV	14,50 EUR
SK	245,00 EUR
Gewinn (20 %)	49,00 EUR
BVP	294,00 EUR
Skonto (2 %)	6,00 EUR
ZVP	300,00 EUR
Rabatt (40 %)	200,00 EUR
Listenverkaufspreis	500,00 EUR

Der Listenverkaufspreis pro Flasche beträgt 6,25 EUR.

Die Alternativzahlen führen zum selben Ergebnis.

6.1 Kapazitätsauslastung Maschine I: 228 Stunden, 20 Minuten → kein Engpass bei 240 Stunden zur Verfügung stehender Kapazität

Kapazitätsauslastung Maschine II: 305 Stunden → Engpass bei lediglich 280 Stunden vorhandener Kapazität

	Klebestift	**Flüssigkleber**	**Holzleim**
Verkaufspreis in Euro pro Stück	4,12	4,80	5,29
variable Stückkosten in Euro	1,72	2,55	3,05
db in Euro	2,40	2,25	2,24
Maschinenzeit Maschine II in Min.	1,6	2,5	1,4
rel. db in Euro/Min.	1,50	0,90	1,60
Rangfolge	2	3	1
Lieferverpflichtungen	1.200 Stück	2.000 Stück	1.600 Stück
weitere Produktion	800 Stück	1.200 Stück	2.400 Stück

6.2 Variable Kosten der Produktion: 3.440 + 8.160 + 12.200 = 23.800,00 EUR
Deckungsbeitrag der Produktion: 4.800 + 7.200 + 8.960 = 20.960,00 EUR

Gewinnziel 20 %:
$0{,}2 \cdot (23.800 + K_f) = 20.960 - K_f$
$K_f = 13.500{,}00$ EUR

Die Fixkosten im Monat Mai dürfen maximal 13.500,00 EUR betragen.

Anlage zu Teilaufgabe 5.1: Betriebsabrechnungsbogen 2020

		Kostenstellen			
Gemeinkostenarten	**Betrag**	**Material**	**Fertigung**	**Verwaltung**	**Vertrieb**
Raumkosten	48.000,00 EUR	5.000,00 EUR	31.200,00 EUR	3.880,00 EUR	7.920,00 EUR
Energiekosten	94.600,00 EUR	2.200,00 EUR	77.000,00 EUR	4.400,00 EUR	11.000,00 EUR
sonstige Gemeinkosten	1.128.800,00 EUR	25.200,00 EUR	735.800,00 EUR	149.720,00 EUR	218.080,00 EUR
Summe der Gemeinkosten	1.271.400,00 EUR	32.400,00 EUR	844.000,00 EUR	158.000,00 EUR	237.000,00 EUR

Aufgabe 2: Vergleich Kapital- und Personengesellschaften (rechtliche Grundlagen); Selbstfinanzierung bei KG und AG

1.
- Nach § 19 Abs. 1 HGB muss die Firma den Rechtsformzusatz KG enthalten. § 24 Abs. 1 HGB lässt die Fortführung des bisherigen Firmenkerns auch bei Eintritt neuer Gesellschafter zu. Die Firmierung ist zulässig.
- Die Beibehaltung eines eingeführten Firmenkerns erleichtert die erfolgreiche Fortführung des Unternehmens.

2.1 Bei Eintritt in eine bestehende Gesellschaft besteht eine Haftung für bisherige Verbindlichkeiten entsprechend den Haftungsverhältnissen der Gesellschafter (§ 130 HGB). Somit haftet Komplementärin Müller unbeschränkt, unmittelbar und gesamtschuldnerisch und muss die offene Rechnung begleichen (§ 128 HGB).

2.2 Bei der Beschaffung des Monatsbedarfs eines Rohstoffs handelt es sich um eine gewöhnliche Handlung; somit verfügt jede Komplementärin im Innenverhältnis über Einzelgeschäftsführungsbefugnis (§§114–116 HGB). Kommanditist Böhm hat kein Widerspruchsrecht und muss daher in die Entscheidung nicht einbezogen werden (§ 164 HGB).

Im Außenverhältnis ist Komplementärin Schwarz allein vertretungsberechtigt; der Kaufvertrag ist bindend für die KG (§ 125 HGB).

2.3 Wilhelm Böhm hat als Kommanditist kein gesetzliches Recht auf Privatentnahmen (§ 169 i. V. m. § 122 HGB). Ohne Einwilligung der übrigen Gesellschafter kann Wilhelm Böhm den Betrag nicht entnehmen.

3.1 Jahreszinsen für 50.000,00 EUR = 50.000,00 EUR · 0,05 = 2.500,00 EUR

Die Jahresverzinsung von Lisa Müller bezieht sich nur auf die zu Jahresbeginn eingezahlte Kapitaleinlage von 50.000,00 EUR. Somit hat sie die ausstehenden 50.000,00 EUR erst bei Fälligkeit, d. h. zum Jahresende 2018, geleistet.

Die Jahreszinsen von Anna Schwarz sind um 1.250,00 EUR höher als bei Lisa Müller. Diese zusätzlichen Zinsen sind durch die Leistung der ausstehenden Kapitaleinlage zum 30.06.2018 entstanden.

50.000,00 EUR · 0,05 · x : 12 = 1.250,00 EUR
x = 6 Monate

3.2

	Anna Schwarz	Lisa Müller
gesamter Gewinnanteil	136.275,00 EUR	135.025,00 EUR
– Tätigkeitsvergütung	96.000,00 EUR	96.000,00 EUR
= möglicher Beitrag zur offenen Selbstfinanzierung	40.275,00 EUR	39.025,00 EUR

Die beiden Kommanditisten tragen nicht zur offenen Selbstfinanzierung bei.

4. Bei einer AG ist durch Stückelung des Grundkapitals in kleine Kapitalanteile die Aufbringung großer Kapitalbeträge leichter.

Die Kapitalanteile einer AG lassen sich leichter veräußern.

5.1

Jahresüberschuss	1.330.000,00 EUR
– Einstellung in die gesetzliche Rücklage[1]	50.000,00 EUR
= Zwischensumme	1.280.000,00 EUR
– Einstellung in die anderen Gewinnrücklagen (50 %)	640.000,00 EUR
= Bilanzgewinn	640.000,00 EUR

- Die höchstmögliche Stückdividende beträgt 2,00 EUR (640.000,00 EUR : 320.000 Aktien).

5.2.1 Die Stückdividende beträgt 1,50 EUR.

Bilanzgewinn	640.000,00 EUR
– Einstellung in die anderen Gewinnrücklagen (HV-Beschluss)	160.000,00 EUR
– Dividendensumme (320.000 Aktien · 1,50 EUR)	480.000,00 EUR
= Gewinnvortrag	0,00 EUR

Eigenkapitalpositionen:

Gezeichnetes Kapital	4.000.000,00 EUR
Kapitalrücklage	350.000,00 EUR
Gesetzliche Rücklage	50.000,00 EUR
Andere Gewinnrücklagen	800.000,00 EUR

1 5 % von 1.330.000 = 66.500,00 EUR (maximale Einstellung in die gesetzl. RL)
benötigt: 10 % von 4.000.000 = 400.000,00 EUR
vorhanden: 350.000 (Kap. RL) + 0 (gesetzl. RL) = 350.000,00 EUR
es fehlen: 50.000,00 EUR → nur 50.000,00 EUR Einstellung in die gesetzl. RL

5.2.2

Jahresüberschuss	1.330.000,00 EUR
– Dividendenausschüttung	480.000,00 EUR
= offene Selbstfinanzierung	850.000,00 EUR

5.3 Manche Aktionäre könnten eher an einer hohen Dividendenausschüttung interessiert gewesen sein. Andere Aktionäre hingegen könnten angesichts einer nachhaltigen Unternehmensentwicklung für die Stärkung des Eigenkapitals und somit eine geringere Dividendenausschüttung plädiert haben.

Aufgabe 3: Außenfinanzierung in Form von Darlehensaufnahme mit Kreditsicherheiten; statische und dynamische Investitionsrechnung

1.1 Kosten Anlage A:

Kalkulatorische Abschreibung = (AK – RW) : ND
= (1.850.000 – 50.000) : 6
= 300.000,00 EUR

Kalkulatorische Zinsen = (AK + RW) : 2 · Kalkulationszinssatz
= (1.850.000 + 50.000 : 12 · 0,06
= 57.000,00 EUR

Fixe Kosten = kalk. Abschreibung + kalk. Zinsen + Gehälter + so. fixe Kosten
= 300.000 + 57.000 + 144.500 + 220.000
= 721.500,00 EUR

Gesamtkosten = fixe Kosten + variable Kosten
= 721.500 + 200.000 + 400.000 + 300.000
= 1.621.500,00 EUR

Kosten Anlage B:

Gesamtkosten = fixe Kosten + variable Kosten
= 651.500 + 34 · 30.000
= 1.671.500,00 EUR

Die Entscheidung sollte für die Anlage A ausfallen, da sie geringere Gesamtkosten verursacht.

1.2 variable Stückkosten Anlage A = variable Gesamtkosten : Produktionsmenge
= 900.000 : 30.000
= 30,00 EUR

kritische Produktionsmenge:
Kosten Anlage A = Kosten Anlage B
721.500 +30,00 x = 651.500 +34 x
x = 17.500 Stück

Bei einer Produktionsmenge unter 17.500 Stück ist die Anlage B kostengünstiger. Bei einer Menge über 17.500 Stück, und somit auch bei der geplanten Menge von 30.000 Stück, ist die Anlage A vorzuziehen.

1.3 Die Kostenvergleichsrechnung berücksichtigt keine Erlöse; es kann keine Aussage über den Erfolg der Investition gemacht werden.
Es werden nur Durchschnittsgrößen verwendet, zukünftige Entwicklungen werden nicht berücksichtigt.

1.4

Jahr	Einzahlungen in Euro	Auszahlungen in Euro	Einzahlungs-überschüsse in Euro	Barwerte in Euro
1	1.758.000,00	1.321.500,00	436.500,00	411.792,00
2	1.758.000,00	1.321.500,00	436.500,00	388.483,00
3	1.758.000,00	1.321.500,00	436.500,00	366.494,00
4	1.758.000,00	1.321.500,00	436.500,00	345.749,00
5	1.758.000,00	1.321.500,00	436.500,00	326.178,00
6	1.758.000,00	1.321.500,00	436.500,00	307.715,00
Barwertsumme				2.146.411,00
– Anschaffungsauszahlung				1.850.000,00
+ Liquidationserlös (Barwert)				35.248,00
= Kapitalwert				331.659,00

Der Kapitalwert ist positiv, folglich ist die Investition vorteilhaft. Der Investor erhält neben seinem eingesetzten Kapital und der erwarteten Verzinsung in Höhe von 6 % einen zusätzlichen Überschuss, dessen Barwert 331.659,00 EUR beträgt.

1.5 Die Amortisationsrechnung liefert als zusätzliche Information den Zeitraum, in dem die ursprünglichen Investitionsausgaben durch die daraus resultierenden Einzahlungsüberschüsse gedeckt werden.

2.1 Die Eigenfinanzierung verursacht keine Liquiditätsbelastung durch Zins- und Tilgungszahlungen. Darüber hinaus müssen keine Kreditsicherheiten gestellt werden.

2.2 Auszahlungsbetrag = 96 % = 1.632.000,00 EUR
Darlehenssumme = 100 % = 1.700.000,00 EUR

$$P_{eff} = \frac{\left(4 + \frac{4}{5}\right) \cdot 100}{96} = 5\ \%$$

2.3
- Darlehenstabellen siehe **Anlage**
- Beim Festdarlehen aus Angebot 1 fällt die Liquiditätsbelastung in den Jahren 1 bis 4 deutlich geringer aus als beim Abzahlungsdarlehen aus Angebot 2.

2.4
- Durch eine Sicherungsübereignung wird das Eigentumsrecht an einer Sache auf den Kreditgeber übertragen; der Kreditnehmer bleibt Besitzer der Sache und hat das Nutzungsrecht. Die Sicherungsübereignung entsteht durch Einigung über den Eigentumsübergang sowie die Vereinbarung eines Besitzkonstituts.
- Die sicherungsübereigneten Gegenstände reichen nicht zur Sicherung des Kredits aus. Zusätzlich wünscht die Bank die persönliche Haftung der geschäftsführenden Gesellschafter.

Anlage zu Teilaufgabe 2.3

Angebot 1: Festdarlehen (in Euro)

Jahr	Darlehen Jahresanfang	Zinsen	Tilgung	Disagio	Liquiditätsbelastung	Gesamtaufwand
1	1.700.000,00	68.000,00	-	13.600,00	68.000,00	81.600,00
2	1.700.000,00	68.000,00	-	13.600,00	68.000,00	81.600,00
3	1.700.000,00	68.000,00	-	13.600,00	68.000,00	81.600,00
4	1.700.000,00	68.000,00	-	13.600,00	68.000,00	81.600,00
5	1.700.000,00	68.000,00	1.700.000,00	13.600,00	1.768.000,00	81.600,00
Σ					2.040.000,00	408.000,00

Angebot 2: Abzahlungsdarlehen (in Euro)

Jahr	Darlehen Jahresanfang	Zinsen	Tilgung	Liquiditätsbelastung	Gesamtaufwand
1	1.632.000,00	81.600,00	326.400,00	408.000,00	81.600,00
2	1.305.600,00	65.280,00	326.400,00	391.680,00	65.280,00
3	979.200,00	48.960,00	326.400,00	375.360,00	48.960,00
4	652.800,00	32.640,00	326.400,00	359.040,00	32.640,00
5	326.400,00	16.320,00	326.400,00	342.720,00	16.320,00
Σ				1.876.800,00	244.800,00

Aufgabe 4: Preisbildung und Verhaltensweisen auf verschiedenen Arten von Märkten; Spannungsverhältnis zwischen Ökonomie und Ökologie – Umweltpolitik in Verbindung mit staatlichen Eingriffen in die Preisbildung (verändert)

1.1 Die Preisabsatzfunktion gibt an, welche Mengen bei unterschiedlichen Preisen abgesetzt werden können. Die Kenntnis über diesen Zusammenhang wird für die Festlegung des Preises benötigt.

1.2 $K = 100.000 + 2.000x$

$K' = 2.000$

$E = p \cdot x = (10.000 - 10x) \cdot x = 10.000x - 10x^2$

$E' = 10.000 - 20x$

K' = E'
2.000 = 10.000 – 20x
x = 400 t
p = 10.000 – 10 · 400 = 6.000 AUD/t

1.3

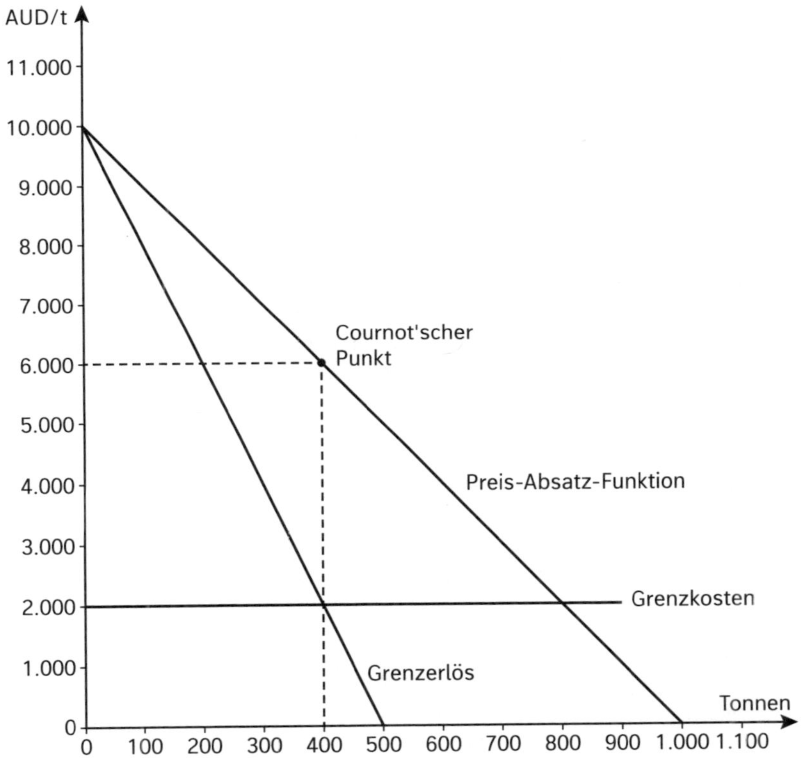

Preis = 6.000,00 AUD/t
Menge = 400 t

1.4 Gewinn (maximal) = p · x – (100.000 + 2.000x)
Gewinn (maximal) = 6.000 · 400 – (100.000 + 2.000 · 400)
Gewinn (maximal) = 2.400.000 – (100.000 + 800.000) = 1.500.000,00 AUD
Der angestrebte Gewinn von 1.800.000,00 AUD kann nicht erreicht werden.

1.5.1 Die gewinnmaximierende Bedingung lautet E' = K'.
K' entspricht den variablen Stückkosten.
Eine Erhöhung der Fixkosten ändert daher die gewinnmaximierende Preis-Mengen-Kombination nicht.

Die Verringerung der variablen Stückkosten führt zu einer Parallelverschiebung der Grenzkostenkurve nach unten. Der Cournot'sche Punkte wandert auf der PAF nach rechts unten. Damit steigt die gewinnmaximierende Menge, der gewinnmaximierende Preis sinkt.

1.5.2 Die Konsumenten erhalten das Fleisch zu einem geringeren Preis.
Die Marktversorgung der Konsumenten mit Fleisch verbessert sich.

Da das Unternehmen einen höheren Absatz erzielt, steigt die Kapazitätsauslastung. Als Folge steigt der Bekanntheitsgrad des Unternehmens, sodass sich der Gewinn durch zusätzliche Nachfrager erhöhen könnte.

2. Monopolisten können durch fehlenden Wettbewerb höhere Preise verlangen.

Die Marktversorgung auf Monopolmärkten ist unzureichend, da die Monopolisten ihr Angebot verknappen, um einen höheren Preis erzielen zu können.

Monopolisten bremsen den technischen Fortschritt, da sie aufgrund des fehlenden Wettbewerbs weniger in die eigene Forschung investieren müssen.

3.
- Spannungsverhältnis:
  Der Abbau und der Export der Kohle sichert viele Arbeitsplätze und fördert das Wirtschaftswachstum Australiens. Kohle verursacht aber auch ein massives Ansteigen der Schadstoffemissionen. Es existiert ein Spannungsverhältnis zwischen Ökonomie und Ökologie.

- Zielharmonie:
  Das Wirtschaftswachstum könnte auch durch den Bau und Einsatz von z. B. Anlagen zur regenerativen Energieerzeugung gefördert werden. Dadurch verringert sich gleichzeitig der Ausstoß von CO_2- Emissionen. Das ökonomische Ziel Wirtschaftswachstum und das ökologische Ziel Erhalt einer lebenswerten Umwelt lassen sich gleichzeitig verfolgen.

4.1

	Emissionszertifikate	**CO_2-Steuer**
bürokratischer Aufwand	Hoher bürokratischer Aufwand, denn Emissionsrechte müssen vom Staat ausgegeben und von den Unternehmen nach geschätztem Bedarf erworben werden.	Geringerer bürokratischer Aufwand, da die CO_2-Steuer von den Unternehmen nach tatsächlichem Verbrauch des Energieträgers abgeführt wird.
Wirksamkeit bei der CO_2-Reduktion	Der maximale Ausstoß an CO_2-Emissionen kann exakt festgelegt werden. Entsprechende Ziele werden dadurch sicher erreicht.	Eine gewünschte mengenmäßige Wirkung ist nicht möglich, da keine maximalen Emissionswerte festgelegt werden.

4.2 Bei der Bepreisung der CO_2-Emissionen wird der Emittent an den Kosten für die durch die CO_2-Emissionen verursachten Schäden beteiligt. Somit wird bei dieser Maßnahme das Verursacherprinzip angewendet.

Aufgabe 5: Wirtschaftspolitische Konzeptionen zur Wachstumsförderung und Konjunkturstabilisierung; Geldpolitik der Europäischen Zentralbank (verändert)

1.1 Einlagefazilität: Geschäftsbanken können bei der EZB überschüssige Liquidität zum Einlagesatz für einen Tag anlegen.

Spitzenrefinanzierungsfazilität: Geschäftsbanken können bei der EZB kurzfristige Kredite zum Spitzenrefinanzierungssatz für einen Tag aufnehmen (Übernachtkredit).

1.2 Durch die Zinssenkung werden Geschäftsbanken stärker belastet, wenn sie überschüssige Liquidität kurzfristig bei der EZB halten.
Die Geschäftsbanken sollen dadurch angeregt werden, die Liquidität in Form von günstigeren Krediten an Unternehmen und private Haushalte zu vergeben.
Dadurch sollen vermehrt Kredite nachgefragt werden, welche für Investitionen und Konsum verwendet werden.
Durch die höhere Gesamtnachfrage soll sich das Preisniveau erhöhen.
Somit lautet die Zielsetzung der EZB, die Inflationsrate an das Niveau unter, aber nahe 2 % zu führen.

1.3 Die Geschäftsbanken geben die überschüssige Liquidität nicht in Form von Krediten an den Nichtbankensektor weiter, da sie alternative Anlageformen wählen.

Die Kreditnachfrage des Nichtbankensektors erhöht sich trotz gesunkener Kreditzinsen nicht, z. B. aufgrund pessimistischer Zukunftserwartungen.

1.4 Die niedrigen Zinsen im Euroraum benachteiligen die Sparer, welche für ihre Guthaben keine Zinsen mehr bekommen.

Da sich die Eurostaaten äußerst günstig finanzieren können, sinkt der Druck auf die nationalen Regierungen, ausgeglichene Staatshaushalte anzustreben.

2.1

Geschäftsbank	Zinssatz in%	Zuteilung in Mrd. GE	Kumuliert in Mrd. GE
E	1,70	7,5	7,5
C	1,65	10,2	17,7
B	1,60	3,6	21,3
D	1,60	2,7	24,0

Zuteilungsquote für Bank B und Bank D: $6{,}3 \cdot 100 : 12{,}6 = 50\ \%$

2.2 Zuteilungsquote = $24 \cdot 100 : 40 = 60\ \%$

Bank	A	B	C	D	E
Gebote (in Mrd. GE)	9,7	7,2	10,2	5,4	7,5
Zugeteilter Betrag (in Mrd. GE)	5,82	4,32	6,12	3,24	4,5

3.1 Durch die staatlichen Investitionen in Straßen und Schienen tritt der Staat selbst als Nachfrager auf.
Durch die reduzierte Steuerbelastung der Privathaushalte kann die Konsumgüternachfrage steigen, wenn die Haushalte die zusätzlichen Mittel auch ausgeben.
Die Maßnahmen können die gesamtwirtschaftliche Nachfrage erhöhen und sind daher der nachfrageorientierten Wirtschaftspolitik zuzuordnen.

3.2 Wenn staatliche Investitionen durch Kredite finanziert werden, steigt die Staatverschuldung. Ausgaben für den Schuldendienst schränken den Spielraum für zukünftige Staatsaufgaben ein.
Die staatliche Konjunkturpolitik stellt einen erheblichen Eingriff in das marktwirtschaftliche System dar.
Es ist nicht sichergestellt, dass sich die Marktteilnehmer wie vom Staat erhofft verhalten. So werden z. B. zusätzliche Mittel nicht für den Konsum ausgegeben, sondern gespart.

4.1 Die Grafik stellt den Zusammenhang zwischen Steuersatz und Steueraufkommen dar. Es lassen sich zwei Bereiche unterscheiden. Von einem Steuersatz von 0 % ausgehend führt eine Steuererhöhung zunächst zu steigendem Steueraufkommen. Es gibt einen Steuersatz, für den das Steueraufkommen maximiert werden kann. Wird der Steuersatz über diesen Punkt hinaus erhöht, verringert sich das Steueraufkommen wieder.

4.2 Für die angebotsorientierte Wirtschaftspolitik ist die Angebotsseite die entscheidende Größe für Wachstum und Beschäftigung. Daher ist es notwendig günstige Rahmenbedingungen für die Unternehmen zu gewährleisten. Diese beinhalten auch niedrige Unternehmenssteuersätze. Aus der Theorie der Laffer-Kurve lässt sich ableiten, dass ein bestimmtes Steueraufkommen auch mit niedrigen Steuersätzen erreicht werden kann. Niedrige Unternehmenssteuern verbessern die Rahmenbedingungen für die Unternehmen und damit der Angebotsseite.

4.3 Die angebotsorientierte Wirtschaftspolitik geht von der Annahme aus, dass das marktwirtschaftliche System grundsätzlich stabil ist. Staatliche Eingriffe gefährden diese Stabilität und sollen möglichst unterbleiben.
Jedes Angebot schafft sich seine Nachfrage selbst, indem die Einkommen durch die gestiegene Produktion zunehmen und wiederum für den Konsum verwendet werden können (Saysches Theorem).

4.4 Eine einseitige Ausrichtung auf die Angebotsseite führt zu einer nicht gewünschten Ungleichheit der Einkommens- und Vermögensverteilung. Die Märkte tendieren dazu auf ihrem Weg zum Gleichgewicht das Ziel der Vollbeschäftigung zu verfehlen.

